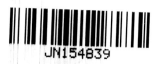

早稲田教育叢書 37

新学習指導要領準拠

学校マネジメントの視点から見た学校教育研究

―優れた教師を目指して―

三村 隆男 編著

学文社

はじめに

2016年，中央教育審議会答申「幼稚園，小学校，中学校，高等学校及び特別支援学校の学習指導要領等の改善及び必要な方策等について」が出された。答申内容は新しい学習指導要領の特徴を示しているが，そのひとつとして，マネジメントという語句が246回使われ，その多くは，カリキュラム・マネジメントという形で現れた。カリキュラム・マネジメントとは，「学習指導要領に基づき教育課程を編成し，それを実施・評価し改善していくこと」とされているが，学校において，教育課程だけを独立させて教育活動に取り組むことができるだろうか。教育課程に示されている教科や領域はもちろん，校務分掌，保護者対応，地域との連携，学校の予算管理など幅広くマネジメントの視点でとらえていく必要がある。答申に「全ての教職員が，教育課程を軸に自らや学校の役割に関する認識を共有し，それぞれの校務分掌の意義を子供たちの資質・能力の育成という観点から捉え直す」と示されているがその通りである。つまり，こうした視点はもはやすべての教員に求められているのである。

そのためには，こうした姿勢を養成段階で少しでも身に付けておくことは，教師になってから現場への職務の移行が円滑に進むといえる。本書は，養成段階にいる学生や院生を対象に，そして教員になって自らマネジメントの視点の必要性を感じている現場の教師にむけて平易な形で書かれている。

特に2008年に高度な専門的職業能力を備えた人材を育成する専門職大学院のひとつとして生まれた教職大学院の養成段階の院生にとって学校マネジメントの視点は，大学院段階で身に付ける重要な視点ではないかと思われる。

多くの大学院や大学における養成段階の学生・院生の方々に本書が読まれることを期待する。

本書の構成

本書は，学校教育について学ぶべき項目を18に分け，2017（平成29）年及び

2018（平成30）年告示の学習指導要領に準拠し解説したものである。特徴は２つあり，ひとつは，第14章まであるが各章，総論と小学校，中学校，高等学校の学校種に分け解説していることであり，もうひとつは各項目に「学校マネジメントの視点」を必ず入れているところである。

最初の特徴によって，小学校，中学校，高等学校と学校種に分けて記載されているため，12年間を通したそれぞれの項目を発達段階に合わせて捉えることが可能になっている。隣接学校種の教育やそのマネジメントの在り方を知ることで，自らの学校種の教育について幅広い視野でながめることができ，教育活動を効果的に展開できることをねらっている。

２つ目の特徴が，これまでの類書になかったもので，自らが行っている教育活動を俯瞰的にながめるためには「学校マネジメントの視点」が不可欠だからである。変化が激しく，先行き不透明な社会での学校教育は，今後さまざまな困難な場面に直面することは必須である。そうした時，自らの教育活動を客観視する機会をもつことは重要であり，課題への解決方法を発見する有力な手立てである。一方，「学校マネジメントの視点」を入れた実証的理由は，早稲田大学教職大学院が全国の教職大学院を対象に２年間にわたって行った調査研究の結果にある。巻末資料に詳細が掲載されているが，学部を卒業し直接入学してきた教職大学院の院生に行った調査では，教職大学院で教育管理職についての授業を行うことに対する肯定的な意見は全体の77.2％にのぼり，養成段階において学校マネジメントの視点が教員になるための学びとして強く求められていることが判明したからである。

18項目は，１　教育課程の編成・実施，２　教科指導，３　総合的な学習（探究）の時間，４　道徳教育・特別の教科　道徳，５　学校行事・生徒会，６　学級経営・ホームルーム経営，７　進路指導・キャリア教育，８　特別支援教育，９　クラブ活動・部活動指導，10 生徒指導（生活指導），11 健康安全指導，12 校務処理・校務分掌，13　保護者対応，14 地域社会との連携，15 予算管理，16 人事管理，17 事務室（経営企画室）運営，18 その他，教育課題等への対応，である。また巻末資料に本書の発行の基盤となった調査研究を載せる。

本書の発行は主に早稲田大学教職大学院の教員の執筆によって実現したものであるが，発行に至るまでの２年間の調査研究や早稲田教育叢書としての発行については，早稲田大学教育総合研究所の強力なバックアップがあり実現したもので，改めてここに感謝の意を表する。

2019年２月15日

三村 隆男，岡田 芳廣，小山 利一，高橋 あつ子，
細谷 美明，羽入田 眞一，遠藤 真司，藤原 善美

目　　次

第1章

教育課程の編成・実施

1. 総　　論

キーワード　教育課程，学習指導要領，社会に開かれた教育課程，主体的・対話的で深い学び，カリキュラム・マネジメント

（1）教育課程と学習指導要領

教育課程とは，学校教育の目的や目標を達成するために，教育の内容を生徒の心身の発達に応じ，授業時数との関連において総合的に組織した各学校の教育計画である。なお，各学校における教育水準を全国的に均等に保つためには，これら教育の内容等について必要かつ合理的な事項を大綱的に示した**学習指導要領**が必要となる。各学校が教育課程を編成する際には，学習指導要領に従いながら，各学校の実態や子どもの発達段階等に応じて学校や教師の創意工夫を加えることが大切である。教育課程とは，言いかえれば，各学校の創意工夫の

入った「教育の設計図」ともいえよう。

（2）学習指導要領の改訂と教育課程

2017（平成29）年3月に小学校及び中学校学習指導要領が，2018（平成30）年3月に高等学校学習指導要領が改訂された。その基本的考え方は，① 教育基本法，学校教育法などを踏まえ，これまでのわが国の学校教育の実践や蓄積を生かし，子どもたちが未来社会を切り拓くための資質・能力を一層確実に育成するとともに，子どもたちに求められる資質・能力とは何かを社会と共有し，連携する「**社会に開かれた教育課程**」（表1－1）を重視すること，② 知識及び技能の習得と思考力，判断力，表現力等の育成のバランスを重視する現行学習指導要領の枠組みや教育内容を維持した上で，知識理解の質をさらに高め，確かな学力を育成すること，③ 道徳教育の充実や体験活動の重視，体育・健康に関する指導の充実により，豊かな心や健やかな体を育成することである。したがって，学校で編成・実施する教育課程（教育活動）は，これまで以上に計画段階から学校，地域，家庭との連携を深め，それぞれの共通理解の下，編成・実施・評価される性格を持つようになった（図1－1）。

（3）教育課程の編成と実施

教育課程を編成する手順としては，まず教育基本法や学校教育法などの法令に基づき，子どもや学校，地域の実態に即し，学校教育全体や各教科等の指導を目指す資質・能力を明確にしたうえで学校の教育目標と教育目標を達成するための基本方針を設定するとともに，学習指導要領に示された各教科等の内容を教科等横断的な視点を持ちつつ決定していく。各教科等の授業時間については，学習指導要領で示された標準授業時数を基に定めていく。なお，授業日や夏休み等の長期休業日については，各都道府県及び市町村教育委員会が定めた学校管理規則等に従う。こうして柱となる部分を設定したのち，校長の指示（学校経営計画等）の下，学校の運営組織を生かしながら，各教員がそれぞれの校務を分担し，教科等の指導計画や校務分掌上の運営計画を作成する。

表１－１　社会に開かれた教育課程

① 社会や世界の状況を幅広く視野に入れ，よりよい学校教育を通じてよりよい社会を作るという目標を持ち，教育課程を介してその目標を社会と共有していくこと
② これからの社会を創り出していく子どもたちが，社会や世界に向き合い関わり合い，自らの人生を切り拓いていくために求められる資質・能力とは何かを教育課程に明確化し育んでいくこと
③ 教育課程の実施に当たって，地域の人的・物的資源を活用したり，放課後や土曜日等を活用した社会教育との連携を図ったりし，学校教育を学校内に閉じずにその目指すところを社会と共有・連携しながら実現させること

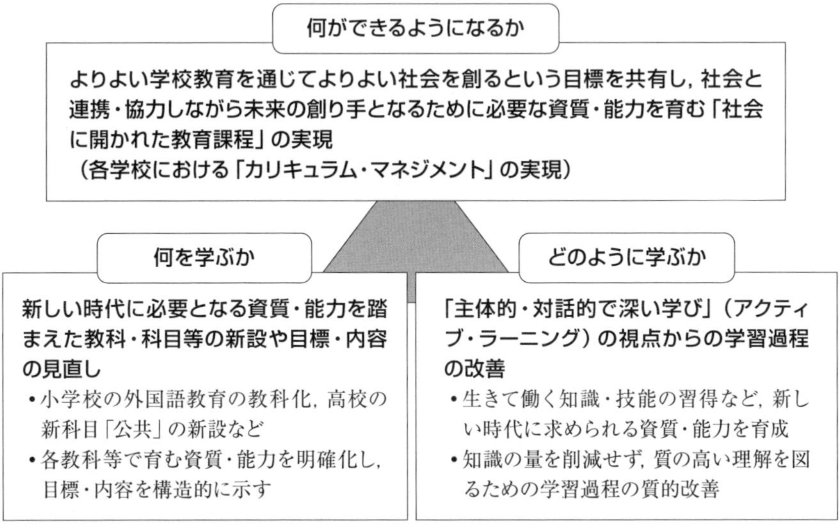
何ができるようになるか
よりよい学校教育を通じてよりよい社会を創るという目標を共有し，社会と連携・協力しながら未来の創り手となるために必要な資質・能力を育む「社会に開かれた教育課程」の実現
（各学校における「カリキュラム・マネジメント」の実現）
何を学ぶか
新しい時代に必要となる資質・能力を踏まえた教科・科目等の新設や目標・内容の見直し
・小学校の外国語教育の教科化，高校の新科目「公共」の新設など
・各教科等で育む資質・能力を明確化し，目標・内容を構造的に示す
どのように学ぶか
「主体的・対話的で深い学び」（アクティブ・ラーニング）の視点からの学習過程の改善
・生きて働く知識・技能の習得など，新しい時代に求められる資質・能力を育成
・知識の量を削減せず，質の高い理解を図るための学習過程の質的改善

図１－１　新学習指導要領の特色

出所）中央教育審議会「幼稚園，小学校，中学校，高等学校及び特別支援学校の学習指導要領等の改善及び必要な方策等について（答申）」（2016）の補足資料（p. 6）より加工

(4)「主体的・対話的で深い学び」の実現に向けた授業改善

① 教育課程

知識理解の質をさらに高め，確かな学力を育成するためには「**主体的・対話的で深い学び**」の実現に向けた授業改善が必要となる。さらに，学習の基盤となる資質・能力（言語能力，情報活用能力，問題発見・解決能力等）や現代的な諸課題に対応して求められる資質・能力の育成のために教科等横断的な学習を充実することが必要である。「主体的・対話的で深い学び」の充実には単元など数コマ程度の授業のまとまりの中で，習得・活用・探究のバランスを工夫することが重要である。学校全体としては，教育内容や時間の適切な配分，必要な人的・物的体制の確保，実施状況に基づく改善などを通して教育課程に基づく教育活動の質を向上させ，学習の効果の最大化を図る（カリキュラム・マネジメントを確立する）必要がある。

② 教科指導

学習の基盤となる資質・能力のうち言語能力の育成については，必要な言語環境を整備するとともに，国語科を要とし各教科等の特質に応じて子どもの言語活動や読書活動を充実させることが大切である。情報活用能力の育成についてはコンピュータやインターネットなどの情報手段を活用した学習活動の充実を図ることや，各種の統計資料や新聞，視聴覚教材や教育機器など教材・教具を適切に活用すること。このほか，生徒が学習の見通しを立てたり学習したことを振り返ったりする活動や，生徒自ら学習課題や学習活動を選択する機会を設けるなど生徒の興味・関心を生かした自主的，自発的な学習の工夫，各教科等の特質に応じた体験活動を重視し家庭や地域と連携し，学校図書館のほか地域の図書館や博物館，美術館，劇場，音楽堂等の施設の活用を図り情報の収集や鑑賞等の活動を充実することも大切である。

写真１－１　地域の水道歴史博物館での学習風景

出所）東京都文京区立湯島小学校HPより
http://www.bunkyo-tky.ed.jp/yusima-ps/（2019年２月26日閲覧）

③ 学習評価

学習評価は，子どもの学習状況を評価し教師の指導の改善に役立てるだけでなく，子ども自身が自らの学習を振り返って次の学習に向かうことができるようにするためにも重要な教育活動である。そのためにも，単元や題材など内容や時間のまとまりを見通しながら評価の場面や方法を工夫して指導の改善や学習意欲の向上を図ることが大切である。また，子どものよい点や進歩の状況などを積極的に評価し，学習したことの意義や価値を実感できるよう工夫することも大切である。

（5）子どもの発達の支援

① 学校経営

学習や生活の基盤として，教師と子どもの信頼関係や子ども相互の人間関係を育てるために学級経営は重要である。集団の場で必要な指導・援助であるガイダンスや個別の場で必要なカウンセリングを計画的に行うことで子どもの発達を支援することにつながる。子どもが自己の存在感を実感しながら現在及び将来における自己実現を図れるよう子どもの理解に努め適切な指導を行う必要がある。そのため，特別活動を要とし各教科等の特質に応じたキャリア教育の充実を図ることが大切である。

② 障害のある子どもへの指導

障害のある子どもへの指導については，特別支援学校等の助言や援助を活用しながら障害の状態に応じた指導内容や指導方法を工夫することが大切である。また，家庭，地域及び医療や福祉，保健，労働等の業務を行う関係機関との連携を図り長期的な視点で子どもへの教育的支援を行うために，個別の教育支援計画等を作成・活用することが大切である。また，不登校の子どもについても，保護者や関係機関と連携を図り，心理や福祉の専門家の助言や援助を得ながら個々の子どもの実態に応じた情報提供など必要な支援を行う。

写真１－２　保育園における中学生の職場体験学習

出所）社会福祉法人相和会「星の子保育園」のHPより
https://hoshinoko.sowakai.or.jp/（2019年２月26日閲覧）

（6）家庭，地域との連携及び学校間の連携

学校のその目的を達成するためには，教育活動の実施に必要な人的又は物的体制を家庭や地域の人たちの協力を得ながら整備しその連携を深めることが大切である。その際，高齢者や異年齢の子どもなど地域における世代を超えた交流の機会を設けることは大切である。また，他の学校や幼稚園，保育所などとの連携や交流を図るとともに，障害のある子どもとの交流及び協働学習の機会を設け，共に尊重しあいながら協働し生活していく態度を育むよう配慮したい。

【学校マネジメントの視点】

「社会に開かれた教育課程」にあるように，教科等におけるそれぞれの学習活動が効果的に行われるために，学習指導（事前の教材研究も含む）や生徒指導に際し，地域の人的・物的資源を活用することは学校マネジメントの視点からも大切である。ちなみに，中学校学習指導要領ではこうした教育課程の編成や管理・運営を「**カリキュラム・マネジメント**」とし以下のように具体的に示している。それにより，自己の視野を広めるだけでなく，管理職に必要な外部折衝力も身に付けることができる。

カリキュラム・マネジメント

①各教科等の教育内容を相互の関係で捉え，学校の教育目標を踏まえた教科等横断的な視点で，その目標の達成に必要な教育内容を組織的に配列すること
②教育内容の質の向上に向けて，子供たちの姿や地域の現状等に関する調査や各種データに基づき教育課程を編成し実施し評価して改善を図る一連のPDCAサイクルを確立すること
③教育内容と教育活動に必要な人的・物的資源等を，地域等の外部の資源も含めて活用しながら効果的に組み合わせること

2. 教育課程（小学校）

（キーワード）モジュール（帯）学習，合科的・関連的な指導，学んだことを今後どのように生かすのか

（1）小学校における教育課程編成上の配慮事項

小学校の場合，学級担任制をとっていることから，その特性を生かし，より効果的な指導を行うため，教育課程の編成時，とりわけ時間割編成においては創意工夫を図ることが大切である。たとえば，1単位時間の弾力的な運用，いわゆる短い時間を単位として取り組む学習形態を行う場合，各教科等の特性に応じ10～15分程度の短い時間を毎日同じ時間帯に設定（いわゆる**モジュール（帯）学習**）することなどが考えられる（毎朝15分の計算ドリルを行い，3回で1単位時間としてカウントするなど）。その場合，教師は単元や題材など内容や時間のまとまりを見通した中でその指導内容の決定や指導の成果の把握を責任をもって行うことが最優先される。また，学習指導要領で定められている教科等の年間授業時数を確保することも大切である。

（2）学校相互間の連携・交流

小学校や幼稚園・保育所，高等学校，特別支援学校など近隣の各学校との連携や交流を図ることは，子どもの人間関係や経験を広げ学校生活をより豊かなものにする。それは子ども同士の交流もあれば，指導する教員同士の連絡会，研修会もある。子ども同士の交流の例としては，近隣の中学校や幼稚園・保育所，中学校，特別支援学校と学校行事や部活動，自然体験活動，あるいはボランティア活動を合同で行うことなどが考えられる。また，小学校入学時の児童は，幼稚園や保育所での自発的な活動としての遊びを生活における主な活動と

してきたことから，各教科における学習活動が円滑に行われるよう生活科を中心とした**合科的・関連的な指導**や弾力的な時間割編成といった配慮も必要である。さらに，中学年以降，教科によっては児童がその学習内容に対し理解の習熟が十分でなく，中学校に入学して学業不振や学習意欲の欠如，さらには不登校や問題行動の発生といった事態を招くことがままある。したがって，小・中学校の教員が普段より連絡を取り合いながら，共同して教材を新たに開発したりその指導方法について研修会をもつなどの工夫を行うことも大切である。

(3) 学校や子どもの実態に対応した教科等横断的な教育内容の選定

これからの教育課程において学習の基盤となる資質・能力（言語能力，情報活用能力，問題発見・解決能力等）や現代的な諸課題に対応して求められる資質・能力の育成のために，教科等横断的な学習を充実していかなければならない。子どもたちにとって，「どんな知識を身に付けたか」も必要ではあるが，**「学んだことを今後どう生かすのか」**という将来に向けた学びの力が大事となる。各教科の学習を大事にしていくと同時に，各教科にとどまらない力を育てるために，教科の枠を超えた学習を考えていくことが求められてくる。そのためには，学校，子ども，地域等の実態に応じた現代的な諸課題を選定しそれに関する教育目標及び内容を定めたうえで，全体計画及び関係する教科等の指導計画を作成する必要がある。たとえば，環境に関する課題を設定した場合，学校や地域の立地・自然条件等によりその指導内容に差異が生ずることが考えられる。また，指導者の専門とする知識・識見により指導内容に偏りが生ずる場合もある。そのため，指導計画を設定する段階で，場合によっては学級を解体しテーマ別に担当を定め指導に当たることも考えられる。

たとえば「防災教育」の実践にあたっては，「総合的な学習の時間」で，これまでに起きた災害やその対策について，関係機関からの情報などをもとに調べ防災マップを作る。そして「国語」で防災に対する意見文を書き発表するなどの学習が考えられる。「防災教育」を「総合的な学習の時間」と国語科を結びつけ追究することで，より問題意識を明確にした学びが実現できる。

【学校マネジメントの視点】

教育課程の編成・実施については，教科等横断的な課題に対する教育内容の選定にもあるように，子どもや地域の実態を分析し，課題に対しもっとも効果的な指導内容・方法を提案できる高い見識と強いリーダーシップのほか，地域や関係機関との連携に必要な外部との折衝力が求められる。また，多くの人間から多種多様の情報を交換・収集したり多大な協力を得たりするためには優れたコミュニケーション能力とそれを支える豊かな人間性が必要となる。

3. 教育課程（中学校）

キーワード　教科担任制，モジュール（帯）学習

（1）中学校における教育課程編成上の配慮事項

中学校及び高等学校の場合，小学校の学級担任制とは違い**教科担任制**をとっている。教育課程の編成時，とりわけ時間割編成には教科担任との綿密な協議が必要となる。たとえば，１単位時間の弾力的な運用，いわゆる**モジュール（帯）学習**を行う場合，小学校では学級担任の裁量で可能であるが，中学校及び高等学校においては時間講師を含めた教職員全体の了解の上行うことが前提となる。また，祭日や運動会等の学校行事による授業未実施の結果，学級ごとの授業実施時数の格差が生じやすい。学期ごとに時間割の調整をするなどの配慮が必要となる。

（2）学校相互間の連携・交流

小学校や幼稚園・保育所，高等学校，特別支援学校など近隣の各学校との連携や交流を図ることは，子どもの人間関係や経験を広げ学校生活をより豊かなものにする。それは子ども同士の交流もあれば，指導する教員同士の連絡会，

研修会もある。子ども同士の交流の例としては，近隣の中学校や幼稚園・保育所，小学校，特別支援学校と学校行事や部活動，自然体験活動，あるいはボランティア活動を合同で行ったり中学生が支援者の立場となって主体的な活動を行ったりすることなどが考えられる。

(３) 学校や子どもの実態に対応した教科等横断的な教育内容の選定

これからの中学校の教育課程において学習の基盤となる資質・能力や現代的な諸課題に対応して求められる資質・能力育成のための教科等横断的な学習の充実に向け，中学生という段階が集団の中で自己の役割を自覚することで自我にめざめ始め思考や表現に関するレベルも急速に高まるといった特性を生かす必要がある。そのためには，学校，子ども，地域等の実態に応じた現代的な諸課題を選定しそれに関する教育目標及び内容を定めたうえで，全体計画及び関係する教科等の指導計画を作成する必要がある。たとえば，古い歴史をもつ地域にある中学校の場合，地域に伝統行事が残っており後継者不足が課題になっているケースがある。そこで，総合的な学習の時間で行事の継承のための活動を，それに関連する言語文化についての学習を国語科で，歴史についての学習を社会科で，というように各教科等で関われるよう全体計画及び教科等ごとの年間指導計画を年度始めに作成し４月から指導に当たることが大切である。その際，指導に携わる者が地域の人材であることが多いことから，計画作りの段階から参画するよう管理職及び担当者が綿密に連携を図るよう留意する。防災に関する課題を設定した場合，地域によって重点とする災害の種類が異なることから，指導計画を作成する際に「防災の日」や「火災予防運動」など国や自治体で定めている記念日（啓発日）や期間などを参考にするとよい。その場合，消防署や地区の防災センターなどの関係機関や地域の町会・自治会との連携を密にとることにも十分留意する。

【学校マネジメントの視点】

中学校段階は小学校段階と比べ生徒の能力・適性，興味・関心等の多様化が一層進展し，性的な成熟とともに内面的な成熟が進み，抽象的・論理的思考や社会性も発達するなど心身の発達上の変化が著しい段階にある。したがって，中学校における教育課程の編成・実施については，そうした生徒の心身の発達の段階や特性を的確に把握しそれに応じた適切な教育活動を提案できる高い見識と強いリーダーシップのほか，地域や関係機関との連携に必要な外部との折衝力が求められる。

4. 教育課程（高等学校）

キーワード　多様なタイプの学校，柔軟な教育課程の編成，社会に開かれた教育課程

（1）高等学校における教育課程編成上の配慮事項

高等学校は，中学校と同様教科担任制をとっているが，高等学校には全日制課程や定時制課程，通信制課程などといった課程の違いがある。また普通科と農業科，工業科，商業科，家政科などの専門学科をはじめ，東京都ではチャレンジスクール（小・中学校時代に不登校経験をもつ生徒や高校の中途退学者等を主として受け入れる高校），エンカレッジスクール（これまで力を発揮できなかった生徒のやる気を育て，社会生活を送る上で必要な基礎的・基本的学力を身に付けることを目的とした高校）などの**多様なタイプの学校**が次々につくられている。時代の変化と生徒の多様化に伴い，各都道府県では，さまざまな生徒のニーズに合わせた特色ある学校づくりが行われている。また，近年では広域通信制への希望者が多くなっていることにも注目したい。

このような状況にあるため，高等学校の場合は教育課程の編成を一律に論じることはできない。その校種や学校の特色に合わせた**柔軟な教育課程の編成**が求められる。学習指導要領によれば，１単位時間は50分（定時制課程は45分）を標準としながら，たとえば，進学を重視する学校においては，70分授業や65

分授業を行っている例も見られる。また東京都のエンカレッジスクールでは，生徒の実態を踏まえ，１年次の国語・数学・英語では30分授業を展開している。

とはいいながら，授業時数及び授業日数の確保は各学校において重要な課題である。特に月曜日の授業日数を確保するため，他の曜日に振り替えたりしながら，35週の確保に努めている。

（２）学校相互間の連携・交流

高等学校では，卒業後に社会に出る生徒が多いことから，直接的に社会と関わらざるを得ない状況にある。また，阪神・淡路大震災や東日本大震災後に見られるボランティア活動に高校生として積極的に関与する（自助・共助・公助）ことが期待されている。こうしたことから，たとえば授業の一環として地域の保育園や幼稚園との交流（保育の授業），小学校や中学校での学習支援ボランティア，図書委員会などによる小学生への読み聞かせ活動，特別支援学校との行事等での交流などが行われている。高校生段階になると自らが企画し実施することができる場合もあるが，学校間での交流であることから教員や時には管理職が間に入り，交流が円滑に進むように手を差し伸べる必要がある。

（３）学校や子どもの実態に対応した教科等横断的な教育内容の選定

高等学校学習指導要領（2018）では，生徒の発達の段階を考慮し，言語能力，情報活用能力（情報モラルを含む），問題発見・解決能力等の学習の基盤となる資質・能力を育成していくことができるよう，各教科・科目等の特質を生かし，教科等横断的な視点から教育課程の編成を図るものとしている。また，生徒や学校，地域の実態及び生徒の発達の段階を考慮し，豊かな人生の実現や災害を乗り越えて次代の社会を形成することに向けた現代的な諸課題に対応して求められる資質・能力を，教科等横断的な視点で育成していくことが求められている。

たとえば，公職選挙法の改正により選挙権が18歳以上となり，高校生の一部に選挙権をもつ者がでることから，主権者教育は喫緊の課題となっている。公民科の教員だけでなく，ホームルーム活動などの特別活動や総合的な学習（探究）の時間でも取り扱うなど，すべての教員が関わることが大切である。また，主権者教育の全体計画や年間指導計画を明確にする必要がある。

前述のように，阪神・淡路大震災や東日本大震災を経験し，災害に対して高校生への期待が大きくなっている。学校では保健体育の保健分野や物理，地学，地理，家庭などの教科での学びのほか，地域での共助，公助の担い手として被災した場合に高校生は期待されている。都立高校では2012（平成24）年から「宿泊防災訓練」が行われている（特別支援学校では2017年から実施）が，各学校が地域の実態に応じた独自の取り組みをするなど工夫を凝らしている。また，都立学校では災害の際に「帰宅支援ステーション」が開設される。そうした際に高校生がどのように貢献できるか，単に訓練だけに終わらせない取り組みが重要である。

【学校マネジメントの視点】

中央教育審議会答申（2016年12月）は，これからの教育課程は，社会の変化に柔軟であることが欠かせないものとし，次にあげる３つの要件を備えた「**社会に開かれた教育課程**」であることが求められているとしている。①教育課程を介してその目標を社会と共有していくこと。②子どもたちが社会や世界に向き合い，自らの人生を切り拓いていくために求められる資質・能力とは何かを，教育課程で明確化していくこと。③教育課程の実施にあたって，地域の人的・物的資源を活用したり，社会教育と連携を図ったりし，社会と共通・連携しながら実現させること。

こうした点を念頭におきながら，学校や生徒の実態を踏まえつつ，地域の要請に応えられるような教育課程を編成することが重要である。そのためには，学校経営計画（学校経営方針）の立案・実施・反省・改善といったマネジメント・サイクルを全教職員と共に行い，共有していくことが重要である。

【参考】東京都が設置してきた多様なタイプの学校

◦中高一貫教育校　◦総合学科高校　◦単位制高校　◦科学技術高校
◦産業高校　◦進学型専門高校　◦総合芸術高校　◦昼夜間定時制高校
◦特色化を進める工業高校　◦チャレンジスクール
◦進学指導重点校　◦進学指導特別推進校　◦進学指導推進校
◦エンカレッジスクール

第2章

教科指導

1. 総　　論

キーワード　確かな学力，生きる力，主体的・対話的で深い学び，見方・考え方，教科等横断的な学習，言語能力，情報活用能力，学習評価

（1）生きる力と教科指導

2016（平成28）年12月に発表された中央教育審議会答申「幼稚園，小学校，中学校，高等学校及び特別支援学校の学習指導要領等の改善及び必要な方策等について」（以下「答申」という）を踏まえ，小学校及び中学校学習指導要領（2017），並びに高等学校学習指導要領（2018）では，改訂の趣旨について以下のように述べている。

・我が国のこれまでの教育実践の蓄積を活かし，豊かな創造性を備え持続可能な社会の創り手となることが期待される子供たちが急速に変化し予測不

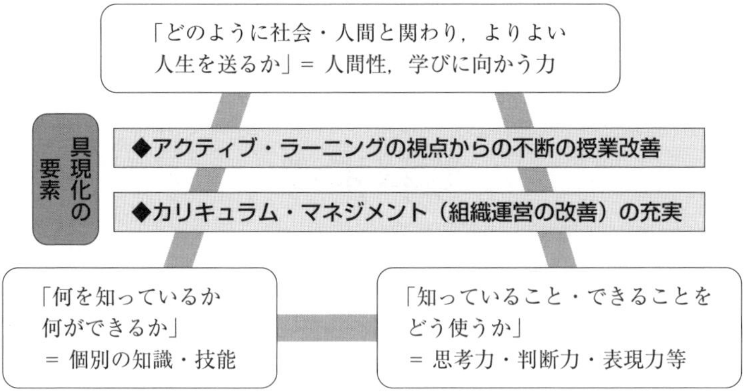
「どのように社会・人間と関わり，よりよい
人生を送るか」= 人間性，学びに向かう力
具現化の要素
◆アクティブ・ラーニングの視点からの不断の授業改善
◆カリキュラム・マネジメント（組織運営の改善）の充実
「何を知っているか
何ができるか」
= 個別の知識・技能
「知っていること・できることを
どう使うか」
= 思考力・判断力・表現力等

図２－１　育成すべき資質・能力の３つの柱を踏まえた新学習指導要領のイメージ

出所）中央教育審議会「幼稚園，小学校，中学校，高等学校及び特別支援学校の学習指導要領等の改善及び必要な方策等について（答申）」(2016) の補足資料（p. 6）より加工

可能な未来社会において自立的に生き，社会の形成に参画するための資質・能力を一層確実に育成することとしたこと。

- その際，子供たちに求められる資質・能力とは何かを社会と共有し，連携する「社会に開かれた教育課程」を重視したこと。

これらを踏まえ，同答申では教科指導に関しては，知識及び技能の習得と思考力，判断力，表現力等の育成のバランスを重視する現行学習指導要領の枠組みや教育内容を維持した上で，知識の理解の質をさらに高め，**確かな学力**を育成することとした。また，子どもたちに育む「**生きる力**」を資質・能力として具体化し，「何のために学ぶのか」という学習の意義を共有しながら，授業の創意工夫や教科書等の教材の改善を引き出していけるよう，各教科等の目標及び内容を，① 知識及び技能，② 思考力，判断力，表現力等，③ 学びに向かう力，人間性等の３つの柱で再整理した（図２－１）。

(２)「主体的・対話的で深い学び」の趣旨

以上のように，子どもたちが学習内容を人生や社会の在り方と結び付けて深く理解し，これからの時代に求められる資質・能力を身に付け，生涯にわたって能動的に学び続けることができるようにするために，学校がこれまで蓄積してきた学習の質を一層高める授業改善の取り組みを活性化していくことが必要である。そのためには，これまでの授業実践に見られる普遍的な視点である**「主体的・対話的で深い学び」**の実現に向けた授業改善を行うことが大切である。授業改善の視点としては以下の3点が挙げられる。

① 学ぶことに興味や関心を持ち，自己のキャリア形成の方向性と関連付けながら，見通しをもって粘り強く取り組み，自己の学習活動を振り返って次につなげる「主体的な学び」が実現できているか

② 子ども同士の協働，教職員や地域の人との対話，先哲の考え方を手掛かりに考えること等を通じ，自己の考えを広げ深める「対話的な学び」が実現できているか

③ 習得・活用・探究という学びの過程の中で，各教科等の特質に応じた「**見方・考え方**」を働かせながら，知識を相互に関連付けてより深く理解したり，情報を精査して考えを形成したり，問題を見いだして解決策を考えたり，思いや考えを基に創造したりすることに向かう「深い学び」が実現できているか

特に「深い学び」の視点に関し，学びの深まりの鍵となるのが「見方・考え方」である。各教科等の特質に応じた物事を捉える視点である「見方・考え方」は，新しい知識・技能を既有の知識・技能と結び付けながら社会の中で生きて働くものとして習得したり，思考力，判断力，表現力等を豊かなものとしたり，社会や世界にどのように関わるのかの視座を形成したりするために重要なものであり，習得・活用・探究という学びの過程の中で働かせることを通じてより質の高い深い学びにつなげることが重要である。ちなみに，「学習指導要領解説　総則編」（小・中学校とも）には，思考・判断・表現の過程について以下の記述がある。教科等の指導計画等を作成する際の参考にしてもらいたい。

- 物事の中から問題を見いだし，その問題を定義し解決の方向性を決定し，解決方法を探して計画を立て，結果を予測しながら実行し，振り返って次の問題発見・解決につなげていく過程
- 精査した情報を基に自分の考えを形成し表現したり，目的や状況等に応じて互いの考えを伝えあい，多様な考えを理解したり，集団としての考えを形成したりしていく過程
- 思いや考えを基に構想し，意味や価値を創造していく過程

(3) 教科等横断的な学習の充実

このほか，今回の改訂では，すべての教科等において「学習の基盤となる資質・能力」（言語能力，情報活用能力，問題発見・解決能力など）や「現代的な諸課題に対応していくための資質・能力」の育成を図るために，**教科等横断的な学習**（例：「伝統や文化に関する教育」「主権者教育」「消費者教育」「食育」「防災教育」など）を充実することが必要とされている。そのためには，普段より児童・生徒や学校，地域の実態を適切に把握しておくこととともに，指導計画作成時にはそれらの実態に即した学習内容を扱うよう配慮することが大切である。

(4) 言語活動の充実

上記で挙げた「学習の基盤となる資質・能力」のうち**言語能力**はすべての教科等における資質・能力の育成や学習の基盤となる重要な能力である。言語能力の育成については，学習指導要領にも「国語科を要としつつ各教科等の特質に応じて，生徒の言語活動を充実すること」（第1章3の1の（2））としており，各教科等における言語活動を例示している（表2－1）。

表2－1　各教科等における言語活動例（中学校）

<国語>提案や主張など自分の考えを話したり，それらを聞いて質問したり評価などを述べたりする活動，互いの考えを生かしながら議論や討論をする活動（3年）。

<社会>社会的な見方・考え方を働かせることをより一層重視する観点に立って，社会的事象の意味や意義，事象の特色や事象間の関連，社会にみられる課題などについて，考察したことや選択・判断したことを論理的に説明したり，立場や根拠を明確にして議論したりする活動

<数学>数学的な表現を用いて簡潔・明瞭・的確に表現したり，互いに自分の考えを表現し伝えあう活動

<理科>問題を見いだし観察・実験を計画する学習活動や，観察・実験の結果を分析し解釈する学習活動，科学的な概念を使用して考えたり説明したりするなどの学習活動

<音楽>音楽によって喚起された自己のイメージや感情，音楽表現に対する思いや意図，音楽に対する評価などを伝え合い共感するなど，音や音楽及び言葉によるコミュニケーションを図る活動

<美術>アイディアスケッチで構想を練ったり言葉で考えを整理する活動，作品などに対する自分の価値意識をもって批評し合うなどして対象の見方や感じ方を深める活動

<技術・家庭>衣食住やものづくりなどに関する実習等の結果を整理し考察する学習活動や，生活や社会における課題を解決するために言葉や図表，概念などを用いて考えたり説明したりするなどの学習活動

<保健体育>筋道を立てて練習や作戦について話し合う活動や，個人生活における健康の保持増進や回復について話し合う活動

<外国語>（「話すこと」の例）強勢，イントネーション，区切りなど基本的な英語の音声の特徴をとらえ，正しく発音すること，自分の考えや気持ち，事実などを聞き手に正しく伝えること，聞いたり読んだりしたことについて，問答したり意見を述べ合ったりすること，つなぎ言葉を用いるなどのいろいろな工夫をして話を続けること，与えられたテーマについて簡単なスピーチをすること　など

<特別の教科　道徳>生徒が多様な感じ方や考え方に接する中で，自分の考えを基に討論したり書いたりする活動

<特別活動>体験活動を通して気づいたことなどを振り返りまとめたり，発表し合ったりするなどの事後の活動

<総合的な学習の時間>他者と協働して課題を解決しようとする学習活動や，言語により分析しまとめたり表現したりするなどの学習活動

出所）中学校学習指導要領解説総則編（2017）

（5）コンピュータ等や教材・教具の活用

「学習の基盤となる資質・能力」のうち**情報活用能力**の育成について中学校学習指導要領（2017）は，「コンピュータや情報通信ネットワークなどの情報手段を活用するために必要な環境を整え，これらを適切に活用した学習活動の充実を図ること。また，各種の統計資料や新聞，視聴覚教材や教育機器などの教科・教具の適切な活用を図ること。」としている。そのため，教師は機器の操作等に習熟するとともに，それぞれの教材・教具の特性を理解し指導の効果を高める方法について絶えず研究することが求められる。なお，指導に当たっては，インターネット上での誹謗中傷やいじめ，犯罪，有害情報等の深刻化，利用時間の長時間化等の問題を踏まえ，情報モラルに関する指導を行うことも忘れてはならない。

このほか，主体的・対話的で深い学びの実現に向けた授業改善をしていくうえで必要な学習活動など指導上の工夫として，見通しを立てたり振り返ったりする学習活動や体験活動，課題選択及び自主的・自発的な学習の促進や学校図書館及び地域の公共施設の利活用などがある。

（6）学習評価の充実

子どもが自分の学習状況を把握し振り返って次の学習に向かうようにするために，また，教師が学習の成果を的確に捉え指導の改善を図るためにも**学習評価**は重要である。実際の評価に当たっては，指導内容や生徒の特性に応じて，単元や題材など内容や時間のまとまりを見通しながら評価の場面や方法を工夫し，学習過程の適切な場面で評価を行う必要がある。また，他者との比較ではなく，子ども一人ひとりの持つよい点や可能性などの多様な側面や進歩の様子などを把握し，学年や学期にわたって生徒がどれだけ成長したかという視点を大切にする個人内評価も重要であり，最近ではそれらを記録・保存し観点ごとに整理して評価するポートフォリオ評価が有効である。さらに，学習意欲の向上という観点から，学習活動としての生徒による相互評価や自己評価も大切である。

なお，各教科等の目標は資質・能力の3つの柱で構成されており，目標に準拠した評価を推進するために，観点別評価については「知識・技能」「思考・判断・表現」「主体的に学習に取り組む態度」の3観点で評価することとなっている。また，特別の教科である道徳のように，観点別評価や評定になじまないものについては，個人のよい点や可能性等を評価する個人内評価を通じてみとることがあることにも留意する必要がある。

ポートフォリオ評価

学習活動において児童生徒が作成した作文，レポート，作品，テスト，活動の様子がわかる写真等をファイル（ポートフォリオ）に入れ保存し，学習の進め方などの指導に役立てる評価方法のことである。しかし，何でも入れればよいというものではなく，児童生徒が学習活動で成し遂げたことの中で価値あるものと判断される事例をポートフォリオに組み入れることでその価値を認めることがその特徴である。

【学校マネジメントの視点】

地域の人的・物的な教育資源の活用など「社会に開かれた教育課程」の視点と，教科等横断的な学習や習得・活用・探究のバランスに配慮した「主体的・対話的で深い学び」などカリキュラム・マネジメントの視点を常に持ちながら，授業を公開するなど管理職をはじめ多くの人間に観察してもらう機会を設定し，年度途中でも授業改善を図る姿勢が大切である。

2. 教科指導（小学校）

キーワード 指導目標，主体的・対話的で深い学び，子ども理解

（1）各教科の主目標

小学校では，学級担任が全科を指導することが原則となる。地域や学校によっては，専科教員が特定の教科を担当することもある。一人の教員が複数の教科を指導することが基本になるので，それぞれの教科の主たる目標をしっかり押さえて指導する必要がある。小学校学習指導要領（2017）をもとに，各教科の**指導目標**を整理すると，次のようになる。

国語「言語活動を通して，国語で正確に理解し適切に表現する」
社会「課題を追及したり解決したりする活動を通して，グローバル化する国際社会で主体的に生きる平和で民主的な国家および社会の形成者に必要な公民としての資質・能力」
算数「数学的活動を通して，数学的に考える」
理科「見通しをもって観察，実験を行うことなどを通して，自然の事物・現象についての問題を科学的に解決する」
生活「具体的な活動や体験を通して，自立し生活を豊かにしていく」
音楽「表現および鑑賞の活動を通して，生活や社会の中の音や音楽と豊かに関わる」
図画工作「表現および鑑賞の活動を通して，生活や社会の中の形や色などと豊かに関わる」
家庭「衣食住などに関する実践的・体験的な活動を通して，生活をよりよくしようと工夫する」
体育「課題を見付け，その解決に向けた学習過程を通して，心と体を一体として捉え，生涯にわたって心身の健康を保持増進し豊かなスポーツライフを実現する」

外国語「外国語による聞くこと，読むこと，話すこと，書くことの言語活動を通して，コミュニケーションを図る」

（2）教材研究をどう位置付けるか

教科指導を行う時には，まず教材研究を十分に行う必要がある。それには，次の観点が必要となる。

①　主体的・対話的で深い学び

授業では教科書を使用する。しかし学習の進行予定をもとに，教科書の頁をめくって，書いてあることをただ確認して進めていくような授業では，子どもたちは受け身になるだけである。小学校学習指導要領（2017）では新しい学びとして「**主体的・対話的で深い学び**」が位置付けられた。子どもたちが主体的に学習に取り組めるような課題を設定し，見通しを持たせること。ペアを含む少人数グループによる対話的な場面を設定し，友だち同士で話し合いをして，よりよい考えを見つけること。これらの過程を通して深い学びを実現すること。

写真２－１　対話的な学びの授業

こうしたプロセスを経て子どもたちが楽しみながら，確かな学力がつく授業をつくっていきたい（写真２－１）。

これらは十分な教材研究の上で，初めて実現できる学びとなる。教科ごとのその特性を考えながら授業づくりをして，その学習で学んだことを，次の学習に生かせるような計画的な指導を行っていきたい。

②　子ども理解

教師の発問に対して，黙ったまま答えられない子どもがいる。内気な性格だと，答えがわかっていても，うまく話せないのである。子どもの日常の姿を観察して，子どもの性格を把握していると，それに応じた対応ができるようになる。このような子どもには，学級全体での指導が難しいので，個別の指導の配慮が必要となる（写真２－２）。**子ども理解**の大事なところである。

また家庭環境も授業中の子どもの様子に影響することがある。保護者が仕事をして帰りが遅いと，寝る時間も，起きる時間も遅くなり，朝食抜きで登校をして，元気がないということもある。子どもは一人ひとり家庭環境が違うこと

写真２－２　子ども理解に立つ授業

も，教員として把握していることが大事である。

③　多様な教材

授業で活用する教材は教科書だけではない。本，新聞，インターネットなどの情報，教員が提示する話題，写真，ゲストティーチャーの話，地域の文化財，子どもの感想文や作品など，さまざまなものが子どもの学びに活用できる。周辺にある材料を見回して，授業に効果的に活用させていく。

（3）「何を教えるか」の明確化

指導目標を設定するにあたっては，学習指導要領や教師用指導書などを参考にして，目標を明らかにする。単元全体の指導目標があり，その下に1単位時間の指導目標があり，それを達成するために授業の展開を考えていくのである。

しかし時折，その授業の中での活動が中心となって多くの時間を費やすことにより，「活動あって指導なし」と指摘される授業も見られる。

たとえば国語の物語教材の「読むこと」を学習して，その後に本の帯づくりの活動を設定したとする。本の帯づくりのために，色紙をていねいに切ったり，文面をきれいにするために，色鉛筆やマーカーなどで装飾したりする授業に出会うことがある。できあがった作品の色使いが丁寧であり，文字の表し方が工夫されていて目を引くなどのことは，子どもが活動を進めていくにあたっては楽しいことではあるが，国語における学力とはまた別のものである。

小学校の子どもは，その発達段階に合わせて，さまざまな活動を用意しておかないと，1単位時間の授業を集中させていくのは難しい。しかしその活動は，学力の向上に目を向けるべきものであって，ただ楽しく過ごさせればいいものではない。子どもに付けさせたい力を明らかにする。そのうえで授業の展開と活動の工夫を考えていかなければならない。

（4）教材・教具，板書の工夫

教科書の内容や子どもたちの反応を，黒板にチョークで記録し，まとめてい

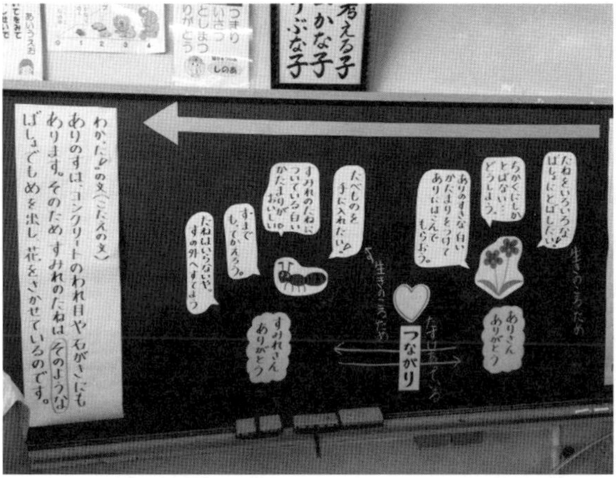

写真２－３　絵を使ったわかりやすい板書

くことで，子どもたちは理解しやすくなる。しかしこの板書はただ書くだけでなく，見た目に楽しくわかりやすくする工夫が必要である（写真２－３）。

たとえば国語「ごんぎつね」に出てくる「ひがん花」の実物，「お手紙」に出てくる「かえるのお面」，「大きなかぶ」に出てくる「動物たちのペープサート」などを授業中に子どもに提示すると効果的である。

【学校マネジメントの視点】

教員は授業づくりに熱心になると，その内容面の追究になりがちである。しかし，常に自分の授業づくりが「主体的な学び」，「対話的な学び」，「深い学び」になっているか，その観点から考えることが大事である。また次の観点からも考えることに気をつけたい。

- 学習指導要領のねらい，内容に沿った授業内容であるか。
- 年間指導計画に基づく授業として位置付けているか。進度は適切か。
- 子どもたち全員が楽しく学習をして，活躍する場面があるか。
- 授業内容，授業中の発言が，子どもの人権に配慮しているか。

3. 教科指導（中学校）

キーワード 資質・能力，主体的な学び，対話的な学び，深い学び，見方・考え方

（1）教育活動のポイント

2021年度より本格実施となる中学校新学習指導要領（2017）では，生徒が学習内容を人生や社会の在り方と結び付けて深く理解し，これからの時代に求められる**資質・能力**を身に付け，生涯にわたって能動的に学び続けることができるようにするために，「主体的・対話的で深い学び」の実現に向けた授業改善を推進することが重要である。そして，授業改善を進める際の指導上の配慮事項については，学習指導要領の総則のほか，各教科等の「第3　指導計画の作成と内容の取扱い」において，単元や題材など内容や時間のまとまりを見通して，その中で育む資質・能力の育成に向けてその授業改善を図ることが示されている。その際，以下の6点に留意しながら取り組むことが重要である。

① 児童生徒に求められる資質・能力を育成することを目指した授業改善の取り組みは，すでに小・中学校を中心に多くの実践が積み重ねられており，特に義務教育段階はこれまで地道に取り組まれ蓄積されてきた実践を否定し，全く異なる指導方法を導入しなければならないと捉える必要はないこと。

② 授業の方法や技術の改善のみを意図するものではなく，児童生徒に目指す資質・能力を育むために「**主体的な学び**」「**対話的な学び**」「**深い学び**」の視点で，授業改善を進めるものであること。

③ 各教科等において通常行われている学習活動（言語活動，観察・実験，問題解決的な学習など）の質を向上させることを主眼とするものであること。

④ 1回1回の授業ですべての学びが実現されるものではなく，単元や題材

など内容や時間のまとまりの中で，学習を見通し振り返る場面をどこに設定するか，グループなどで対話する場面をどこに設定するか，児童生徒が考える場面と教員が教える場面をどのように組み立てるかを考え，実現を図っていくものであること。

⑤ 深い学びの鍵として「**見方・考え方**」を働かせることが重要になること。各教科等の「見方・考え方」は，「どのような視点で物事を捉え，どのような考え方で思考していくのか」というその教科等ならではの物事を捉える視点や考え方である。各教科等を学ぶ本質的な意義の中核をなすものであり，教科等の学習と社会をつなぐものであることから，児童生徒が学習や人生において「見方・考え方」を自在に働かせることができるようにすることにこそ，教師の専門性が発揮されることが求められること。

⑥ 基礎的・基本的な知識及び技能の習得に課題がある場合には，その確実な習得を図ることを重視すること。

その際，中学校段階は小学校段階と比べ心身の発達の変化がいちじるしく，生徒の能力・適性，興味・関心等の多様が一層進展するだけでなく，内面的にも成熟し，知的な面では抽象的，論理的思考が発達するとともに，社会性なども発達してくる。また，学年による生徒の発達段階の差異にも十分留意し，指導計画等の作成に当たることが大切である。

このほか，カリキュラム・マネジメントの観点から教科等横断的な視点に立った授業も各教科等で工夫していく必要がある。その内容は教科等によりさまざまであるが，中学校学習指導要領解説総則編（2017）の付録（「現代的な諸課題に関する教科等横断的な教育内容」）や同解説の各教科等の参考資料にも参考例が記載されているので活用するとよい。

【学校マネジメントの視点】

中学生は，総合的な学習の時間や特別活動におけるボランティア活動などにみられるように，地域社会に出て大人とともに社会貢献を行う機会が多くなる。こうした活動を中心に据えた各テーマの全体計画を作成するとともに，担当する教科等に関連する学習内容について指導計画作成時から十分教材研究を行うなど組織的・計画的に取り組む意識を持つことが大切である。

4. 教科指導（高等学校）

キーワード 習熟の程度に応じたクラス編成，少人数のクラス編成，年間授業計画，学力の三要素

（1）教育活動のポイント

高等学校には全日制課程や定時制課程，通信制課程などといった課程の違いがあるとともに，普通科や農業科，工業科，商業科，家政科など学科の違いによって，生徒の層が大きく異なっているのが特徴である。そのため，教科指導を一律に論じることはできない。また必ずしも学習指導要領に基づいて教科指導を行うことが生徒の実態にそぐわない場合もある。

たとえば，進学を重視する学校では，学習指導要領の内容を超えてより発展的な内容を扱うことがある一方で，定時制課程では数学Ⅰの内容でも簡単な四則計算を反復させることが生徒の実態に即した教育内容になっているという場合もある。

このように校種によって異なるだけでなく，同一校内においても学力差は大きく，生徒個々の学習歴に違いがあるため指導が困難な場面が生じてくる。そのため，各学校では入学前の学力検査結果を分析し，入学後の教科指導に生かしている。特に学力差が大きい数学や英語では「**習熟の程度に応じたクラス編成**」をしたり，1クラスの人数を少なくする「**少人数のクラス編成**」をしたりして，一人ひとりの生徒に応じたきめ細やかな指導を行っている学校が多い。

また，シラバス（**年間授業計画**，年間指導計画）を作成し，各教科等の年間計画をあらかじめ生徒や保護者に知らせ，① 教科・科目の担当者，② 年間計画，

③ 到達目標（基礎，標準，応用・発展），④ 評価の観点，⑤ 学習の仕方などを明示している。なお，都立高校では，各学校のホームページに必履修科目等の年間指導計画を示すことが義務付けられている。

高等学校学習指導要領（2018）による教育内容が，2022年から学年進行で実施される。各学校の教育活動を進めるにあたっては，「主体的・対話的で深い学び」の実現に向けた授業改善を通して，創意工夫を生かした特色ある教育活動を展開することが求められている。その際，① 知識及び技能が習得されるようにすること，② 思考力，判断力，表現力等を育成すること，③ 学びに向かう力，人間性等を涵養すること，のいわゆる「**学力の三要素**」が実現できるよう教科内容を構成していくことが大切である。

高大接続改革が進められ，「高校生のための学びの基礎診断」や「大学入学共通テスト」が導入されることになった。国の動向を見据えながら，現場ではそれへの対応が求められる。教育改革の動向や情報を収集しながら，生徒の真に「生きる力」を身に付けさせていくことが重要である。

【学校マネジメントの視点】

高等学校では，往々にして「教え込む授業」がまかり通ってきた時代。「チョーク・アンド・トーク」が教員の力量であるとされてきた時代。未だ教師主導の講義型の授業が行われているのが現状である。これからの教科指導は，そのような力は通用しない。「主体的・対話的で深い学び」型の授業をいかに展開していくかが特に高等学校では求められる。このことから，いわゆる「アクティブ・ラーニング（AL）」の授業を行うことが目的になって，ペアワークやグループワークを取り入れた授業をすれば良いという傾向に流されがちになっている。しかし，ALはあくまでも手段であり，目的ではないことを教員に周知させ，授業改善に向かわせることが大切である。校長のリーダーシップの下，先進校の取り組みに学んだり，講師を招聘して校内研修会を開催したりするなど教員への啓発を進めていくことが重要である。

第3章

総合的な学習（探究）の時間

1. 総　　論

キーワード　生きる力，学習の基盤となる資質・能力，横断的・総合的な学習，全体計画，年間指導計画，探究的な見方・考え方

（1）総合的な学習の時間とは

総合的な学習の時間は，1999年3月に小学校並びに中学校学習指導要領が告示された際に新たに創設された。当時の社会背景としては，第2次世界大戦後長らく続いた東西冷戦が終結し，ソ連の崩壊，東欧諸国の解放などそれまでのイデオロギー対決にも終止符が打たれた時代であった。わが国でもいわゆる「バブル景気」が崩壊し未曽有の景気低迷期に入った。それを受け，1993年，「55年体制」と呼ばれた自由民主党による政治が終わり，複数政党による連立政権，あるいは自民党と社会党の連立政権など政権交代が続き，政治的にも経

済的にも先の見えない不安で混乱した時代となった。こうした状況の中で学習指導要領は改訂された。このときのキーワードが「**生きる力**」で,「いかに社会が変化しようと,自分で課題を見つけ,自ら学び,自ら考え,主体的に判断し,行動し,よりよく問題を解決する資質や能力」,「自らを律しつつ,他人とともに協調し,他人を思いやる心や感動する心など,豊かな人間性」,「たくましく生きるための健康や体力」の３つが示され,それぞれバランスよく育てることが強調された。特に,それまで学校教育において批判の多かった知識偏重の授業から子ども主体の授業といった,系統主義的な教育から体験主義的な教育の転換がこのときの改訂には色濃く出されている。その象徴が「総合的な学習の時間」である。授業時数の配当も,各教科が軒並みそれまでの時数を年間35時間（週１時間）程度削減される中,総合的な学習の時間には最低でも年間70時間（週２時間),最高で年間130時間（週４時間弱）が与えられた。この時間の「ねらい」については「① 自ら課題を見付け,自ら学び,自ら考え,主体的に判断し,よりよく問題を解決する資質や能力を育てること,② 学び方やものの考え方を身に付け,問題の解決や探究活動に主体的,創造的に取り組む態度を育て,自己の生き方を考えることができるようにすること」とした。学習内容の提示はなく,例として国際理解,情報,環境,福祉・健康などの横断的・総合的な課題のほか,生徒の興味・関心に基づく課題,地域や学校の特色に応じた課題などが示され,「学校の実態に応じた学習活動を行うもの」と記述されるのみであった。そのため,学校現場は混乱し,この趣旨を生かそうと前向きに取り組む学校がある一方で,教科指導や学校行事等で多忙を極める教員からは否定的に捉えられた。2003年並びに2006年に行われた国際学力調査PISAにおいては,それまで上位であったわが国の中学３年生の学力が大幅に低下する結果を招くこととなった（表３－１)。

また,小学校においては学級崩壊,中学校においても生徒の問題行動や不登校が増加するなど,このときの学習指導要領の下行われた教育はいつしか「ゆとり教育」と呼ばれ,総合的な学習の時間はその象徴的な存在として多方面より批判された。その後学習指導要領は,2008（平成20）年に改訂され,前回の

表３－１　PISA調査における数学的リテラシーの国際比較（経年比較）

順位	2003年	平均得点	2006年	平均得点	2009年	平均得点	2012年	平均得点	2015年	平均得点
1	香港	550	台湾	549	上海	600	上海	613	シンガポール	564
2	フィンランド	544	フィンランド	548	シンガポール	562	シンガポール	573	香港	548
3	韓国	542	香港	547	香港	555	香港	561	マカオ	544
4	オランダ	538	韓国	547	韓国	546	台湾	560	台湾	542
5	リヒテンシュタイン	536	オランダ	531	台湾	543	韓国	554	日本	532
6	日本	534	スイス	530	フィンランド	541	マカオ	538	北京・上海等	531
			日本（10位）	523	日本（９位）	529	日本（７位）	536		
	OECD平均	500	OECD平均	498	OECD平均	496	OECD平均	494	OECD平均	490

出所）「OECD生徒の学習到達度調査（PISA）2003年調査～2015年調査　国際結果の要約」を（国立教育政策研究所のHP掲載のもの）筆者加工

「生きる力」の育成は継続された。特に「確かな学力の確立」に重点が置かれ，基礎的・基本的な知識の習得とそれを活用した思考力・判断力・表現力等の育成といった言語活動の充実が叫ばれた。総合的な学習の時間の配当時数は，年間70時間（中学校２・３年）に削減されるとともに，基礎教科と呼ばれる国語，数学，英語のほか社会，理科の時間数が1998（平成10）年の学習指導要領の時と同等もしくは増加した（表３－２・表３－３）。

その結果，2009（平成21）年並びに2012（平成24）年のPISA調査において大幅に順位を挽回した（表３－１）。ただし，PISA調査を主催したOECD（経済開発協力機構）からは，「日本は総合的な学習の時間により先導し各教科の能力を着実に習得した。その結果，総合的な学習の時間を通じて実社会で生きる力として高めている。」との高い評価を得ている。これは，2008（平成20）年の学習指導要領が「知識の習得と活用」としての教科指導と「探究活動」としての総合的な学習の時間が有機的に働いているとの分析をOECD側が行った結果と考えられる。なお，今回は高等学校学習指導要領（2018）のみが「総合的な探究の時間」と名称が変更されたが，これは高等学校での学習が小・中学校以上に探究的な活動を重視する趣旨によるものである。

表３－２　中学校学習指導要領授業時数（1998年版）

教科学年	必修教科									道徳	特別活動	選択教科	総合的な学習の時間	総授業時数
	国語	社会	数学	理科	音楽	美術	保健体育	技術家庭	外国語					
第１学年	140	105	105	105	45	45	90	70	105	35	35	0～30	70～100	980
第２学年	105	105	105	105	35	35	90	70	105	35	35	50～85	70～105	980
第３学年	105	85	105	80	35	35	90	35	105	35	35	105～165	70～130	980

出所）中学校学習指導要領（1998）を参考に筆者作成

表３－３　中学校学習指導要領授業時数（2008年版）

教科学年	必修教科									道徳	総合的な学習の時間	特別活動	総授業時数
	国語	社会	数学	理科	音楽	美術	保健体育	技術家庭	外国語				
第１学年	140	105	140	105	45	45	105	70	140	35	50	35	1015
第２学年	140	105	105	140	35	35	105	70	140	35	70	35	1015
第３学年	105	140	140	140	35	35	105	35	140	35	70	35	1015

出所）中学校学習指導要領（2008）を参考に筆者作成

（２）総合的な学習の時間と他の教科等との関連

小・中学校学習指導要領（2017），高等学校学習指導要領（2018）は，2008年・2009年版の基本的考えを変えてはいないが，教科指導にも探究活動の考えを導入した。つまり，全教科等において「主体的・対話的で深い学び」の実現を求めたのである。さらに，**学習の基盤となる資質・能力**（言語能力・情報活用能力，問題発見・解決能力等）や現代的な諸課題に対応して求められる資質・能力の育成のためには，教科等横断的な学習を充実することを必要とした。したがって，探究的な見方・考え方を働かせ**横断的・総合的な学習**をすることを重視する総合的な学習の時間は，学校の教育目標や各教科等の目標との関連を図りながらその内容を検討する必要があるといえよう。たとえば，各教科共通で特に重視したい態度などを総合的な学習の時間の目標において示したり，各教科等で育成する「知識・技能」や「思考力，判断力，表現力等」が総合的に働くような内容を総合的な学習の時間において設定したりすることが考えられる。そのためには全体計画の作成は重要である。

（3）全体計画と年間指導計画

全体計画とは，指導計画のうち学校としてすべての学年を見通しこの時間の教育活動の基本的な在り方を概括的・構造的に示すものである。一方，**年間指導計画**とは，全体計画を踏まえその実現のためにどのような学習活動をどの時期にどれぐらいの時間数で実施するのかなどを示すものである。これら2つの計画を作成する際には，学校が定める目標と目標を実現するにふさわしい探究課題からなる内容を明確にすることが重要である。そして，それらの関連から生み出される学習活動や指導方法，指導体制，子どもの学習状況を適切に把握するための学習評価なども示される（図3－1）。

（4）校種の特質を生かした探究活動

学校が定めた目標を実現するために，設定する課題（探究課題）は学校の実態に応じたものでなければならない。学習指導要領は，「国際理解」「情報」「環境」「福祉・健康」など現代的な諸課題に対応する横断的・総合的な課題のほか，地域や学校の特色に応じた課題，子どもの興味・関心に基づく課題，職業や自己の将来に関する課題などいくつかの例示をしている。このうち地域や学校の特色に応じた課題とは，町づくり，伝統文化，地域経済，防災などがある。子どもの興味・関心に基づく課題とは，たとえばものづくりを行い楽しく豊かな生活を送ろうとすることや生命の神秘や不思議さを明らかにしたいと思うことなどがある。職業や自己の将来に関する課題とは，中学校や高等学校における自分の将来と自己の生き方を体験活動や調査活動あるいは仲間との話し合いを通して考えることなどがある。ここにあげた例はあくまでも一部であるが，学習指導要領が示す3つの要件（① **探究的な見方・考え方**を働かせて学習すること，② 横断的・総合的な学習としての性格を持つこと，③ 自己の生き方を考え

◆生徒の実態
○あいさつがよく，礼儀正しく対応できる
○素直で落ち着いている
○物事への対応がやや依存的であり，主体性を伸ばす必要がある
◆保護者・地域の実態
○三世代同居の割合が高い
○地域としてのつながりや連携性が高い
○学校教育に対する理解があり，協力的である

【学校の教育目標】
① 自ら進んで学習し，創造性に富んだ人間を育てる。
② 心身を鍛え，勤労と責任を重んずる人間を育てる。
③ みんなと手を結び公徳心を高め，豊かな社会を作る人間を育てる。

・日本国憲法
・教育基本法
・学校教育法
・学習指導要領
・県・市町村教育施策　など

【総合的な学習の時間の目標】
探究的な見方・考え方を働かせ，地域の人，もの，ことに関わる総合的な学習を通して，目的や根拠を明らかにしながら課題を解決し，自己の生き方を考えることができるようにするために，以下の資質・能力を育成する。
(1) 地域の人，もの，ことに関わる探究的な学習の過程において，課題の解決に必要な知識及び技能を身に付けるとともに，地域の特徴やよさに気付き，それらが人々の努力や工夫によって支えられていることに気付く。
(2) 地域の人，もの，ことの中から問いを見出し，その解決に向けて仮説を立てたり，調査して得た情報を基に考えたりする力を身に付けるとともに，考えたことを，根拠を明らかにしてまとめ・表現する力を身に付ける。
(3) 地域の人，もの，ことについての探究的な学習に主体的・協働的に取り組むとともに，互いのよさを生かしながら，持続可能な社会を実現するための行動の仕方を考え，自ら社会に参画しようとする態度を育てる。

学年			第1学年	第2学年	第3学年
テーマ			地域を知ろう	地域に学ぼう	地域の未来を考えよう
探究課題			地域の自然環境や環境問題とその保全に取り組む人々や組織について	地域の食やそれに関わる地域の産業及び生産者について	街づくりや地域活性化のために取り組んでいる人々や組織について
探究課題の解決を通して育成を目指す具体的な資質・能力	知識及び技能		・地域の自然環境や環境問題の現状がわかる ・地域の環境の現状と自分との関わりがわかる ・情報を比較，分類，関連付けて考えるなど探究の過程に応じた技能を身に付ける	・地域の食や特産物の特徴がわかる ・地域の食と自分との関わりがわかる ・情報を多面的に見る，考えを具体化するなど探究の過程に応じた技能を身に付ける	・街づくりや地域活性化の取組に関わる人々の思いや願いがわかる ・街づくりと自分たちとの関わりがわかる ・情報を構造化する，抽象化するなど，探究の過程に応じた技能を身に付ける
	思考力，判断力，表現力	課題の設定	・自分たちを取り巻く社会に広く目を向けて，活動の意図や目的を明確にしたり課題を見出している ・解決の方法や手順を考え，見通しをもって計画を立てている		
		情報の収集	・目的に応じて手段を選択し，情報を収集し適切な方法で蓄積している ・他者の意見や課題解決の方向性から必要な情報を取捨選択している		
		整理・分析	・問題状況における事実や関係を把握し，分類して多様な情報にある特徴を見つけている ・事象や考えを比較したり因果関係を推論したりして考え，視点を定めて多様な情報を分析している		
		まとめ・表現	・調べたり考えたりしたことをまとめ，相手や目的，意図に応じて論理的に表現している ・国語科や英語科等で身に付けた技能を活用して表現している		
		振り返り	**・学習の仕方や考え方を振り返り学習や生活に生かそうとしている ・振り返りの観点を自己で設定して活動を振り返り，次の活動に生かそうとしている**		
	学びに向かう力，人間性	主体性	・自分の意思で目標をもって課題の解決に向けた探究活動に取り組もうとしている		
		協働性	・自他のよさを生かしながら協力して問題の解決に向けた探究活動に取り組もうとしている		
		自己理解	・探究的な活動を通して，自分の生活及び地域との関わりを見直し，自分の特徴やよさを理解しようとしている		
		他者理解	・探究的な活動を通して，異なる意見や他者の考えを受け入れ尊重しようとしている		
		社会参画	・探究的な活動を通して，進んで実社会・実生活の問題の解決に取り組むとともに，積極的に地域の活動に参加しようとしている		

【学習活動】
・地域の実態，生徒の実態を踏まえ，探究課題を設定する
・地域の人，もの，ことを生かした学習活動を行う
・学習成果を表現する場として文化祭を活用する
・年間1テーマでの取組を基本とする

【指導方法】
・生徒の課題意識を連続・発展させる支援と工夫を行う
・個に応じた指導の工夫を行う
・体験活動を重視する
・各教科等との関連を重視した指導を行う
・言語により整理分析したりまとめ表現したりする学習を重視する
・協働的な学習を充実させるため，思考ツールを積極的に活用する

【指導体制】
・全校指導体制に組織する
・運営委員会における校内の連絡調整と指導体制を確立する
・ワークショップ研修を重視する
・メディアセンターとしての余裕教室及び学校図書館の整備・充実を図る
・地域の教育資源をデータ化するとともに，日常的な関わりを行う

【学習評価】
・ポートフォリオを活用した評価の充実を図る
・観点別学習状況を把握するための評価基準を設定する
・個人内評価を重視する
・指導と評価の一体化を充実する
・授業分析による学習指導の評価を重視する
・期末・学年末には指導計画を評価・改善

【各教科との関連】

【各教科等】
・学ぶ意欲と傾聴する力の向上
・探究的な学びの素地を養う
・協働的な学習場面の設定
・わかる授業，活気のある授業の展開
・知識及び技能の確実な習得と活用

【道徳教育】
・道徳科の時間を要として思いやる心を育む
・指導の重点項目
「真理の探究，創造」
「思いやり，感謝」
「社会参画，公共の精神」
「相互理解，寛容」

【特別活動】
・集団活動に自主的，実践的に取り組み互いのよさや可能性を発揮しながら集団や自己の生活上の課題を解決する
・合意形成や意見決定できるようにする
・役割を分担して協力して実践する

【小学校や近隣の中学校，高等学校との連携】

【近隣の小学校との連携】
・小学校で育成された資質・能力の系統性を確認する
・小学校での学習内容を確認する
・ポートフォリオなどの学習の記録を行う
・○○中学校の「総合的な学習の時間発表会」を校区内6年生に公開し中学校の総合的な学習の時間への見通しを持つ

【近隣の中学校との連携】
・総合的な学習の時間の目標や内容，年間指導計画等の交流
・指導方法や学習評価の在り方の合同研修を行う

【近隣の高等学校との連携】
・中学校での総合的な学習の時間の目標や内容，年間計画等や育成を目指す資質・能力の提供など

図3－1　○○市立△△中学校　総合的な学習の時間全体計画例

ていくことに結び付けていくような資質・能力の育成が見込めるものであること）にふさわしい課題となるよう学校は十分留意する必要がある。

（5）探究活動を指導する上での配慮事項

これまで述べてきたように，総合的な学習の時間は「主体的・対話的で深い学び」を実現する探究的な学習でなければならない。そのためには，① 学習過程を探究的にすること，② 他者と協働して主体的に取り組む学習活動にすることが大切である。① については，「課題の設定」→「情報の収集」→「整理・分析」→「まとめ・表現」のプロセスを踏むことが大切である。② については，多様な情報に触れ，異なる視点から検討を行い，地域の人びとと交流したり友達と一緒に学習をしたりすることに留意することである。

【学校マネジメントの視点】

総合的な学習の時間は，子どもが生活の中から課題を立て情報収集し，それを整理分析，まとめ・表現するという論理的なプロセスを経て自己の生き方を考えていくための資質・能力を育てる性格を持つものであることから，指導する教師自らがそうした資質・能力を備えていなければならない。これは，学校や地域の実態・課題を把握し，課題解決に向けた経営目標を設定し，その内容を所属職員一人ひとりに理解させ，力を結集し，目標に基づく組織的な教育活動を実施するなど管理職として必要な「学校マネジメント能力」に通じるものでもある。したがって，真の探究的な学習を指導できる教師を目指すことは大変意義のあることである。

2. 総合的な学習の時間（小学校）

キーワード 全体計画，目標の5要素，探究的な学習活動

（1）目標の設定

まず**全体計画**と年間指導計画を作成する。その際には，①横断的・総合的な学習で探究的な学習であること，②生徒自ら課題を見付け，自ら学び，自ら考え，主体的に判断し，よりよく問題を解決する資質や能力を育成すること，③学びやものの考え方を身に付けること，④問題の解決や探究活動に主体的，創造的，協同的に取り組む態度を育てること，⑤自己の生き方を考えることができるようにすることの**目標の5要素**を含むよう留意することが大切である。たとえば，地域の素材を扱った学習を想定する場合，目標は「地域の自然や社会と人々についての探究的な学習を通して，課題解決を目指して事象を比較したり因果関係を推測したりして考え地域に対する誇りと愛着を高める。」などが考えられる。

（2）育てたい資質・能力及び態度の設定

目標を設定したら，それをより具体的・分析的に示す。その場合，①学習方法に関すること，②生徒自身に関すること，③他者や社会との関わりに関することの3視点に配慮することが大切である。①をさらに「課題設定」「収集・分析」「思考・判断」「表現・省察」に分け，たとえば「課題設定」については「解決の方法や手順を考え見通しをもって計画を立てる」などとする。②については，「意思決定」「計画・実行」「自己理解」「将来展望」に分け，たとえば「意思決定」については「自らの行為について意思決定する」などとする。③については，「他者理解」「協同」「共生」「社会参画」に分け，たとえば「他

者理解」については「異なる意見や他者の考えを受け入れる」などとする。

(3) 学習指導の実際

以上の項目を設定後，学習内容（課題）を設定し（総論参照）学習活動が始まる。**探究的な学習活動**の場合，①「課題の設定」，②「情報の収集」，③「整理・分析」，④「まとめ・表現」の学習過程をとることが一般的である。また，各過程において協同的な活動や体験的な活動，あるいは言語活動などを取り入れるよう指導計画作成時において配慮する必要がある。たとえば，小学校では「福祉教育」をテーマとした場合，次のような活動が考えられる。デイサービスセンターを定期的に訪問し，名前を覚えたり，劇や合奏，歌などの発表をしたりして，お年寄りと交流をする。これらの活動を通して，福祉に対する自分の考えを深め，まとめる学びをつくることができる。「課題の設定」において資料を比較したりグラフの推移を予測したりして課題を設定する，「情報の収集」においてアンケート調査やフリップボードで情報を収集する，「整理・分析」においてスクラップ・シートやグラフで整理・分析する，「まとめ・表現」において振り返りカードでまとめたり保護者や地域住民などに報告したりするなどの方法がある。場合によっては，事前指導の時間を別に設け，これらの学習活動についての講義・演習を行ってから本格的な探究活動に入るのもよい。

(4) 総合的な学習の時間の評価

総合的な学習の時間の評価を行う際には以下のことに十分配慮することが望ましい。① 各学校で設定する評価の観点，② ポートフォリオを活用した評価の充実，③ 観点別評価のための評価規準の設定，④ 個人内評価の重視，⑤ 指導と評価の一体化の充実，⑥ 学期末，学年末における指導計画の評価，⑦ 授業分析による学習指導の評価の重視，⑧ 学校運営協議会における評価の実施，などである。

【学校マネジメントの視点】

生活の中から課題を立て情報収集し，それを整理分析，まとめ・表現するという論理的なプロセスを経て自己の生き方を考えていくための資質・能力は，管理職として必要な「学校マネジメント能力」に通じるものとして教師自身が備えていなければならない。小学生の発達段階を考慮するとき，子どもたちは，つい活動そのものに夢中になりがちであるが，学習課題をどう考え，どのように解決していくかという姿勢を子どもたちがもつように教師が指導していくことが大事である。各学習活動の基礎となる学習方法やものの見方・考え方について，この学習や他の教科等の指導を通し，教師自身が自己研修の姿勢を忘れてはならない。

3. 総合的な学習の時間（中学校）

キーワード 全体計画，目標の５要素，探究的な学習活動

（1）目標の設定

まず**全体計画**と年間指導計画を作成する。目標の設定については，① 横断的・総合的な学習で探究的な学習であること，② 生徒自ら課題を見付け，自ら学び，自ら考え，主体的に判断し，よりよく問題を解決する資質や能力を育成すること，③ 学びやものの考え方を身に付けること，④ 問題の解決や探究活動に主体的，創造的，協同的に取り組む態度を育てること，⑤ 自己の生き方を考えることができるようにすることの**目標の５要素**を含むよう留意することが大切である。たとえば，地域の素材を扱った学習を想定する場合，目標は「地域の自然や社会と人々についての探究的な学習を通して，課題解決を目指して事象を比較したり因果関係を推測したりして考え地域に対する誇りと愛着を高める。」といったことが考えられる。

(2) 育てたい資質・能力及び態度の設定

目標を設定したら，それをより具体的・分析的に示す。その場合，① 学習方法に関すること，② 生徒自身に関すること，③ 他者や社会との関わりに関することの3視点に配慮することが大切である。①をさらに「課題設定」「収集・分析」「思考・判断」「表現・省察」に分け，たとえば「課題設定」については「仮説を立て検証方法を考え計画を立案する」などとする。②については，「意思決定」「計画・実行」「自己理解」「将来展望」に分け，たとえば「意思決定」については「自らの行為について責任をもって意思決定する」などとする。③については，「他者理解」「協同」「共生」「社会参画」に分け，たとえば「他者理解」については「異なる意見や他者の考えを受け入れ尊重する」などとする（中学校）。

(3) 学習指導の実際

以上の項目を設定後，学習内容（課題）を設定し（総論参照）学習活動が始まる。**探究的な学習活動**の場合，①「課題の設定」，②「情報の収集」，③「整理・分析」，④「まとめ・表現」の学習過程をとることが一般的である。また，各過程において協同的な活動や体験的な活動，あるいは言語活動などを取り入れるよう指導計画作成時において配慮する必要がある。たとえば，「課題の設定」において体験活動を対比したりKJ法的な手法を駆使したりして課題を設定する，「情報の収集」においてインターネットで収集した情報をコンピュータフォルダに蓄積する，「整理・分析」においてグラフやマップを使ったりSWOT分析（企業が戦略を立案するにあたり，自社の「強み（Strengths）」「弱み（Weaknesses）」「機会（Opportunities）」「脅威（Threats）」を体系的に評価するための分析枠組のこと（『知恵蔵』（2008）より））を行ったりする，「まとめ・表現」において新聞やポスターにまとめたりパネルディスカッション等を行ったりして表現するなどの方法がある。場合によっては，事前指導の時間を別に設け，これらの学習活動についての講義・演習を行ってから本格的な探究活動に入るのもよい。

（4）総合的な学習の時間の評価

総合的な学習の時間の評価を行う際には以下のことに十分配慮することが望ましい。① 各学校で設定する評価の観点，② ポートフォリオを活用した評価の充実，③ 観点別評価のための評価規準の設定，④ 個人内評価の重視，⑤ 指導と評価の一体化の充実，⑥ 学期末，学年末における指導計画の評価，⑦ 授業分析による学習指導の評価の重視，⑧ 学校運営協議会における評価の実施，などである。

【学校マネジメントの視点】

生活の中から課題を立て情報収集し，それを整理分析，まとめ・表現するという論理的なプロセスを経て自己の生き方を考えていくための資質・能力は管理職として必要な「学校マネジメント能力」に通じるものとして教師自身が備えていなければならない。中学生という論理的に思考し集団の中での自己の役割を考えるようになる発達段階を考慮するとき，この学習の指導を通し，教師自身自己探求の姿勢を忘れてはならない。

4. 総合的な探究の時間（高等学校）

キーワード 探究的な学習における生徒の学習の姿，生徒と共に考える姿勢，カリキュラム・マネジメント

（1）この時間の位置付け（目標）

高等学校学習指導要領（2018）により高等学校では，これまで行われてきた「総合的な学習の時間」が「総合的な探究の時間」として名称が変わった。

「横断的・総合的な学習や探究的な学習を通して，自ら課題を見付け，自ら

学び，自ら考え，主体的に判断し，よりよく問題を解決する資質や能力を育成するとともに，学び方やものの考え方を身に付け，問題の解決や探究活動に主体的，創造的，協同的に取り組む態度を育て，自己の在り方生き方を考えることができるようにする。」（高等学校学習指導要領 2009）

「探究の見方・考え方を働かせ，横断的・総合的な学習を行うことを通して，自己の在り方生き方を考えながら，よりよく課題を発見し解決していくための資質・能力を次のとおり育成することを目指す。

⑴ 探究の過程において，課題の発見と解決に必要な知識及び技能を身に付け，課題に関わる概念を形成し，探究の意義や価値を理解するようにする。

⑵ 実社会や実生活と自己との関わりから問いを見いだし，自分で課題を立て，情報を集め，整理・分析して，まとめ・表現することができるようにする。

⑶ 探究に主体的・協働的に取り組むとともに，互いによさを生かしながら，新たな価値を創造し，よりよい社会を実現しようとする態度を養う。」（高等学校学習指導要領 2018）

これまでの目標が「自己の在り方生き方を考えることができるようにする」ことであったのに対し，これからは「自己の在り方生き方を考えながら，よりよく課題を発見し解決していく」とし，これまでも探究活動が行われてきたが，これまで以上に質の高い課題の解決や探究活動が求められていると言える。

（2）求められる探究の内容

これまで，高等学校において総合的な学習の時間は，余計な1単位時間として，ややもすると厄介な時間として意識付けられてきた傾向がある。特に全日制普通科高校では，進路指導や進学準備，修学旅行の事前・事後学習などに充てられる傾向があり，本来のねらいとは異なった内容となっている場合も散見された。

今後はより一層「探究的な学習」に力点が置かれ，各学校において定める内容は，「目標を実現するにふさわしい探究課題」が求められる。生徒自身が日常生活や社会に目を向け，より広い視野から自身の興味や関心に基づき課題を設定する。たとえば「高齢者の増加と介護問題」「少子化と日本の税制問題」「人間と自然環境との共生」「国際紛争と貧困問題」など，一人ひとり異なった課題を設定し，探究の過程に入っていく。「情報を収集」し，「整理・分析」を行い，最後に「まとめ・表現」する。それを繰り返しながら，自らの考えや課題が新たに更新され，探究の過程が繰り返される（48ページ「**探究的な学習における生徒の学習の姿**」参照）。

教員の役割は，こうした生徒の課題設定や課題探究に向けてのアドバイザーであったり，コーディネーターであったりすることになる。特にこうした探究の学習に際しては，他者と協同して課題を解決しようとする学習が重要である。生徒同士による学び合いや地域の大人との関わりを活用するよう指導していくことが求められる。

（3）学習指導の実態

探究の過程が始まったら，生徒各自が自分に合った学習スタイルで作業を進めていく。原則，週1単位時間の設定であるため，その時間内で完結するものではない。時には，放課後や休日を使って調査・研究を進めることもある。また，他の研究機関や大学等で深く追究していくことも考えられる。担当する教員は，そうしたコーディネーターの役割を担うことになる。東京都の場合，これまで担当する教員は，主にホームルーム担任が担う場合が多くなっている（持ち時数にカウントされている）。

しかし，これからは生徒の課題が多様化し，一人の教員が40人を指導することは不可能である。そのため，担当する教員の役割は必然的に変わってこよう。指導する教員は「知っていることを教える」のではなく，生徒の個々の課題に「**生徒と共に考える姿勢**」をもち，「探究する方法のヒント」や「調べ方のコーディネイト」をする役割とならざるを得ない。

そして，生徒の探究の成果を，たとえば，クラスで発表し合い，その代表者が学年全体会で発表するといった発表の機会を設けていくことが大切である。

（４）総合的な探究の時間の評価

生徒には，前述のような成果発表会を通じて個人内評価をさせるとともに，他者からの評価も受けることができる。一方，指導要録の記載においては，評定は行わず，所見等を記述することとしている。学校により，また担任によってその記述に大きな差異が生じている。大学入試の調査書の活用方法も変わってくることになり，学校として統一した対応が迫られる。

そうした点も踏まえながら，評価については次の点に留意することが求められる。① ポートフォリオを活用した評価の充実，② 観点別学習状況を把握するための評価規準の設定，③ 個人内評価の重視，④ 指導と評価の一体化の充実，⑤ 学期末，学年末における指導計画の評価の実施，⑥ 授業分析による学習指導の評価の実施，⑦ 学校運営協議会（都立学校は学校運営連絡連絡協議会）における評価の実施，などである。

【学校マネジメントの視点】

総合的な探究の時間は３～６単位として位置付けられており，その下限を下回らないこととされている。そのため多くの学校では３単位として位置付け，各学年１単位で実施する場合が多いが，１年で１単位，２年で２単位実施としたり，３年で２単位実施としたりする学校も少なくはない。学校や生徒の実態，この教科のねらいを踏まえて適切に置くことが求められる。なお，総合学科や専門学科では「課題研究等」の履修により同様の成果が期待できる場合には，「課題研究等」の履修をもって総合的な探究の時間を履修したものとできることが規定されている。

「主体的・対話的で深い学び」が求められている学校教育にあって，まさに総合的な探究の時間の学びは，他教科に大きな影響を与えていくことになる。各学校の教育目標や育てたい生徒像，地域の実態や保護者の願い，各教科・科目等との関連を踏まえ，全体計画を練り上げていくことが重要である。

都立高校では，１年生で「人間と社会」の履修をもって「総合的な学習の時間」を履修したこととしてきた経緯がある。より「探究的な学習」を求められている中で，自校の学習内容がそれにふさわしいかを確認する必要がある。常に自校の教育内容が学習指導要領との関連でどのように位置付けられているかを確認し，教職員や地域を巻き込んで検討をしてくことが，まさに「**カリキュラム・マネジメント**」として求められている。

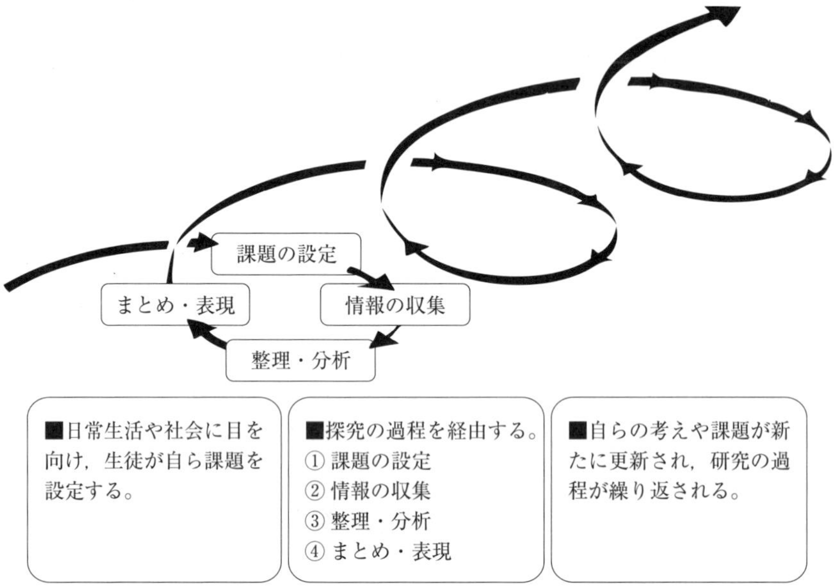

図３－２　探究的な学習における生徒の学習の姿

出所）文部科学省（2009）『高等学校学習指導要領解説・総合的な学習の時間』

第4章

道徳教育・特別の教科　道徳

1. 総　　論

キーワード　道徳性，人格，徳育，生きる力，心の教育

(1) 道徳教育の目的と意義

道徳教育とは，人間が本来持っている人間としてよりよく生きたいという願いやよりよい生き方を求めて実践する人間の育成を目指し，その基盤となる**道徳性**を養うことを目的とした教育活動である。教育基本法第1条（教育の目的）には「教育は，**人格**の完成を目指し，平和で民主的な国家及び社会の形成者として必要な資質を備えた心身ともに健康な国民の育成を期して行わなければならない」とあるように，教育の目的は人格の完成を目指しており，道徳教育はこの人格の形成に関わるものである。また，改正された第2条（教育の目標）の一項には「幅広い知識と教養を身に付け，真理を求める態度を養い，豊かな

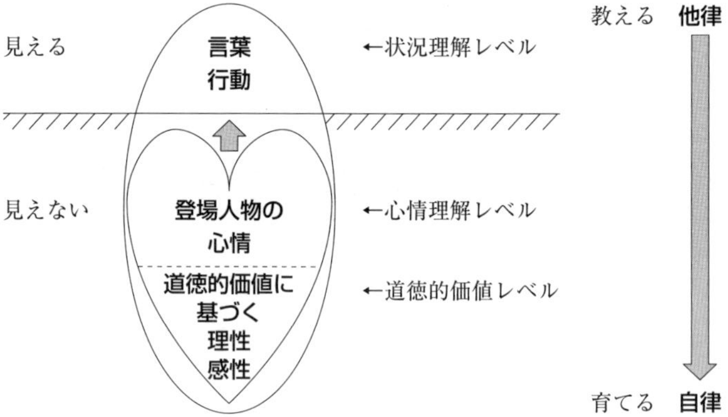

図４－１　心と言動

（筆者作成）

情操と道徳心を培うとともに，健やかな身体を養うこと」と道徳心が明記され，道徳教育が**徳育**の中核をなし，**生きる力**の育成に大きく関わることがわかる。

（２）道徳性の育成

道徳性とは，人間としての本来的な在り方やよりよい生き方を目指してなされる道徳的行為を可能とする人格的特性であり，人格の基盤をなすものである。それはまた，人間らしさであり，人間が人間として共によりよく生きていく上でもっとも大切にしなければならないものである。ただし，道徳性は生まれた時から身についているものではなく，人間社会におけるさまざまな体験を通して学び，各自のものを形成していくものである。したがって，道徳性の育成には，道徳的諸価値の理解を基に，道徳的判断力や心情，実践意欲と態度をはぐくみ，道徳的行為の実践を可能とするようにしていかなければならない。

（３）道徳科を「要」とする道徳教育

道徳教育の教育課程の編成に当たり，小・中学習指導要領（2017）に「学校における道徳教育は，特別の教科である道徳（以下「道徳科」という。）を要として学校教育活動全体を通じて行うもの」とあるように各教科，総合的な学習及び特別活動などあらゆる教育活動を通じて行われなければならない。そして道徳科が道徳教育の要としての役割を果たし，各教科，総合的な学習の時間及び特別活動などにおいて道徳教育としては取り扱う機会が十分でない内容項目に関わる指導を補う（補充）ことや，生徒や学校の実態等を踏まえて指導をより一層深める（深化）こと，内容項目の相互の関連を捉え直したり発展させたりする（統合）ことに留意して，計画的・発展的に行われるようにする。

（４）道徳の時間の特設

明治以来続いていた日本人の国民道徳の基本とされていた教育勅語が戦後，廃止され，「修身」の授業が停止された。その後，1958（昭和33）年の学習指導要領の改訂において，「道徳の時間」が教育課程に位置付けられた。特設するにあたり政治的な議論もあったが，道徳教育は，全面主義と特設主義の両面の性格を持ち，児童生徒の内面を重視し，一方的な教授に終わらず，人格の完成を目指すという性格を持つとされた。その後，今回の改訂で特別な教科となるまで，６回の改訂があったが，基本的な性格は変わっていない。

（５）道徳教育の歩み

「修身」の復活を疑念された「道徳の時間」の実施は順調ではなかった，そのような中，1966（昭和41）年に中央教育審議会より「期待される人間像」が公表され，道徳性の育成について述べられた。その後少年事件の深刻化を受けて，1998（平成10）年中央教育審議会が「**心の教育**」の答申を出し，心に響く道徳授業の提言がされ，『心のノート』が作成，配布された。さらに2000（平成12）年には，教育改革国民会議から「学校は道徳教育を教えることをためらわない」と盛り込んだ17の提案がされた。そして，2007（平成19）年には，教育再生会議の第２次報告に「徳育の教科化」が提言されたが，教科化には踏み込まなかった。しかし，2008（平成20）年の学習指導要領の改訂では，道徳の時間の「要」としての位置付けや「道徳教育推進教師」の配置が示され，重視の姿勢を見せた。

(6)「特別の教科　道徳(道徳科という)」

2013(平成25)年教育再生実行会議の第1次提言「いじめの問題等への対応について」を受けた取り組みとして，道徳の教科化が提案されたことを受け，中央教育員議会で審議され，2014(平成26)年の答申「道徳に係る教育課程の改善等について」が出された。これを受け，2015(平成27)年学校教育法施行規則を改正し，道徳を特別の教科にするとともに学習指導要領の一部改正の告示が公示された。

教科になって大きく変わったことは，文部科学省の検定を受けた教科書を使用すること，週1回の授業を必ず実施すること，子どもと保護者に評価を通知することがある。また，教材の登場人物の心情を理解するような画一的な授業から，道徳的諸価値を基に，どうすればよいか「考え，議論する道徳」や「主体的・対話的で深い学び」である問題解決的な授業や体験的な授業の実施が求められるようになった。

【学校マネジメントの視点】

① 目標の共有化

校長のリーダーシップの重要性が強く求められている。生徒の実態，保護者や教職員の願い，国や地区教育委員会の教育ビジョンなどを基に道徳教育の目標を提示しなければならい。教職員の中には，学校において道徳教育を実施することに対して，家庭が行うべきものである，生徒指導でよい，政治的に問題があるなどの理由から実施に対して反対する者もいる。このような教職員に対して道徳教育の重要性をしっかりと示すことが大切である。

② カリキュラム・マネジメント

道徳教育は道徳科を要として教育活動全体で実施される。どのように実施されるかを示している道徳教育の全体計画と道徳科の年間指導計画が適切に作成されているか教育課程の管理監督しなければならない。また，各計画が円滑に実施されるように，道徳推進教師や各学年の道徳担当の任命などに関する人事構想や道徳科の実施体制の充実を図るための組織作りなどのマネジメントも大切である。

③ 道徳科の実施状況の監督

道徳の時間は長年，他の活動に置き換えられていたりしていたことがしばしば見られた。週１回の道徳科が年間指導計画通りに実施されるように，時には，管理職が自ら率先垂範して授業を行い，道徳科を実施していこうとする機運を高めていくことも必要である。

④ 研修の充実と人材育成

大学における教員免許習得のための教職課程では，道徳教育に関する学習が主であり，道徳科を教科教育法に関する学習では授業を実施するスキルの育成は不十分である。このような実態に対して，学校では道徳科の校内研修を実施したり，互いに授業を参観し合ったりする研修ができるような体制を作ったりしていくことが求められる。特に，道徳科の評価の在り方についての研修は，通知される子どもや保護者の納得できるものでなくてはならない。また，教育研究員や研究会などに参加し，道徳教育を推進していける人材を計画的に育成することも大切である。

⑤ 家庭地域との連携

道徳教育を充実するには，家庭や地域が持つ教育力を活用することも大切な視点である。そのためには学校における道徳教育の目標や道徳科の取り組みを保護者や地域の人びとに積極的に公開し，道徳教育への理解を深め，学校・家庭・地域が協働して道徳教育を実施することが求められる。また，近年家庭や地域の教育力の低下が問題視されている。このような状況に対して，学校がリーダーとなって道徳教育を推進していくことも大切である。

2. 道徳教育・道徳科（小学校）

キーワード　自己の生き方，他律，自律，発達段階

（1）全体をどう捉えるか

小学校学習指導要領（2017）では，小学校の道徳教育の目標は「**自己の生き方**を考え，主体的な判断の下に行動し，自立した人間として他者と共によりよく生きるための基盤となる道徳性を養うことを目標とすること」と明記されている。一方，特別の教科　道徳の目標は「よりよく生きるための基盤となる道徳性を養うため，道徳的諸価値についての理解を基に，自己を見つめ，物事を多面的・多角的に考え，自己の生き方についての考えを深める学習を通して，道徳的な判断力，心情，実践意欲と態度を育てる」とある。「自己の生き方を考える」とは，人間としての在り方や生き方の礎となる道徳的価値を自分自身の生き方を通して深めていく学習指導を通して実現するのである。

（2）教育活動のポイント

道徳性の育成に当たり，以下に示した低中高学年ごとの発達的特性を押さえ，「**他律**から**自律**」に向けた指導をすることが求められる。

① 小学校低学年

- 自分でしなければならないことができ，良いこと悪いことの判断ができるようになる。
- 乳児期の自己中心性は残るが，他人の立場を認めたりする能力も徐々に発達する。

- 仲間関係においても，次第に自分たちで役割を分担して生活や遊びができるようになる。

② 小学校中学年
- 社会的な活動が広がり，地域行事などに興味を示し，自然等への関心も増す。
- 自分の行為の善悪については，ある程度反省しながら把握できるようになる。
- 徐々に集団の規則や遊びのきまりを理解し，集団の目標の達成に主体的に関わるようになる。

③ 小学校高学年
- 行為の結果とともに行為の動機も十分考慮できるようになる。
- 相手の身になって人の心を思いやる共感能力が発達する。
- 属している集団や社会における自分の役割や責任などについての自覚が深まっていく。

【学校マネジメントの視点】

① 発達段階への対応

小学校においては，生きる上で基盤となる道徳的価値の形成を図る指導を徹底することが求められる。学習指導要領では小学校の指導内容（内容項目）を低学年（1，2年）・中学年（3，4年）・高学年（5，6年）と3つに分けて提示している。このことは児童の**発達段階**を考慮して，小学校6年間を見通して，計画的・発展的に道徳教育を実施していくことが大切であることを示している。

② 中学校との連携

道徳科は義務教育9年間で実施される。小学校6年間の取り組みが中学校で生かされ，さらに充実するためには中学校との連携が欠かされない。中学校との定期的な連絡会や合同の研修会などを実施していく必要がある。

③ 家庭との連携

小学生の保護者は少子化のため初めての子育てを体験しているものが多く，教育に対しての関心が高い者や子育てへの不安を抱えている者もいる。学校における道徳教育についての説明責任をしっかりと果たし，保護者の理解と協力をもって，学校と家庭と協働して道徳教育を実施することが求められる。また，近年，基本的な生活習慣のしつけなどが十分にできない家庭も増えてきている。このような家庭に対して，学校が支援していくことも今後重要な課題になる。

3. 道徳教育・道徳科（中学校）

キーワード　人間としての生き方，思春期

（1）全体をどう捉えるか

中学校学習指導要領（2017）では，中学校の道徳教育の目標は「**人間としての生き方**を考え，主体的な判断の下に行動し，自立した人間として他者と共によりよく生きるための基盤となる道徳性を養うことを目標とすること」と明記されている。一方，特別の教科　道徳の目標は「よりよく生きるための基盤となる道徳性を養うため，道徳的諸価値についての理解を基に，自己を見つめ，物事を広い視野から多面的・多角的に考え，人間としての生き方についての考えを深める学習を通して，道徳的な判断力，心情，実践意欲と態度を育てる」とある。小学校では「自己の生き方を考える」としているのに対して，中学校では「人間としての生き方を考える」としているのは，「自己」という存在を超え，より普遍的に「人間」という社会的存在の視点から，生き方についての考える学習を目指すことが求められているからである。

（2）教育活動のポイント

中学生の時期は**思春期**であり子どもから大人へと大きく変化するときでもある。道徳性の育成には，そのような発達特性を十分考慮して学習指導を実施することが望まれる。

中学生の発達的特性

- 人間の生き方への関心が高まり人生をよりよく生きたいという内からの願いが強まる。
- 理想や本来の自分の姿を追い求め，自己を少しずつ確立していく。
- 保護者や教師の存在は相対的に小さくなり，クラスや学校の仲間集団が大きな影響を与える。
- 社会的な視点を持ち，社会の一員としての役割や責任を考え自覚を深める。
- 自然や人間の力を超えたものなど，抽象的な事柄について深い思索をするようになる。

写真４－１　道徳科の授業

【学校マネジメントの視点】

① 小学校との連携

中学校では小学校６年間の取り組みを考慮して指導計画を作成していくことが求められている。特に新学習指導要領（2017）では小学校１年より中学校３年まで取り扱う内容項目が19項目もあり，小学校と同じレベルで指導するわけにはいかない。小学校の取り組みを深めたり，発展させたりするような指導が求められる。

② 発達的特性への対応

中学生の時期は思春期の第二次反抗期前半に当たり，大人に対して訳もなく反抗したくなる時期である。このような生徒の発達状況を考慮して，道徳科が道徳的価値を押し付けたり，生徒自身の言動を反省させたりするような指導をするのではなく，社会との関わりの中で自分はどう生きるか自己を見つめさせるような指導を実施することが大切である。

③ 体験活動や他教科等の関連

豊かな体験は生徒の道徳性の育成に役立つ。中学校では職場体験やボランティア活動などのさまざまな体験活動を実践する機会が多くなる。これらの活動を道徳科において振り返ることにより，道徳性の育成を図ることが期待できる。また，各教科等と道徳科の指導をそれぞれの特性を踏まえて，横断的に実施することも効果的である。

④ 生き方・キャリア教育

中学校は義務教育最後の３年間であり，卒業後の進路に向け「人間としての生き方」を考えることが重要になる。また，主体的に自らの進路を選択する能力・態度の根底には「生きる力」が必要である。道徳的諸価値に基づいた生き方を考えるには，キャリア教育と連携して実施することが求められる。

4. 道徳教育（高等学校）

キーワード　人間としての在り方生き方，高等学校における道徳の授業，教科「人間と社会」

（1）全体をどう捉えるか

高等学校学習指導要領（2018）の総則に「学校における道徳教育は，**人間としての在り方生き方**に関する教育を学校の教育活動全体を通じて行うことによりその充実を図るものとし，各教科に属する科目，総合的な探究の時間及び特別活動のそれぞれの特質に応じて，適切な指導を行うこと」というこれまでの基本的な考え方は今後も引き継ぎ，校長の方針の下，道徳教育推進教師を中心に各学校や生徒の実態に応じて重点化した教育を実施する。

（2）教育活動のポイント

① 茨城県立高等学校の「道徳」

茨城県では2007（平成19）年度よりすべての県立高等学校において，第1学年の総合的な学習の時間において「道徳」（**道徳の授業**）を1単位（年間35時間）実施している。実施の目標は，生徒一人ひとりが道徳的価値や人間としての在り方生き方に関する自覚を深め，豊かな心を育て，未来に向けて人生や社会を切り拓いていこうとする道徳的実践力を高めることである。実施に当たり，県教育委員会では，生徒用テキスト「ともに歩む」と高等学校道徳教育指導資料を作成し，全校に配布している。さらに2016（平成28）年度からは，すべての県立高等学校2年生に「道徳プラス」（道徳の授業）を年間10回実施している。

表４－１　使用

①導入・単元の基本的内容に関する学習　②形成された判断

テーマ		質問	コラム
序章	学習の視点を考える	生きていく上で大切にしたいことのワークや考察を通して，この教科を学習	
1	人間関係を築く	自己理解，他者理解，コミュニケーションの取り方	卒業生が職場で経験した出来事
2	学ぶことの意義	アンケート結果や高校生活の体験談から分かる，学ぶことの大切さ	定時制卒業後，大学進学した高齢者の生き方
3	働くことの意義	働く上での収入，人間的成長，厳しさを踏まえた働くことの意義	兄の働く姿を見て
4	役割と責任を考える	高校生，社会人，企業それぞれの役割と責任	公式戦で補欠メンバーとしての取組
5	マナーと社会のルールについて考える	都立高校生の現状から分かる，マナーやルールの必要性	地下鉄のマナーポスターの表現の変化
6	ネット時代	スマートフォンへの依存度やインターネット上のトラブル	ネット時代に必要なコミュニケーション能力
7	選択し，行動する	不安や失敗の経験を通して選択の方法や行動を学ぶこと	高校２年生が部活動を継続・退部するかの悩み
8	チームで活動することの意義	働き方やリーダーシップの在り方から，チームで活動すること	文化祭係としてクラスをまとめる上での葛藤
9	人生とワーク・ライフ・バランス	人生の選択や共に生活する人との関係を通したワーク・ライフ・バランス	育児休暇の取得
10	お金の意義について考える	収支の管理や募金，税・社会保障から分かるお金の意味	進学に必要な資金
11	支え合う社会	人生のリスクや自助・共助・公助の大切さ	自然災害での高校生のボランティア活動
12	地域社会を築く	地域社会で活動する人々や地域社会をめぐる現状から地域社会	地域社会の問題解決能力の低下等
13	自然と人間の関わり	小笠原の自然や多摩川の変化，環境保全等，自然と人間の関わり	多摩川に生きる生物
14	科学技術の先に…生命倫理を考える	クローン技術等の進む医療技術の発展と課題	マンモスの復活に向けた取組
15	文化の多様性	食事作法や東京に外国人が集まる現状等の文化の多様性	世界遺産条約等
16	グローバル化が進展する社会に生きる	グローバル化が進展する社会で生きていくために	アメリカ在住の日本人の手記
17	対立から国際平和を考える	戦争・紛争の原因や欧州連合の成立を通して，対立と合意形成	模擬国連の体験談
18	主権者としての自覚	若者の政治参加，選挙権	生徒会役員として定めて活動方針
最終章	これからの生き方を考える	ブータン王国の国民総幸福量とそのケーススタディの学習を通して，人を幸	

出所）東京都教育委員会

教科書の内容

基準を高める学習 ＞ ③人生の諸場面を想定し，選択・行動する力を育成する学習・まとめ

議論する内容	ケーススタディ	人生の諸場面に即した考察
する目的を理解する。		
よりよい人間関係を築く上で大切なこと	文化祭実行委員としての役割	人間関係で大切なこと
学ぶことの意義	子供の勉強の取組への親のアドバイス	学びで大切なこと
働くことの意義	転勤することになって考えたこと	働く上で大切なこと
役割と責任に対する考え	放課後の教室掃除当番で考えたこと	役割を担い責任を果たす上で大切なこと
マナーやルールの定義	コピー＆ペーストで作成した読書感想文	マナーやルールを守ることの大切さ
ネット時代に生きるために必要なこと	無料通話アプリの使用に関すること	ネット社会で大切なこと
生活の様々な場面で経験する決定と行動	会社員がNPO法人に転職した事例	よりよい選択をし，行動するために大切なこと
チームで活動する意義について	会社のプロジェクトチーム	リーダーシップを発揮する上で大切なこと
ワーク・ライフ・バランスを実現する上で大切なこと	会社での残業のあり方	ワーク・ライフ・バランスの実現で大切なこと
お金の使い道とその意義について	アルバイトの勧誘	お金に関して大切なこと
支え合う社会を築くために大切なこと	共働きの家庭での子供の発熱	支え合う社会での大切なこと
地域社会を築くために大切なこと	自治会の役員で経験する苦労	地域社会とつながる上で大切なこと
自然と共に生きるために大切なこと	外来種の駆除	自然と共に生きる上で大切なこと
科学技術といのちについて	平均寿命と医療技術の進歩から生命の質（QOL）について	科学技術の進歩について
文化の多様性の意義	留学生のアルバイトを雇用して	文化の多様性について
グローバル化が進展する社会を生きる上で必要なこと	海外での勤務について	グローバル社会で生きる上で大切なこと
対立から国際平和を考える上で大切なこと	紛争による難民受け入れ	自分と国際平和の関わりについて
主権者としての自覚を養うために大切な考え	一票を投じることの重さ	主権者としての自分
せにすることの理解を深め，「人を幸せにするプロジェクト」行動の宣言を作成する。		

平成19年度～　平成23年度～　平成27年度～

写真４－２　生徒用テキスト「ともに歩む」

出所）茨城県教育委員会

② 東京都立高等学校の「人間と社会」

東京都教育委員会はこれまで実施していた教科「奉仕」を発展させて，2016（平成28）年度より人間としての在り方生き方に関する**教科「人間と社会」**をすべての都立高等学校及び中等教育学校で実施している。新しい独自の教科書を作成し，体験学習や演習を取り入れて，道徳教育とキャリア教育の一体化を図った教育活動を実施している。教科の目標は，道徳性を養い，判断基準（価値観）を高めることで，社会的現実に照らし，よりよい生き方を主体的に選択し行動する力を育成することである。

【学校マネジメントの視点】

高等学校における道徳教育は，茨城県のような教材を基にした授業形式の学習や東京都のような体験的な学習などが行われているが，まだ実施しているところは少ない。学習指導要領にもあるように小学校中学校の９年間の取り組みを基に，発展させていくことがポイントであろう。

第5章

学校行事・生徒会

1. 総　　論

キーワード　なすことによって学ぶ，生徒会組織の一員

（1）特別活動の教育的意義

卒業生と会うと学校行事のことが話題になることが多い。社会見学，体育祭，文化祭，修学旅行，卒業式など，一つひとつの行事が青春の思い出であることが話しぶりから伝わってくる。特別活動は，「生徒の実践を前提とし，実践を助長する指導が求められるのであり，生徒の発意・発想を重視し，啓発しながら『**なすことによって学ぶ**』を方法原理とする」（中学校学習指導要領解説 特別活動編 2017）ために，生徒の心に強く残るものであると考える。特別活動の教育的意義は，次のようになる。

① 特別活動の特質を踏まえた資質・能力を育成すること

② 学級経営の充実を図ること
③ 各教科等の学びを実践につなげること
④ 学級や学校の文化を創造すること
（中学校学習指導要領解説　特別活動編 2017）

特別活動の実際の指導にあたっては，これらの教育的意義を十分理解し，年間を通じてバランスのとれた計画を立て，望ましい集団活動や実践的な活動が展開されるような工夫が求められる。教員にとって，特別活動の教育的意義をふまえ，教科指導とは異なった視点で多様な活動を指導する必要がある。

（2）学校行事の目標

学校行事の目標は，それぞれの学習指導要領で次のように示されている。「全校又は学年の生徒で協力し，よりよい学校生活を築くための体験的な活動を通して，集団への所属感や連帯感を深め，公共の精神を養いながら，第1の目標に掲げる資質・能力を育成することを目指す。」（中学校学習指導要領 2017），「全校若しくは学年又はそれらに準ずる集団で協力し，よりよい学校生活を築くための体験的な活動を通して，集団への所属感や連帯感を深め，公共の精神を養いながら，第1の目標に掲げる資質・能力を育成することを目指す。」（高等学校学習指導要領 2018）。学校行事は，学校が計画し実施するものであるとともに，各種類の行事に生徒が積極的に参加し協力することによって充実する教育活動である。そのため，行事の特質や生徒の実態に応じて，教員は生徒の自主的，実践的な態度を育てることが大切である。

（3）学校行事の内容

学校行事はそれぞれ異なる内容と意義をもつ行事の総体であるため，育成される資質・能力や，その過程も多様である。学校としてそれぞれの行事の目標を掲げ，教職員の共通理解のもとに生徒を指導する必要がある。

表５－１　学校行事の内容

中学校	高等学校
全ての学年において，全校又は学年を単位として，次の各行事において，学校生活に秩序と変化を与え，学校生活の充実と発展に資する体験的な活動を行うことを通して，それぞれの学校行事の意義及び活動を行う上で必要となることについて理解し，主体的に考えて実践できるよう指導する。	全校若しくは学年又はそれらに準ずる集団を単位として，次の各行事において，学校生活に秩序と変化を与え，学校生活の充実と発展に資する体験的な活動を行うことを通して，それぞれの学校行事の意義及び活動を行う上で必要となることについて理解し，主体的に考えて実践できるよう指導する。
(1)　儀式的行事 学校生活に有意義な変化や折り目を付け，厳粛で清新な気分を味わい，新しい生活の展開への動機付けとなるようにすること。	(1)　儀式的行事 学校生活に有意義な変化や折り目を付け，厳粛で清新な気分を味わい，新しい生活の展開への動機付けとなるようにすること。
(2)　文化的行事 平素の学習活動の成果を発表し，自己の向上の意欲を一層高めたり，文化や芸術に親しんだりするようにすること。	(2)　文化的行事 平素の学習活動の成果を発表し，自己の向上の意欲を一層高めたり，文化や芸術に親しんだりするようにすること。
(3)　健康安全・体育的行事 心身の健全な発達や健康の保持増進，事件や事故，災害等から身を守る安全な行動や規律ある集団行動の体得，運動に親しむ態度の育成，責任感や連帯感の涵養，体力の向上などに資するようにすること。	(3)　健康安全・体育的行事 心身の健全な発達や健康の保持増進，事件や事故，災害等から身を守る安全な行動や規律ある集団行動の体得，運動に親しむ態度の育成，責任感や連帯感の涵養，体力の向上などに資するようにすること。
(4)　旅行・集団宿泊的行事 平素と異なる生活環境にあって，見聞を広め，自然や文化などに親しむとともに，よりよい人間関係を築くなどの集団生活の在り方や公衆道徳などについての体験を積むことができるようにすること。	(4)　旅行・集団宿泊的行事 平素と異なる生活環境にあって，見聞を広め，自然や文化などに親しむとともに，よりよい人間関係を築くなどの集団生活の在り方や公衆道徳などについての体験を積むことができるようにすること。
(5)　勤労生産・奉仕的行事 勤労の尊さや生産の喜びを体得し，職場体験活動などの勤労観・職業観に関わる啓発的な体験が得られるようにするとともに，共に助け合って生きることの喜びを体得し，ボランティア活動などの社会奉仕の精神を養う体験が得られるようにすること。	(5)　勤労生産・奉仕的行事 勤労の尊さや創造することの喜びを体得し，就業体験活動などの勤労観・職業観の形成や進路の選択決定などに資する体験が得られるようにするとともに，共に助け合って生きることの喜びを体得し，ボランティア活動などの社会奉仕の精神を養う体験が得られるようにすること。

出所）『中学校学習指導要領』（2017），『高等学校学習指導要領』（2018）

（4）学校行事の実際

ある公立高校をモデルに学校行事を月別に記し，それぞれの行事に（A）～（F）をつけて学校行事の内容を分類した。

儀式的行事……（A）	文化的行事……（B）
健康安全・体育的行事……（C）	旅行・集団宿泊的行事……（D）
勤労生産・奉仕的行事……（E）	その他（生徒会行事など）……（F）

4月：始業式（A），入学式（A），陸上記録会（C），生徒対面式（F）／5月：生徒会役員選挙（F）／6月：文化祭（B）／7月：合唱コンクール（B）／8月：夏期補習（F）／9月：体育祭（C）／10月：修学旅行（D），地域貢献デー（E）／11月：駅伝大会（C）／12月：冬季補習（F），防災避難訓練（C）／1月：スキー講習（C）／3月：生徒総会（F），卒業式（A），芸術鑑賞会（B），終業式（A）。

それぞれの行事が行われる年間の回数と実施月を次に示した。

- 儀式的行事（A）……4回【4月，3月】
- 文化的行事（B）……3回【6月，7月，3月】
- 健康安全・体育的行事（C）……5回【4月，9月，11月，12月，1月】
- 旅行・集団宿泊的行事（D）……1回【10月】
- 勤労生産・奉仕的行事（E）……1回【10月】
- 生徒会行事など（F）……：5回【4月，5月，8月，12月，3月】

学校によっては，新入生歓迎会，姉妹校交流，校内スピーチコンテストなど特色ある学校行事が実施される。学校行事は，全体の授業時数を考慮しながら年間を通してバランスよく実施することが大切である。そのために，特別活動の意義や学校行事の目標を学校全体で共有し，たとえば，熱中症の予防のために体育祭（運動会）の時期を見直すなど，学校行事の時期や内容，回数などに関して，計画 → 実行 → 評価 → 改善を繰り返す必要がある。

（5）生徒会活動

中学校，高等学校における生徒会活動の目標は，異年齢の生徒同士で協力し，学校生活の充実と向上を図るための諸問題の解決にあり，その内容は次の通りである。① 生徒会の組織づくり　② 生徒会活動の計画や運営　③ 学校行事への協力　④ ボランティア活動などの社会参画（中学校学習指導要領 2017，高等学校学習指導要領 2018)。生徒会活動においては，生徒の自発的，自治的に活動する態度や能力を高めていくようにすることが肝要であり，自主的，実践的に活動できる場や機会の計画的な確保も含めた学校の一貫した指導体制の下に運営される必要がある。生徒の自主性，自発性をできるだけ尊重するが，必要な場合には教員は適切な指導を行う。また，生徒会活動は「学校の全生徒をもって組織する生徒会において」（中学校学習指導要領 2017）と記されているように，一部の生徒の活動にとどまることなく，生徒一人ひとりに**生徒会組織の一員**としての自覚を持たせることが大切である。

2. 学校行事・生徒会（小学校）

キーワード 体験的な教育活動，自主的・実践的な態度

（1）小学校の学校行事

学校行事は子どもたちに，学校生活の中で潤いをもたらし，変化と秩序を与える**体験的な教育活動**である。儀式的行事（入学式，卒業式など)，学芸的行事（学芸会，展覧会など)，健康安全・体育的行事（避難訓練・運動会など)，遠足・集団宿泊的行事（移動教室，修学旅行，臨海学校，林間学校など)，勤労生産・奉仕的行事（地域清掃，ボランティア活動など）などがある。いずれも**自主的・実践的な態度**を育てていく。

（2）各行事における教員の指導

学校行事には多くのものがあり，それぞれ準備の時間や，また保護者の協力が欠かせないものもある。行事によって指導の重点に違いが出てくる。

儀式的行事では厳粛なる雰囲気で子どもたちに臨ませること，学芸的行事では子どもたちの伸びやかな表現を育むこと，健康安全・体育的行事，遠足・宿泊行事では子どもたちの安全面の配慮を最優先すること，勤労生産・奉仕的行事では，活動の意味と役割を十分に理解させることが必要である。学校行事の中で代表的なものを選び，指導留意点，マネジメントの視点について述べる。

①　運動会

運動会では各学年それぞれ，短距離走，団体競技，団体演技の出場が基本となる。学年教員で種目ごとに担当を決め，担当者を中心に指導計画を立てる。

短距離走なら何度か走らせてタイムを計り，それに基づいて一緒に走る組を決め，組ごとの走る順番を決める。「ようい」の合図でどういう姿勢をとるか，

写真５－１　運動会での短距離走

ピストルの合図でどう走り出すかを指導する（写真５－１）。

運動会で保護者から学校側に意見が寄せられるのは，この短距離走で順位が違うのではないかというものが一番多い。子どもにとって，短距離走の順位ははっきり数字に表れるので，大変大きな問題である。難しいことではあるが，審判になる教員は係の子どもとともに，じっと目をこらして見る必要がある。

団体競技では，競技のやり方のルールを把握することが必要である。何度かの練習で十分にルールを理解させておきたい。また得点を競うものなので，つい子どもたちは熱が入ってしまいがちになるので，けがをしないような安全対策の指導が求められる。

団体演技では，子どもたち全員が力を合わせてひとつの動きに仕上げることが期待される。運動会ではこの練習に最も時間がかかり，また学年教員の十分な打ち合わせが必要となる。色のついたハンカチ，リボンなど，学年によっては小物を用意して運動会に彩りを添えることもあるので，早めに準備をしておくことである。組体操のような危険を伴う動きを取り入れる場合は，計画段階から管理職に相談して，どの動きをどの程度行うのか，その安全対策のための具体的な指導について入念に打ち合わせ，管理職からの指導を受けることである。

②　移動教室

移動教室は，区や市であらかじめ行き先の場所と日程が示され，年度初めには各学校からの代表教員が集まり，泊まりがけで下見に行く。

子どもたちが楽しめる場所はどこか，学習のねらいに合うか，危険な箇所はないか，休憩場所やトイレの確認をしたり，一緒に行事を行う学校との事前の打ち合わせを行ったりする。

また移動教室中は，朝から夜まで休みなく，子どもたちの様子に目を配る必要がある。子ども同士のトラブルがないか，体調の悪い子がいないかの観点で子どもをよく見ることである。

写真５－２　移動教室でのキャンプファイヤー

③　**卒業式**（写真５－３）

卒業式では，学校の教職員や在校生が卒業生へ祝福をする気持ちを表したい。校舎内には温かな祝福を表す掲示物を飾ったり，声をかけたりして，卒業を祝う。特に６年生担任は，卒業式での呼名名簿，卒業証書の最終点検を前日までに行っておき，当日は笑顔で卒業生を教室で迎え，気持ちを楽にさせるようにする。

全員が登校してきたか，体調の悪い子はいないかを見る。子どもたちは式で歌を歌い，門出の言葉を言うので，声を出して喉の調子を整えるなどの指導も行う。式での心構えなどを話して卒業式に臨む。

④　**児童会活動（中学校では生徒会，小学校では児童会）**

特別活動の目標のうち，とりわけ集団の一員としての自覚や自主的・実践的な態度の育成を目指すものである。

１．代表委員会活動

学級の代表者（４，５，６年生としている学校が多い）が集まり，学校生活の

写真5－3　卒業式での証書授与

表5－2　学校行事の種類

学校行事
• 儀式的行事（入学式，卒業式など）
• 学芸的行事（学芸会，展覧会など）
• 健康安全・体育的行事（避難訓練，運動会など）
• 遠足・集団宿泊的行事（遠足，移動教室，林間学校など）
• 勤労生産・奉仕的行事（地域清掃，ボランティア活動など）

充実を図るために，学校生活の問題を話し合い，それの解決を図る活動を行う。ユニセフ募金活動，クリーン運動などを行ったりする。

2．委員会活動

学校内の自分たちの仕事を役割分担して，責任をもってその活動を行う。放送，新聞，保健，図書など，主として5，6年生で行われることが多い。

3．児童集会活動

児童会が主になって行う集会活動であり，全校児童で行う全校児童集会がある。年間計画を立て，委員会の活動報告を行ったり，全児童が集まってゲームなどを楽しんだりする内容がある。

【学校マネジメントの視点】

運動会は保護者も楽しみにし，家庭によっては祖父母も参観に来る。すべての子どもが参加するために，子どもたちの安全面に十分配慮し，けがや事故がないようする。そして全教員が素早く子どもたちのことを考えて動き，保護者から信頼される学校という印象を持たれるようにする。

宿泊行事では，何よりも子どもたちの安全管理が第一である。家や学校を離れて友だちと長い時間一緒に過ごす移動教室では，つい子どもも気持ちが高ぶり羽目を外しやすい。そのため思わぬ事故に出会い，救急搬送されることもある。また高熱が出たり，喘息の発作が起きたりして，近くの医療機関に連れて行ったり，保護者に宿泊場所まで迎えに来てもらうこともある。危険箇所の確認，子どもたちへの指導，教員の配置，常備薬の点検，養護教諭との打ち合わせなどが十分なされているかの観点で宿泊行事を計画することである。

呼名の際に全員の名前を呼ぶこと，卒業証書授与の時に全員に証書を渡すこと，これは当然のことであるが，間違いのないようにしていきたい。もしここで学校側にミスがあると，子どもは傷ついてしまうし，保護者も自分の子どもが軽く扱われたという気持ちになる。学校と子ども，保護者との間の信頼関係にも影響が出る。十分な準備と配慮が必要である。

これらの活動を行う際には，はじめは教員の丁寧な働きかけや説明が必要であるが，徐々に子どもたちの自主的な態度の育成に力を入れていく。児童会活動が積極的に行われている学校では，子どもたちの自主性の伸びが見られる。全校児童のためになることでの誇りを子どもたちに持たせていく。

3. 学校行事・生徒会（中学校）

キーワード　自己肯定感，自尊感情，開かれた学校づくり

（1）学校行事における学習過程

学校行事は，学習指導要領に示された目標の達成のために，教育課程の一環として学校が計画・実施するものであるが，行事の内容によっては，生徒の実態に応じて，生徒の自主的な活動を支援することが大切である。そのためには，生徒自身が①学校行事全般の意義を理解し，②各行事の内容やその目標，計画や役割分担について話し合い，③活動目標や具体的な内容について理解する。そして，④実際に学校行事を体験し，⑤活動後はその振り返りを行い，新たな課題の発見・解決につなげて今後の活動に生かすことができるような学習過程の設定が必要である（図5－1）。

（2）学校行事の例（文化的行事）

中学校の代表的な文化的行事のひとつである合唱コンクールを取り上げる。会場を校内の体育館で行うか，市民センター，文化会館などを借り切って行うかによって準備などに違いがある。また，合唱コンクールを単独で行う場合と文化祭や体育祭と併せて（日にちをずらすことも含めて）行う場合があり，たとえば，文化祭の一環として合唱コンクールを実施する場合，文化会館のホールに文化部の作品を展示して，文化祭との一体感を示す工夫を行うこともある。合唱コンクール当日までの大きな流れは次のようになる。各学級で，昨年の合唱コンクールの映像を見る → 各学級で，合唱コンクールのクラス曲目を決定し，パート分けを行う → 指揮者，ピアノ演奏者を決め，学級活動や放課後などを使って練習をする → 各学級で，合唱コンクール実行委員を選出す

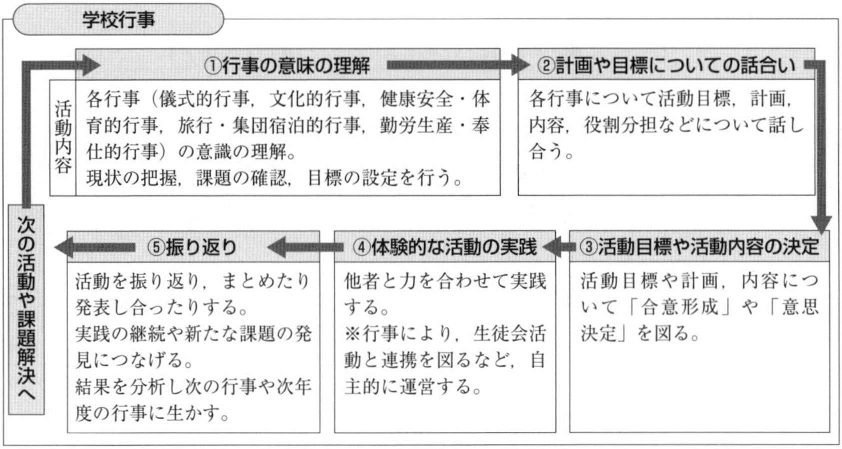

図５－１　学校行事における学習過程（例）

出所）中学校学習指導要領解説 特別活動編（2017）

る → 合唱コンクール実行委員会を開催し，係や当日の進行などを決める → 入退場の練習や順番の確認をする → 前日は校内放送で校長より合唱コンクールの意義と諸注意を伝える。

当日は，合唱コンクール実行委員が進行の中心になり学級対抗で行う。審査員は音楽科の教員の他に，保護者代表や生徒代表も加わり，終了後，金賞，銀賞，銅賞の贈呈を行う。保護者の席を設け，地域の方や生徒が職場体験やボランティア活動を行う企業や施設の方も招待する。

【学校マネジメントの視点】

① 学校行事や生徒会活動を通して，学校教育目標の具体を達成し，望ましい生徒像の実現を目指すことが学校マネジメント上の視点となる。

② 学校行事や生徒会活動にはできるだけ生徒自らが活動の計画を立てて意欲的に活動することによって，異なる意見の調整を図りながら自他の個性を認め，互いに高め合うことができるような指導を行うことが大切である。

そのことによって生徒の**自己肯定感**や**自尊感情**を育むことができる。

③ 学校行事には可能な限り，地域の方々，職場体験やボランティア活動を行う企業や施設の職員の方々を招待することにより，地域や外部との連携がより緊密になり，**開かれた学校づくり**に貢献する。

④ 学校行事の際には，保護者席を用意したり，保護者の代表に審査員や講評を依頼することにより，保護者の教育活動への理解が深まり，保護者と学校との関係がより緊密になる。

⑤ 学校行事終了後は保護者にアンケートを実施し，そこに記載された意見などを検討し，次年度に生かすことも学校マネジメントでは大切な取り組みとなる。

4. 学校行事・生徒会（高等学校）

キーワード　**自主性・自発性を尊重，生徒の手によるPDCAサイクル**

（１）学校行事の例（健康安全・体育的行事）

ある公立高校は，教育委員会が指定する学力向上進学重点校の一校であり，生徒は勉強漬けの毎日というイメージがあるが，実際は「文武両道」をスクールモットーに，困難で実現が難しいと思えることでも怯まずチャレンジすることが自分たちを鍛え，自己を高めるという考え方にたって，勉強はもちろんのこと学校行事，生徒会・委員会活動，部活動も全力で取り組んでいる。

この高校の学校行事は，陸上記録会，文化祭，体育祭，合唱祭と多岐にわたるが，体育祭に大きなエネルギーを注ぐことが伝統になっている。

体育祭当日は，B. B.（バックボード）とよばれる生徒自身が描いた大きなパネルをクラス縦割りのカラー（色）ごとにグラウンドに設置し，ムカデ競争，リレーといった一般的な競技種目の他に，音楽に合わせてストーリー性のある踊りを披露する「仮装」の時間がある。それはグラウンドで行われるミュージカルといっても過言ではない。そこで使用する衣装，大道具，小道具はすべて生徒の手作りである。生徒たちは自分たちの体育祭を「日本一の体育祭」と称し，１年間かけて準備をし，体育祭本番は見事なパフォーマンスを発揮する。当日は，仮装をはじめとする生徒たちの活躍を楽しみに，保護者や地域の方々を中心に毎年３千人に及ぶ来場者を迎える。

体育祭準備の大まかな流れは次の様になる。まず，クラスを組ごとに縦割りにする。つまり，１年１組，２年１組，３年１組がひとつの組になり，定められたカラーに従って，カラー対抗（組対抗）で体育祭に参加する。組とカラーは次の通りである（［　］内は仮装のテーマで，毎年異なる）。**1組**：紫［銀河鉄道の夜］，**2組**：灰［The Berline Mauer］，**3組**：白［大航海］，**4組**：黒［Black to the future］，**5組**：茶［湘南高校ストーリー］，**6組**：緑［宇宙の一生］，**7組**：黄［戦国］，**8組**：橙［Color Bring Happiness］，**9組**：藍［航空史］。

体育祭が終了すると，その翌日から次の年の体育祭準備がスタートする。その年の２年生が中心となって，各カラー内で，各係（生徒は「パート」と呼ぶ）

写真５－４　B. B.（バックボード）の組み立て
（生徒はヘルメットと安全帯を身に付ける）

写真５－５　カラー（色）ごとにB. B.が並ぶ
（生徒の身長からB. B. の大きさが分かる）

の定員を定め，自身の希望パートを表明し，そのパートを希望した動機・創意・やる気をPRするスピーチを行い，クラス内選挙を経て，各パート員とパートリーダー，総務長（各カラーの代表）が決定する。秋に行われる2年生の修学旅行中には，カラーごとに集まり，総務長やパートリーダーの決意表明式を行うことになる。

年末にかけて各カラーの仮装パートを中心に，仮装の出し物のストーリーを考え，似通った内容にならないように9カラー間で調整する。各カラーのストーリーが確定したら，ストーリーに照らした仮装の振付けやそれに合わせた衣装，大道具，小道具，B. B.（B. B. はストーリーに合わせなくとも良い）の案に着手すると共に，競技は前年度を振り返り，新たな課題の克服も含め，競技プログラムとルール作りに着手する。年度末が近付くと学校生活に慣れてきた1年生の中から，体育祭実行委員が自発的に決まり，一定の人数に達すると運営の各係や具体の担当を話し合いで分担していくようになる。全体を指揮するの

写真5－6　体育祭の開会式と競技

出所）湘南高校「PTA広報 湘南」第92号（2012）

写真５－７　仮装①　大道具の前で踊る

写真５－８　仮装②　大道具の前で整列

出所）湘南高校「PTA広報 湘南」第92号（2012）

は体育祭実行委員会で，この委員会が運営主体となる。さらに，全体調整や周知徹底のために，総務長と体育祭実行委員会のパートリーダー長が加わった大総務会が適宜開催される。この間，教員は話し合いの場に同席するが，できるだけ生徒の**自主性・自発性を尊重**する姿勢をとる。新年度になると，各カラーは新３年生が中心となって，新２年生と新１年生を統率して活動する。

（2）自主的，実践的な態度を育てる

学校行事は各教科・科目及び総合的な学習の時間などの指導内容との関連を図る必要がある。競技種目の企画・検討では保健体育科，衣装，大道具・小道具，B. B. の制作では家庭科や美術科，クラスやカラーでの打ち合わせではホームルーム活動と，各教科などと関連しながら望ましい集団作りが進められ，生徒の自主的な活動と創意工夫が随所に生かされている。クラス縦割りでひとつのチームを結成するために，他のホームルームや学年の生徒，学年を越えた異年齢の生徒を始めとする多様な人たちと積極的に人間関係を築く必要が生じる。体育祭実行員会や各パートなどが多くの会議を開き，生徒の意見を集約して１年間かけて当日の企画を練り上げる。高校生同士の「主張のぶつけ合い」

が生徒自身を鍛え，意見の対立が生じた際は，調整能力とリーダーシップが必要とされる。その過程で，自分の意見と同様に他者の意見を尊重する姿勢や協働することの難しさや大切さを学んでいる。競技，衣装，大道具，小道具，B. B. などすべてに採点が行われ，その点を足しあげて総合優勝が決まる。採点は下校時間を守れないなどの何らかのルール違反があれば減点されることにより，過度な負担や練習を避けるシステムを生徒自身の手で作り上げている。

【学校マネジメントの視点】

① 開かれた学校づくり：学校行事は，家庭や地域の方々の参加や協力を得るなど，連携や交流を深め，開かれた学校づくりを進めていく上で重要な役割を果たしている。当日は学校の敷地を地域に開放し，保護者，地域の方々に日ごろの生徒たちの活動を実際に見てもらう絶好の機会になっている。

② **生徒の手によるPDCAサイクル**：準備期間が１年間という長期であるために，全体の計画，月ごと，週ごとのスケジュール管理を生徒自身の手で行い，体育祭が終了すると，その年の体育祭の結果を振り返り，生徒同士で評価をし，翌年の体育祭にその結果を生かすという手順で進行する，それは先輩たちから伝わる体育祭秘伝のマニュアルに示されており，行事の意義の理解 → 計画や目標についての話合い → 活動目標や活動内容の決定 → 体験的な活動である体育祭の実践 → 振り返り，といった「生徒の手によるPDCAサイクル」が毎年繰り返されて年ごとに進化した体育祭が行われている。

③ 学校教育目標の実現：知，徳，体の調和のとれた豊かな人間性や社会性を求める学校教育目標の実現に，学校行事はおおいに貢献している。

④ なすことによって学ぶ：「文」を表す学習活動と「武」を表す学校行事，生徒会・委員会活動，部活動などに全力で取り組むことにより，より高い知識の習得とともに，企画力，実行力，判断力，指導力，洞察力，コミュニケーション能力といった総合的な人間力を高めている。このことは学校が考える望ましい生徒像の実現を目指すものである。

第6章

学級経営・ホームルーム経営

1. 総　　論

キーワード　信頼関係，人間関係，自主的・実践的な態度

（1）学級経営・ホームルーム経営とは

小学校，中学校，高校のそれぞれの学級の児童生徒が，よりよい学級生活を送るために，学級担任が行うすべての教育的な働きを，小学校，中学校では学級経営，高校ではホームルーム経営という。

小学校，中学校の学習指導要領（2017）総則では，「第 4 節児童（中学校では生徒）の発達の支援」の項で(1)「学習や生活の基盤として，教師と児童との**信頼関係**及び児童相互のよりよい**人間関係**を育てるため，日頃から学級経営の充実を図ること。」と学級経営について明記されている。

また高校の学習指導要領（2018）特別活動の目標「主体的に集団や社会に参

表6－1　学級経営，ホームルーム経営とは

よりよい学級生活を送るために
- 教師と児童生徒との信頼関係づくり
- 児童生徒同士の人間関係づくり

→自分たちで問題を解決していくようにする（**自主的・実践的態度**）

表6－2　教育目標と学級経営，ホームルーム経営

教育目標の具現化

↓

学級経営・ホームルーム経営
（児童生徒の学習・活動が豊かなものになるように）
安心して学校生活を送る基盤

画し，生活及び人間関係をよりよく形成」するために，ホームルーム活動の目標として「自己の課題の解決及び将来の生き方を描くために意思決定して実践したりすることに，自主的，実践的に取り組むこと」とある。

小学校，中学校，高校それぞれを通じて，児童生徒の人間関係をつくり，よりよい生活を送ることができるようにしていくことが，学級担任の大事な職務である。そして自分たちで問題を解決していく力をつけさせていくことが，学級経営・ホームルーム経営の大きな目標といえる。

学級経営・ホームルーム経営は，学校及び学年の教育目標を，その学級でどう具現化していくかという機能である。それは児童生徒の学校生活を支える基盤となるものであり，学級経営・ホームルーム経営が充実したものになっていて，初めて児童生徒は安心して，心穏やかに学校に通い，学校生活を送ることができるのである。また児童生徒だけではなく，教員側も，学級経営・ホームルーム経営が安定していて初めて，より充実した学習指導を行うことができる

のである。

つまり校長の学校経営方針をもとに，学級を単位として，児童生徒たちの学習や活動が，豊かで実りあるものにしていくのである（表６－２）。そのために一人ひとりの心にどう寄り添い，学級内のあらゆることを総合的に結び付けて，よりよく進めていくかが，学級経営・ホームルーム経営で大事になるのである。

（２）学級の組織・運営

児童生徒の１年間の学校生活を見てみると，年度初めの４月に新しい学級の所属が決まる。これ以降，今後１年間，新しい学級担任と新しい友達と共に学級生活を過ごしていくことになる。協働的な学習に取り組み，さまざまな集団活動を経験し，これらを通して学級集団としての所属意識や連帯感を持つのである。学級の中で，自分の居場所を見つけ，確かで安定した学級集団を児童生徒が自分たちの力でつくりあげていくことを目指していきたい。

そのためにはまずは学級の組織をどうつくり，進めていくかである。

①　学習グループ

学習を進めていくにあたっては，一人ひとりが考えたことを深めたり，広げたりするために，友達とグループをつくっての協働的な学習が必要である。席の近くの友達とつくったり，課題別に編成したり，学習内容に応じて柔軟に決めていく。

②　生活グループ

給食や掃除を共に過ごすグループとして，席の近くの友達と編成することが基本となる。さまざまな友達をつくり，良好な関係を築くために，また新鮮さを味わわせるためにも，時折，席替えをする。

写真６－１　話し合いをする生徒たち

③ **係活動**

学級生活を豊かにするために，どのような係がこの学級に必要かを児童生徒とともに話をしてつくっていく。そしてできるだけ児童生徒の希望を取り入れていく。

④ **当番活動**

日直，給食当番，掃除当番など，学級生活を円滑に送るうえで必要な活動である。基本的には輪番で行い，公平に割り当てる。

小学校低学年から中学年の半ばまでは教員が主導をしていくことになるだろう。中学年半ば以降から高学年にかけて徐々に，児童が主体的に組織編成を進めていけるようにしていきたい。中学校，高校ではそれぞれの編成の問題点を考えさせながら，生徒が主体的に組織づくり，活動の進め方を考えさせていく。

（3）学級集団としての目標をともに考える

学級経営の始まりには，組織編成とともに，学級目標づくりがある。多くの子どもたちが集まり，まとまりのある学級集団をつくりあげていくには，学級全員が同じ方向を目指すことが大切になってくる。これが学級の目標になる。

学級目標を立てるには，まずは教員の願いを明らかにすることである。学級

表6－3　学級目標づくり

学級全員で同じ方向を向くために ・教師の願い ・子どもたちの願い ・保護者の願い を取り入れる

担任にはこんな学級にしていきたいという思いがある。それは子どもたちの実態を見て，学級のよさと問題点をとらえ，教員としての確たる指導観を実現していくための考えである。それを明確にする。

そして子どもたちの願いを大事にすることである。この学級で学習も生活も学校行事もともに行うのである。どの子とも協力し合って，温かな関係を築いていき，学級生活を過ごしていきたい。子どもたちも，みなこのような思いのはずである。その子どもたちの願いを大事にし，子どもたちから出た言葉を生かしていく。

子どもたちの願いを大事にしていくためには，声の大きい子，主張の強い子の考えだけを取り上げることのないようにしたい。アンケート調査などを実施して，一人ひとりの考えを表現させ，どの子の考え，感じ方をもすくいあげるような教員の対応が必要となる。

学級目標づくりには保護者の声も聞くようにしたい。保護者会で学校における子どもの望ましい姿を聞くと，友だちと仲良く過ごしてほしいというものがもっとも多い。このような気持ちを十分に聞き，保護者の願いを上手に学級目標と結び付ける。そして教員と保護者がともに同じ気持ちとなって，子どもたちを育てていく姿勢を見せることが大切である。

【学校マネジメントの視点】

教室で授業風景を見ていると，よい学級経営がされている学級は落ち着いていて，子どもたちの学力の高まりが見られる授業となっている。教員の授業の中に，子ども同士がお互いを尊重し合う，自分のよさを発揮していくという指導を大事にしていて，それが子ども同士の人間関係づくりに生かされているのである。

つまり学級経営と授業は全く別のものではなく，一体化して育てていくものである。学級経営が確かなものとなって授業が充実し，子どもの人間関係づくりを考えた授業を行うことにより，学級経営もより確かなものとなるのである。次のような子どもたちの姿が見られることが大事である。

- 子どもたちの笑顔が見られるか
- 子どもたちが協力し合う場面があるか
- どの子も活躍できる場があるか

2. 学級経営（小学校）

キーワード　学び合い認め合う人間関係，授業規律，学習規律，学級風土，共感的姿勢

（1）小学校の学級経営

学級経営とは，学級担任が学級の子どもたちの実態をよく把握して，子どもたちの関係を良好にしていくすべての関わりのことである。授業も学校行事も円滑に進めていくためには，お互いに**学び合い，認め合う人間関係**が土台となる。この学級経営を次の観点で見ていくと分かりやすい（表６－４）。

① 学級目標

学級の方向をどのような方向にしていくか，教員が考えて決める場合もあるが，できたら子どもたちと話し合って，言葉を考えていきたい。

「みんなで協力，助け合う１組」「素早い行動，なかよし２組」このように行

表6－4　学級経営の観点

学級経営	
（1）学級目標	学級の目指す方向
（2）組織	生活班，学習班，係，当番
（3）規律	集団生活を送るための秩序だった行動
（4）学級風土	学級独自の雰囲気
（5）関係性	教員と子どもの関係性　公平，温かさ

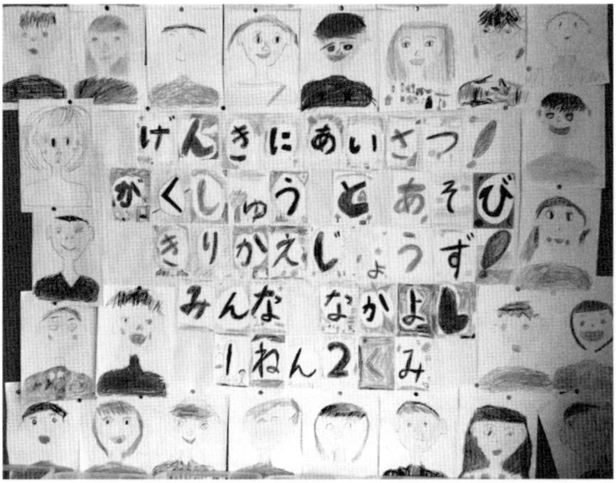

写真6－2　壁面に掲示する学級目標

動と，友達同士の関係性を訴える学級目標は多い。

なかには担任の名前をとって折句として目標を掲げている学級もある。たとえば伊藤先生の学級では「**い**つも　**と**もだちと　**う**れしい気持ちで　過ごそう」のように，担任名をそれぞれの言葉の先頭に持ってきて親しみを持たせながら学級目標の言葉にしている学級もある。

学級目標が決まったら，それを大きく書いて教室の掲示板に貼り，いつも子どもたちの目にふれ，意識して過ごすようにさせたい。また1年を通じて同じ目標にしていくことも多いが，ある程度，目指していたことができるようになってきた時には，マンネリを防ぐために，学期ごとに学級目標を変えていくという方法もある。教員にとっては，子どもの実態をよく観察し，把握することが大事である。

② 組　織

1．生活班・学習班

子どもたちが日常教室で過ごす時に，グループに分かれる場合には生活班として，通常は席の近くの子と４～６人程度の班をつくる。授業，給食，掃除などではこの班で行うことが多く，全体をリードする班長のもと，班員の協力が必要であり，仲良く過ごすよう指導が必要である。自分勝手な行動をすると友達に迷惑をかけるので，お互いに協力する気持ちを持たせることが指導で大事な点である。

授業で，あるテーマのもとに子どもたちと編成をする必要がある時は，学習班として組織する。調べ学習の時には，テーマごとの班，また体育のボール運

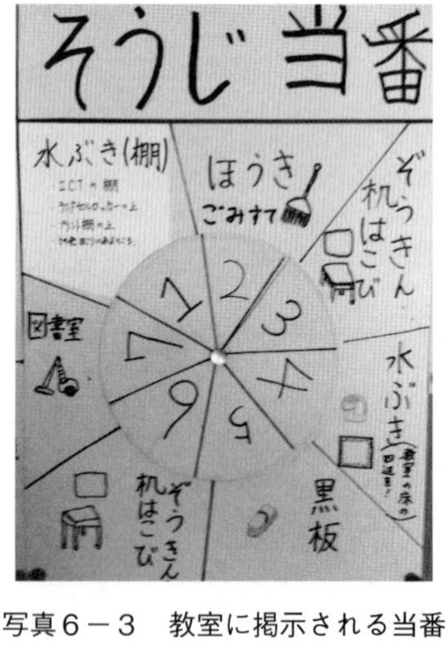

写真６－３　教室に掲示される当番

動の試合には，高学年では男女別のチームをつくるなどが考えられる。

2．当番活動

給食当番，掃除当番などがある。これは学級のためになくてはならない仕事で，公平，輪番が基本である。なかには仕事をまじめにやらない子も出てくるので，教員はしっかりと見届け，個別の指導の必要も出てくる。

3．係活動

学級の生活を豊かに楽しくしていくものである。レクリエーション係，新聞係など，自主的に楽しく活動できるものを，子どもたちと話し合って決めていき，できるだけ希望を生かしていきたい。

③　規　律

集団生活を送るために秩序だった行動をすることである。たとえば，あいさつや返事をする，人の話を聞く，学習の準備・後かたづけをする，姿勢をよくする，整理整頓をする，仕事を積極的にするなどがある。手を挙げて発言する，授業中に関係のない話をしないなどの，授業に関わる規律を**授業規律**あるいは**学習規律**とも呼ぶ。この規律を守るためには，一つひとつ例をあげ，規律が守られていないとどうなるか，周りの友達にどう影響するかを考えさせ，守ることの大切さを十分に理解させることが大事である。

④　学級風土

一つひとつの学級には，学級担任のもとに過ごしているうちに，それぞれ学級独自の雰囲気ができあがってくる。これを**学級風土**と呼ぶ。

どのような子どもたちが学級に集まっていたとしても，お互いに力を合わせて協力し合う学級，お互いのことを認め合う学級の風土をつくりあげていきたいものである。そのためには，人間誰にでも長所と短所があり，その人のよさをお互いに認め合うこと，協働することの喜び，満足感を味わうことを，授業や生活の場面で経験させていくことである。

授業でできるだけ友達同士の対話的な学びを設定し，友だちに対して共感を示す場を多くつくっていく。自分の考えを明らかにして，それを相手に伝えていく。人は誰でもさまざまな価値観を持つ。自分とは違う考え，多様な価値観を認め合い，それらが集まってよりよい考えが生まれてくるという学びを積み重ねていくことにより，お互いに相手を認め合う風土がつくられていくだろう。

また人間は一人ひとり，性格が違い，個性も異なることを理解し，お互いのよいところを見て，支え合っていく生き方を学ばせていきたい。教員のこれらの持続的な営みが，学級の風土をつくりあげていくのである。

⑤　関係性

教員と子どもの強く温かな信頼関係があってこそ，学級経営は確かなものになる。教師と子どもの関係性を構築するために次のような観点での指導が大切となる。

1．公平性

特定の子にだけ親しく話をする，冗談を言い合う，役割を頼むなどのことがあると，子どもはひいきしていると敏感に受け止める。教員のところに積極的に関わってくる子もいれば，なかなか近づいて来られない子もいる。しかし，そういう子でも，遠くから，自分も先生と話をしたいなという思いを持っているのである。

教員はこのことを考えて，子どもから，特定の子だけ大事にしていると見られないようにすることが大事である。いろいろな子と話をする，仕事を頼む時も名簿順に頼む，あるいはその仕事に関わりのある係の子に頼むなどを考えて，どの子にも公平に接していることがわかるようにすることである。

2．温かなまなざし

教員の中には，子どもの失敗を強く責める者がいる。しかし子どもは失敗するものである。一度言ったことでも，すぐ忘れるものである。まだまだ未熟な存在だということを教員は認識し，常に温かなまなざしを向けていきたい。子どもにはいろいろな個性がある。その良さを理解し，伸びていくように声をかけ，温かく包み込んでいく。どんな子でも，教員に対して，自分のことをよく

写真６－４　教師と子どもの温かな関係

見てほしい，自分のことを理解してほしいという願いを持っている。常に温かなまなざしをもち，**共感的な姿勢**で受け入れることである（写真６－４）。

【学校マネジメントの視点】

子どもの願いをよく聞く，常に共感的姿勢で接する，どの子にも公平に接するなどは，学級経営には必要な視点である。どの教員も理解していることではあるが，日々忙しい中で子どもたちと接すると，とかく忘れがちになるものである。この視点を常に心がけ，子どもたちとの信頼関係をつくりあげたい。

学級経営の状態は，学級担任が離れた専科授業の時，あるいは学級担任が校外へ出張に出た時などに，子どもたちの姿からよくわかる。良好な人間関係の学級では，学級担任がいなくても望ましい状態になっているのである。

3. 学級経営（中学校）

キーワード 特別活動，学校行事，体育的行事，運動会，学級対抗競技

（1）全体をどう捉えるか

中学生にとって学級は自分が所属する一番小さな集団・社会である。学級担任は学級活動を通して，生徒一人ひとりに自分も学級の一員であるという自覚を深め，互いに積極的に協力し合おうとする態度を育成することが必要である。さらによりよい社会を実現するためには，社会生活において他者を尊重し，互いに迷惑をかけることがない行動の仕方を身に付けるとともに，進んで社会と関わり貢献しようとする人間としての生き方についても考えさせることが求められる。

（2）教育活動のポイント

① 学校行事への取り組み

中学校には入学式，卒業式，**運動会**，文化祭，修学旅行など多くの**学校行事**がある。これらの行事を通して，他者と協力し互いに支え合い共通の目標に向け取り組むことにより，よりよい人間関係を築いていく“すべ”を学ぶ。また，このような学校行事の体験を積み重ねることにより，学級に対する所属感・連帯感が深まり，充実した学校生活が送れるようになる。

② 運動会・体育大会への取り組み（写真６－５）

運動会・体育大会は，以前は秋の行事であったが近年１学期に実施する学校が多い。また，運動会の種目は個人競技種目より**学級対抗**の集団競技種目が重視されるようにもなっている。このような運動会は，新しく編成された学級の

写真6－5　体育祭の一場面に向けた学級練習

まとまり・団結を深めるにことに適した学校行事である。学級担任は次のような視点で取り組ませている。

1．目指すことを明確にする

単に「優勝する」ことを目標にするのではなく，学級目標に関連させて，運動会にたいする学級目標を立てさせる。また，生徒一人ひとりに各自の目標を考えさせたりすることも大切である。

2．役割を決める

競技種目のリーダー，練習係（練習計画の作成・進行，作戦など）などの役割を決め，責任感を持たせる。役割ごとに振り返りをさせることも大切である。

(ア)　価値ある行為を認め，生徒に投げかける

学級をまとめるリーダーの姿，目立たないがひたむきに努力している生徒の姿などをとらえ，生徒全体に投げかける。このことにより，一人ひとりに自信を持たせ，仲間の良さを認める心を育てる。

(イ)　取り組みを振り返り，今後も目標を明確にする

まずは，結果に対する率直な気持ち（うれしい，悔しいなど）を生徒と共有

する。そして，教師の思いを語るとともに，生徒たちにも学級が目指していた目標について冷静に振り返らせることが大切である。そして，今後の学級や個人の目標について考えさせる。

【学校マネジメントの視点】

学級担任は，それぞれの学校行事の特性と学級や生徒の実態を踏まえて，生徒が主体的に取り組めるように配慮することが大切である。特に，年間を通してどのような学級を作っていくか，そのためにどこでどのような取り組みをするか計画的に実践する。また，学級活動は学級ごとの個性ややり方があるが，１学級だけが他の学級から吐出していることも学年経営上問題となる。行事に取り組むにあたり学年内での話し合いがある程度足並みがそろうようにしておくことも必要である。

4. ホームルーム経営（高等学校）

キーワード　合意形成，学園祭，文化祭，体育祭，実行委員会

（１）全体をどう捉えるか

ホームルーム経営上，ホームルーム活動を計画的に実施することは重要である。ホームルーム活動は特別活動として，週１時間実施されている。その目標は，ホームルームや学校での生活をよりよくするための課題を見出し，解決するために話し合い，**合意形成**し，役割を分担して協力して実践したり，ホームルームでの話合いを生かして自己の課題の解決及び将来の生き方を描くために意思決定して実践したりすることに，自主的，実践的に取り組むことを通して，次の資質・能力を育成することを目指す。

① 多様な他者と協働するさまざまな集団活動の意義や活動を行う上で必要

となることについて理解し，行動の仕方を身に付けるようにする。

② 集団や自己の生活，人間関係の課題を見出し，解決するために話し合い，合意形成を図ったり，意思決定したりすることができるようにする。

③ 自主的，実践的な集団活動を通して身に付けたことを生かして，主体的に集団や社会に参画し，生活及び人間関係をよりよく形成するとともに，人間としての在り方生き方についての自覚を深め，自己実現を図ろうとする態度を養う。

また，ホームルーム活動では，次の内容について取り組む。

① ホームルームや学校における生活づくりへの参画

② 日常の生活や学習への適応と自己の成長及び健康安全

③ 一人一人のキャリア形成と自己実現

写真6－6　体育祭のポスター

出所）神奈川県立湘南高等学校

中学校の学級活動と同じ内容であるが，生徒の自主性と社会における在り方の視点がより重視されている。

（2）教育活動のポイント

学園祭に向けたホームルーム活動

高等学校では生徒の自主的・実践的な活動として，**学園祭**（**文化祭**，**体育祭**等）が実施されている。部活動を主体に実施されている学校もあるが，多くの学校では学級ごとに実行委員を選出して**実行委員会**を作り，学級単位で参加するホームルーム活動を行っている。学園祭が近づくとホームルームで何をするか話し合い，役割分担をして準備をはじめ，当日は生徒たちが自主的に運営し，終了後はホームルームで振り返りをする。学園祭は，他者とコミュニケーション（自己表現）を十分に取れない生徒や所属する集団の中で自己の個性や能力を発揮できないでいる生徒が，他者と協働して活動することにより，望ましい人間関係を形成し，自己肯定感・自己有用感を育む場でもある。

【学校マネジメントの視点】

ホームルーム活動の指導計画

ホームルーム活動を効果的に行うには，活動を通して育てたい態度や目標を明確にして取り組むことが大切である。そのためには，ホームルーム活動の指導計画を作成することが求められる。作成に当たっては，特別活動の目標や全体計画を踏まえること，学級の実態や生徒の発達段階などを考慮して指導する内容・題材・時間数などを考えること，学校全体として成果を上げるために教職員の共通理解を図ること，3年間を見通した各学年の指導計画を作成すること，望ましい人間関係を形成する活動を充実すること，学級の実態に応じた学級ごとの計画を作成すること，生徒が自主的・実践的に取り組む活動を充実すること，生き方について考えることができるように工夫すること，家庭や地域との連携を考えることなどを留意する。

第7章

進路指導・キャリア教育

1. 総　　論

キーワード 進路指導主事，一人一人のキャリア形成と自己実現，生きる力，基礎的・汎用的能力，進路指導の６つの活動

（1）キャリア教育，進路指導を支える法律等

教育基本法第１条（教育の目的）に「教育は，人格の完成をめざし，平和的な国家及び社会の形成者として，真理と正義を愛し，個人の価値をたつとび，勤労と責任を重んじ，自主的精神に充ちた心身ともに健康な国民の育成を期して行われなければならない。」とある。よく読めばキャリア教育を強力にバックアップする条文であり，キャリア教育を推進する先には平和的な国家及び社会の形成者がゴールとして存在する。

一方，国連総会において採択され，1990（平成２）年に発効し，日本も1994

（平成６）年に批准した児童の権利に関する条約第28条１－(d)には次のように記されている。

「すべての児童に対し，教育及び職業に関する情報及び指導が利用可能であり，かつ，これらを利用する機会が与えられるものとする。」

ここに教育と職業に関する指導と情報を得る機会の重要性は国際的にも共有されていることが確認できる。

中学校，高等学校の進路指導・キャリア教育を担当する教員に**進路指導主事**が存在する。学校教育法施行規則第71条に，「進路指導主事は，指導教諭又は教諭をもつて，これに充てる。校長の監督を受け，生徒の職業選択の指導その他の進路の指導に関する事項をつかさどり，当該事項について連絡調整及び指導，助言に当たる。」とあり，進路指導は法律で裏付けられた職務であることが示されている。一方，職業安定法第27条に，「公共職業安定所長は，学生生徒等の職業紹介を円滑に行うために必要があると認めるときは，学校の長の同意を得て，又は学校の長の要請により，その学校の長に，公共職業安定所の業務の一部を分担させることができる。」とあり，学校が公共職業安定所業務（職業指導，就職後など）の分担することができると示されている。本来法律で禁止されている職業あっせんを学校は公共職業安定所の業務を分担するというかたちで許されているのである。進路指導主事の法的な位置付けは，学校にある他の主任に比べ，より社会に開かれているのである。

（２）学習指導要領に初めて登場したキャリア教育

急速に変化し，予測不可能な未来社会において自立的に生き，社会の形成に参画するための資質・能力を一層確実に育成することが求め告示された学習指導要領（2017，2018）には，キャリア教育にとって以下の二点が画期的な出来事であった。

ひとつは，2017（平成29）年に告示された小学校及び中学校学習指導要領総則に，「児童（中学校の場合は生徒）が，学ぶことと自己の将来とのつながりを見通しながら，社会的・職業的自立に向けて必要な基盤となる資質・能力を身に付けていくことができるよう，特別活動を要としつつ各教科等の特質に応じて，キャリア教育の充実を図ること。」とキャリア教育が初めて示されたことである。

もうひとつは，小学校，中学校の学習指導要領の特別活動の学級活動，また高等学校学習指導要領の特別活動のホームルーム活動の内容」に「(3) **一人一人のキャリア形成と自己実現**」が示され，小中高12年間にわたるキャリア教育の継続的実践が求められたことであった。一方，キャリア形成については，小学校学習指導要領解説 特別活動編（2017）「社会の中で自分の役割を果たしながら，自分らしい生き方を実現していくための働きかけ，その連なりや積み重ねを意味する」と定義された。

こうした新たな教育の流れを辿り，学校を改善・改革・経営する視点で学校教育におけるキャリア教育の意義を検討していきたい。

(3) キャリア教育への道筋

キャリア教育は1999（平成11）年に「キャリア教育（望ましい職業観・勤労観及び職業に対する知識や技能を身に付けさせるとともに，自己の個性を理解し，主体的に進路を選択する能力・態度を育てる教育）を小学校段階から発達段階に応じて実施する必要がある。」と公式文書で初めて紹介された。キャリア教育が求められる背景には，中央教育審議会答申（1996）にて「**生きる力**」が登場し，1998年公示の学習指導要領で「総合的な学習の時間」が登場するなど，表7－1で示すように，教科等を通し主体的に生き方を選択する能力や態度を求める教育の伏線上にキャリア教育の登場があった。「総合的な学習の時間」は，授業時間のまとめ取りができるところに，キャリア教育の展開に新たな可能性を付与した。しかし，キャリア教育登場前に類似概念で存在した進路指導との関係が整理されなかったことが課題として残った。

2005（平成17）年には，「キャリア教育実践プロジェクト～キャリア・スタート・ウィーク」が，主に総合的な学習の時間などを使用して開始された。続く2006（平成18）年の教育基本法改正により，教育の目標に「職業及び生活との関連を重視し，勤労を重んずる態度を養うこと」が入り，よく2007（平成19）年の学校教育法一部改正では，義務教育の目標に「職業についての基礎的な知識と技能，勤労を重んずる態度及び個性に応じて将来の進路を選択する能力を養う」が入る変化の激しい社会の中での新たな教育の在り方としてこうした学ぶことと働くことを近づけようとする傾向は強化されていく。

こうした傾向の結節点として，2011（平成23）年の中央教育審議会答申(2011)「今後の学校におけるキャリア教育・職業教育の在り方について」ではキャリア教育を，「一人一人の社会的・職業的自立に向け，必要な基盤となる能力や態度を育成することを通して，キャリア発達を促す教育」と定義し，キャリア教育を通して育成する「**基礎的・汎用的能力**」を「人間関係形成・社会形成能力」「自己理解・自己管理能力」「課題対応能力」「キャリアプランニング能力」の4つで示した。

（4）キャリア教育実践の構造

小・中・高校の12年間を通してキャリア教育の実践を考える場合，多様な実践が無数に存在しそれらの関係を構造化するモデルが必要となる。その重要なヒントはこれまでの進路指導研究の蓄積にある。文部省（1977）に**進路指導の６つの活動**が示されている。この6つの活動をはキャリア教育の実践を説明する上でも重要な活動となる。

① 個人資料に基づいて生徒理解を深める活動と生徒に正しい自己理解を得させる活動（自己理解）
② 進路に関する情報を得させる活動（進路情報理解）
③ 啓発的な経験を得させる活動（体験活動）
④ 進路に関する相談の機会を与える活動（言語活動）
⑤ 就職や進学等に関する指導・援助の活動（移行支援）
⑥ 卒業生の追指導等に関する活動（追指導）

これらの活動は，独立して存在するのではなく構造的に成り立っていると考えられる。6活動の構造を説明するため図７－１を参照されたい。図中では，

表7－1　キャリア教育登場前後の出来事

年号	上：出来事，下：内容
1996年	「21世紀を展望したわが国の教育の在り方について」（第15期中央教育審議会（以下中教審）第一次答申）
	「生きる力」（「問題解決能力」「豊かな人間性」「健康や体力」）の提示
1998年（小・中）	学習指導要領に「総合的な学習の時間」が登場
1999年（高）	授業時間のまとめ取りが可能になり，職場体験実現の道を拓く。
1999年	「初等中等教育と高等教育との接続改善について」（中教審答申）
	キャリア教育が公式文書で初めて登場した。
2005年	キャリア教育実践プロジェクト～キャリア・スタート・ウィーク
	5日間以上の職場体験活動を求める
2006年	教育基本法改正
	第2条教育の目標の二に「職業及び生活との関連を重視し，勤労を重んずる態度を養うこと」を示す。
2007年	学校教育法一部改正
	第21条義務教育の目標に「職業についての基礎的な知識と技能，勤労を重んずる態度及び個性に応じて将来の進路を選択する能力を養う」を示す。
2008年	教育振興基本計画の策定
	基本的方向2に「子どもたちの勤労観や社会性を養い，将来の職業や生き方についての自覚に資するよう，…，小学校段階からのキャリア教育を推進する。」を示す。
2009年	高等学校学習指導要領告示
	総則に「…教育活動全体を通じ，計画的，組織的な進路指導を行い，キャリア教育を推進すること」と，キャリア教育が登場した。
2011年	「今後の学校におけるキャリア教育・職業教育の在り方について」（中教審答申）
	「一人一人の社会的・職業的自立に向け，必要な基盤となる能力や態度を育成することを通して，キャリア発達を促す教育」とキャリア教育を定義した。
2017年	小・中学校学習指導要領告示
	総則にキャリア教育が初めて登場した。
2018年	高等学校学習指導要領告示
	特別活動に小中学校学習指導要領との同一語句「一人一人のキャリア形成と自己実現」が入り，12年間の継続的キャリア教育が求められた。

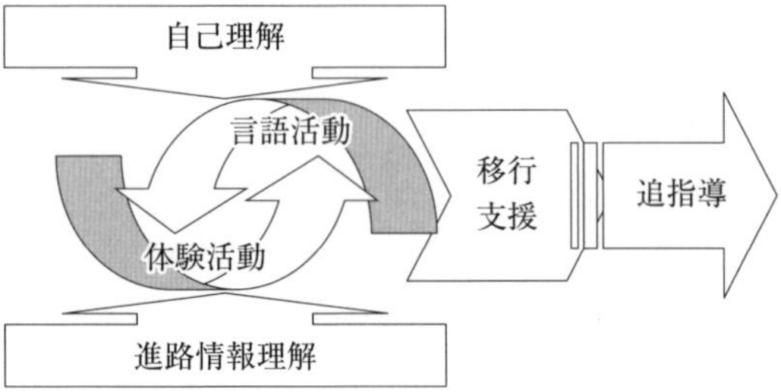

図7－1　キャリア教育における6つの活動の構造モデル

（筆者作成）

それぞれの活動を，キャリア教育の実践あわせ「① 自己理解」「② 進路情報理解」「③ 体験活動」「④ 言語活動」「⑤ 移行支援」「⑥ 追指導」と略記する。

（5）構造モデルの説明

キャリア教育の活動の中心は，「① 自己理解」である。自己理解はどのような時に起きるであろうが。図では「進路情報」に接することで自己理解が促進されると図示されている。言い換えれば，自己理解を促進しないものは進路情報ではないのである。進路情報を姿を見るための鏡にたとえるとわかりやすい。それは，「体験活動」「言語活動」によって促進される。たとえば進路情報が上級学校だとすると，「体験活動」として興味のある上級学校を訪問する，「言語活動」としてその学校に進学した先輩に様子を聞くなど，こうした活動を通し，自己理解を促進する進路情報はいくらでもキャリア教育で生み出すことができる。

次に「移行支援」である。キャリア教育は人生に移行があるから存在するといわれるほどの重要な活動なのである。移行による適応が円滑にすすまず「小1プロブレム」「中1ギャップ」「高1クライシス」などの語句が生まれてきたのである。最後は「追指導」である。これは，卒業した児童生徒をフォローアップの意味をもった指導をすることである。多くは，進学，就職した卒業者と接触し，卒業後の適応の確認や，現在の児童生徒への進路情報の収集，卒業者が在籍した時のキャリア教育の評価などが可能になるきわめて有用な活動である。

6つの活動はキャリア教育を実践する際，さまざまな教育活動を類型化する上での指標となる。

【学校マネジメントの視点】

児童生徒がキャリア形成をするように，教員もキャリア形成を果たしている。児童生徒が役割を果たしながら自分らしい生き方を果たすことができるよう教育活動全体で取り組むことは，教員自身が自らの教員としてのキャリアを意識するようにつながる。学級活動がその中核となっているのは，教科指導などの拠点が，わが国においては学級・ホームルームだからである。

児童生徒は連続して成長する存在であり，小学校，中学校，高校との連続とその結節点での移行を円滑にするための教員の努力が求められる。

2. 進路指導・キャリア教育（小学校）

キーワード　一人一人の社会的・職業的自立をめざす，社会に開かれ教育課程

（1）全体をどう捉えるか

小学校は職業的（進路）発達段階としては「進路の探索・選択にかかる基盤形成の時期」（文部科学省 2004）とされてきたが，小学校学習指導要領（2017）において，小学校に初めてキャリア教育が正式に導入された。小学校ではこれまでも児童の「生きる力」を育む教育活動は展開されてきた。そこで，これまでの教育活動とどこが違うのかが大きなポイントである。キャリア教育が導入されたことで何が変わるのかを中心に捉えていく。

（2）教育活動のポイント

キャリア教育を実践することは，キャリア教育の視点でこれまでの教育活動を見直すことである。すでに2011年の定義を示したが，その目的は**一人一人の社会的・職業的自立をめざす**ことにある。小学校は小中高12年間のキャリア教育の出発点であり，小学校児童に教科等の特性に応じたキャリア教育が必要となってくるのである。このためのポイントは次の５つがあげられるであろう。

① 発達段階に応じた指導となっているか。

② 教育課程上の系統性があり，運営する側が組織的に行っているか。

③ **社会に開かれた教育課程**の展開に向け，外部機関との連携を慎重に進めているか。

④ 保護者や地域の人材を，キャリア教育を推進する資源として活用しているか。

⑤ 中学校への円滑な移行を保障する取り組みが位置付けられているか。

小学校の場合，学級担任が児童に関わる時間がおのずと多くなり，また，ひとつの学年を継続して６年間もちあがるといったことも少ない。そのため，①と②を実質的に運営することは非常に困難が伴う。それぞれの実践を共有し，だれが何をやっているかというキャリア教育実践における情報交換の場を努めて持つ必要がある。

③と④については，たとえば「まちたんけん」を挙げよう，児童は，学校を探検したあと，地域社会に出る。発達段階に応じた生活空間の拡大である。人の数だけキャリアが存在し，そのキャリアに触れ，情報を収集することで児童がさまざまな社会的・職業的自立を果たすことを考えると，この活動の汎用性は高い。「まちたんけん」成果発表会では，グループで調べたことや発見したことを発表するが，ひとつの視点として児童が教育活動においてどのような役割を果たしているかがある。誰もが人前で堂々と話すことができるわけではなく，資料をまとめたり，ポスターに描いたり，指示棒で発表者の発表に合わせポスターの記述を指す役割もあってよい。日常的な学校から外へ出て，外部

機関と連携し，多くの人と出会うことで新たな役割を発見すると同時に，児童は自らに新しい役割を創出してくるのである。

例としてあげた「まちたんけん」などの地域学習は，総合的な学習の時間として実施されることが多いがその活動の基盤は学級活動にある。また，学級は教科活動が展開される場でもあり，「まちたんけん」と教科学習を融合させることは可能である。児童は役割を果たす中で自己理解を深め，教科学習に動機付けられ，日常生活に意欲的に取り組むようになる。学習指導要領に示された「一人一人のキャリア形成と自己実現」はこうした，特別活動の学級活動の機能を求めているのである。小学校こそ，こうした学習環境に恵まれているのである。

【学校マネジメントの視点】

キャリア教育は，学校の教育目標と軌を一にすることが多い。それは，社会的・職業的自立を目指すといった意味で共通項があるからである。教育目標と教育実践がつながっていることが学校のアイデンティティを強化し，教師や児童の安定した教育活動を実現する。

それは，まず児童の変化に現れる。子どもの多くは発達課題を克服し成長を遂げる，その成長に教員がどのように気づけるか，また，児童にフィードバックできるかの視点を持つ必要がある。一方，キャリア教育は社会的・職業的自立という教育の本質そのものにアプローチするため，児童の変容に直面した教員は，自己理解を果たし教師としてのキャリアを伸長させる。児童の変容の先に中学校生活があることを常に想定しておくことである。「まちたんけん」は必ず，中学校の「職場体験」につながり，その教育活動を充実させる基盤を形成する。

3. 進路指導・キャリア教育（中学校）

キーワード 社会的・職業的自立，職場体験

（1）全体をどう捉えるか

中学校は，職業的（進路）発達段階としては，「現実的探索と暫定的選択の時期」（文部科学省 2004）とされ，小・中・高12年間のキャリア教育の中核的段階に位置付けられる。小学校と同様に中学校でも初めてキャリア教育が正式に導入された。ただし，中学校にすでに進路指導の活動が存在しており，これらの活動とのすみ分けも明確にする必要がある。両者の関係を示した記述はいくつかあるが「進路指導の取組はキャリア教育の中核をなす」（文部科学省 2004）が最も端的に示している。

（2）教育活動のポイント

中学校におけるキャリア教育は組織的，系統的に実施されなくてはならない。ここでは，職場体験を事例として挙げ，その在り方を説明する。「職場体験＝キャリア教育」ではないが，多い場合は5日間にわたって行われる職場体験は中学校の教育活動全体で重要な位置付けにあることは間違いない。これほど直接的に社会的・職業的自立に作用する活動はないからである。また，働くことを通し主体的・対話的で深い学びを実現する重要な教育機会である。

以下の実践事例は職場体験を実施した中学校２学年における年間の計画である。中核となる職場体験はイベント的性格が強く，一方，事前・事後活動は日常的性格が強い。こうした様々な教育活動を，学校行事を司る教務部，実施主体の進路指導部そして２学年会などが連携して展開することが「組織的」を意味し，これらの教育活動が教科，領域にわたり効果的に配置されていることが

「系統的」を意味する。

職場体験及び事前・事後指導の実践事例

職場体験を実施する２学年の年間の計画を ①〜③ で示す。

①　事前指導

（４月） 職場体験学習ガイダンス，**（５月）** 職業レディネステストの実施と分析／身近な職業調べと働くことの意義／学ぶことの意義，**（６月）** 職業講話「職業人から学ぼう」「ビジネスマナー」／受け入れ事業所の決定，**（７月）** 自己PRカードの作成／事前訪問準備／事業所事前訪問，**（９月）** 職場体験直前指導／キャリア教育で育成する能力についての事前アンケート／（職場体験前日）出陣式

②　５日間の職場体験学習

③　事後指導

（９月） キャリア教育で育成する能力についての事後アンケート／お礼状の作成／職場体験日誌のまとめ，**（10月）** 職場体験のまとめ／職場体験学習発表会

あらゆる教育活動にいえることであるが，職場体験がキャリア教育として実りあるものとするためには，体験活動とともに事前・事後指導の充実が不可欠である。これらの活動は，小学校同様，生徒が実際の職場体験活動で役割を果たし自己理解を果たす道筋の準備をしていると考えてよい。

東京都荒川区のいくつかの中学校は，30人ほどの職業人による「校内ハローワーク」を全校生徒対象に実施している。全体会と分科会があり，分科会では２つの職業人の話を聞くため３年間では６つの職業について情報を得ることになる。こうした行事は，学年をわたることで２学年の職場体験の事前・事後双方の機能を果たすことになる。

（3）　教員はどのように職業情報を得るか

中学校のキャリア教育段階に入ると，生徒が学んだり，求めたりする職業情報は教員の経験の範囲を超える。ここでキャリア教育に自信を失ったり，受験指導のみに傾注する教員も見受けられる。実は，キャリア教育で必要な進路情

写真７－１　校内ハローワーク全体会

出所）荒川区立第三中学校提供

報をすべて把握している教員は存在せず，多くは，生徒のキャリア教育における成果物から学ぶのである。教員のみの職業経験を有する教員が，生徒の職場体験の成果物から学ぶことは多い。また，成果物の多くは生徒が関心のある職業について記述しているわけで，効率よくキャリア教育で必要な情報を収集することができるのである。

【学校マネジメントの視点】

学校マネジメントの視点として，中学校は最終的な義務教育機関として位置付けられていることを忘れてはならない。数は少ないが，中学校を卒業して実社会に出て行く者も確実に存在する。こうした卒業者の存在を意識し，義務教育段階で必要とされる社会的・職業的自立をすべての生徒に，公正・公平な視点で育成することに努めなくてはならない。

職場体験においては，安全管理の視点で万全の準備や対策を講じ事故を回避する必要があるが，多くの教師は，学校以上に事業所が安全管理に力を注いでいることを知る。学校と事業所のとの違いを感じることが，教員自身の社会的・職業的自立につながるのである。教員自身が自分のキャリアを俯瞰的に見つめることができる機会をキャリア教育は提供するのである。

4. 進路指導・キャリア教育（高等学校）

（キーワード）社会的・職業的自立，進路保障，中途退学

（１）全体をどう捉えるか

高等学校は，職業的（進路）発達段階としては，「現実的探索・試行と社会的移行準備の時期」（文部科学省 2004）とされ，小・中・高12年間のキャリア教育の総括的段階に位置付けられる。すでにキャリア教育が前回の学習指導要領がから導入されている高校においては，小・中からのキャリア教育の成果をどのように花開かせて，具体的な職業生活への準備に取り組ませていくかである。

（２）教育活動のポイント

2018（平成30）年学校基本調査では，中学校から高校への進学率は98.8％であり，高校卒業後の進路は大学54.7％，専修学校（専門課程）16.1％，就職17.6％となっている。高校におけるキャリア教育の現在を客観的に知るため，キャリア教育（一人一人の**社会的・職業的自立**に向け，必要な基盤となる能力や態度を育成することを通して，キャリア発達を促す教育）が高校でどう機能しているか見ていく。

2013（平成25）年３月「キャリア教育・進路指導に関する総合的実態調査第一次報告」（文部科学省）では，高校での現状を①キャリア教育の全体計画は７割，年間指導計画は８割の学校で作成，②ほぼすべての学校にキャリア教育の担当者が配置され在任期間は２～３年目（43.0％）がもっとも多いとし，課題として③キャリア教育に関する校内研修に「参加したことがない」担任が約５割で，教育活動全体を通じた系統的なキャリア教育の実践のため研修などを通した担任の理解を深めることが挙げられた。これは，キャリア教育は教

育課程や制度において拡大しているが，具体的に展開する担任を中心とした教員の知識や実践力に課題があると捉えることができる。

小・中学校学習指導要領（2017）にキャリア教育が導入されたことで，12年間の社会的・職業的自立に向けた取り組みが可能になったのである。つまり，小学校，中学校のキャリア教育を引き継ぐことで高校キャリア教育が機能するとすると，12年間の継続的，体系的キャリア教育を実現する小・中・高の連携とそれを引き継ぐ，ポートフォリオの開発は必要不可欠となってくるのである。

（3） 予測不可能な社会でどのように生きるか

変化が激しく予測不可能な未来社会において自立的に生き，社会の形成に参画するための資質・能力を育成する上で高等学校のキャリア教育は，学習者全体にキャリア形成を求める最後の機会となるのである。

オックスフォード大学のオズボーン教授らはコンピュータ技術が急激に進展するなか，人工知能（AI）などの普及で702業種が自動化され，その結果，米国の総雇用の約47％が危機に直面しているとした（Frey, C. B. & Osborne, M. A., 2013）。AI時代の到来に対応した進路指導・キャリア教育が求められてきたのである。

この研究は，AIにより未来の職業が無くなるといった表面的な警鐘ではなく，職業が持つ専門性の急激な高度化が訪れることを示唆しているのである。言い換えれば，学校で学んだ知識は職業の世界では急速に陳腐化し，常に新しい学びが必要になるということである。これまでは，進学して就職するという単線的なキャリアをたどってきたが，就職してさらに進学する（学ぶ機会を求める）必要がでてくるのである。これまで，高等学校では，進路希望者には学ぶ準備を，就職希望者には働く準備をしてきたが，これからのキャリア教育，進路指導では，誰もが，高校卒業後，「学ぶ」と「働く」を繰り返し行う準備をしておかなくてはならない時代に入ったといえるのである。

【学校マネジメントの視点】

格差社会の中で子どもの家庭の貧困化が進み，生活保護費の受給のためアルバイトも十分にできない高校生がいる時代である。「社会的・職業的自立に向け，必要な基盤となる能力や態度を育成する」キャリア教育であるが，「能力や態度の育成」と同時に「生きることそのもの」をも重視すると捉えるべきであろう。進路指導，キャリア教育において**進路保障**はその中核にあるべきである。

さらに，高校の進路指導，キャリア教育を考える上で卒業していく生徒のみを対象とすべきでないことは自明である。2016（平成28）年度「児童生徒の問題行動・不登校等生徒指導上の諸課題に関する調査」（文部科学省）によると，平成28年度の**中途退学**数は47,249人（全体の1.4%）である。さまざまな事由による中途退学であるが，こうした存在に対する社会的・職業的自立に配慮できて初めて高校のキャリア教育はオールラウンドに機能することになるのであろう。

第8章

特別支援教育

1. 総　　論

キーワード　教育的ニーズ，インクルーシブ教育，合理的配慮，個別の指導計画，個別の教育支援計画，特別支援教育コーディネーター，校内支援体制

（1）学習指導要領に初めて登場した特別支援教育

2007年に特別支援教育がスタートしたが，これまでの学習指導要領には，小中学校の特別支援学級は特別支援学校学習指導要領に準じること，通常の学級に学ぶ障害児童生徒は，特別支援学校の助言や援助を活用し，家庭や医療などの機関と連携し，指導内容や方法を工夫すること等が述べられていた程度である。2017年版学習指導要領では，総則に新たに「特別な配慮を必要とする生徒への指導」の項目が設けられた。具体的には（1）障害のある児童（生徒），（2）帰国や日本語習得に困難のある児童（生徒），（3）不登校児童（生徒）と

に分け，それぞれ詳述されている。障害のある児童生徒については，従来通りの外部機関の活用に加え，通級による指導や個別の指導計画の活用などが位置付けられた。さらに特筆すべきは，各教科の「指導計画の作成と内容の取扱いにおいて」に，「障害のある児童（生徒）などについては，学習活動を行う場合に生じる困難さに応じた指導内容や指導方法の工夫を計画的，組織的に行うこと」と明記されたことである。

（２）特別支援教育への転換

従来の特殊教育から特別支援教育へのパラダイム転換の流れは，文部科学省(2001)「21世紀の特殊教育の在り方について（最終報告)」から加速度を増す。それまで障害に応じて特殊教育諸学校や特殊学級で教育を受けるとされてきた特殊教育の時代には，LD，ADHD，高機能自閉症などは適切な対応がなされないままであり，障害者権利条約の理念からも教育先進国の動きからも隔たった状況であった。そのため，文部科学省は全国実態調査（2002）で，通常の学級に約6.3％（2012年には6.5％)，対象となる児童生徒がいることをつかみ，2004年には「小・中学校におけるLD，ADHD，高機能自閉症の児童生徒への教育支援体制の整備のためのガイドライン（試案)」を出し，学校教育法の改正，通級による指導を法的に位置付ける（文部科学省，2006）等の準備を行った。さらに2007年度から，対象とする障害を広げ，障害に応じて特別な場（特殊学級や学校）で行うものに限定せず，ニーズに応じた教育を行う特別支援教育がスタートした。

その後も，2010年の「共生社会の形成に向けた**インクルーシブ教育**システム構築のための特別支援教育の推進（報告)」で，「障害のある子どもと障害のない子どもが，できるだけ同じ場で共に学ぶことを目指すべき」という方向性を示し，発達障害の可能性のある児童生徒の多くが通常の学級にいることから，通常の教員の専門性を研修で高める必要性が強調された。

さらに2016年施行の「障害者差別解消法」によって，障害を理由にした差別の禁止とともに，**合理的配慮**の提供が義務付けられた。ただし，公的機関では義務であるが，民間機関は努力義務とされ，私立学校はこの範囲に入ることになる。そしてこれらの変化を踏まえ，2017年には「発達障害を含む障害のある幼児児童生徒に対する教育支援体制整備ガイドライン」（以下「ガイドライン」）が出された。

（3）特別支援教育によってもたらされた教育の変化

特別支援教育，そしてインクルージョンの理念に基づいた教育システムを構築しようとする時，当然ながら従前の教育の在り方を変える必要がある。それらの中で重要と思われる4点をあげて検討したい。

①　就学指導の在り方

これまでは，障害があり，それに応じた支援を求める場合は，それに適した場を選ぶような就学指導がされていた。しかし，特別支援教育では，通常の学級においてもニーズに応じた指導を提供することが求められ，インクルージョンの理念の下では，障害の有無や能力差を越えてできるだけ同じ場で学ぶことを目指すことになる。そのため，障害があり通常の学級を希望した場合の相談の進め方は大きく異なってくる。過去には「障害があるのだからそれにふさわしい学級へ行った方がいい」「通常の学級では，平均的な対応しかできない」と公言されていた。しかし，少なくても後者のような説明は特別支援教育の時代を反映していないことになる。通常の学級か否かという場の問題ではなく，どのような場面でどのような支援が必要か（**教育的ニーズ**）を詳細に聞き取り，教育的対応の在り方をこれまで以上に相談していくことが重要になったからである（高橋 2019）。

②　教育課程の編成

通常の学級においても，これまで以上に多様な児童生徒を想定して教育課程を編成することが求められる。さらに特定の支援を求めるケースについては**個別の教育支援計画**および**個別の指導計画**を作成し，活用していくことが求められる。

個別の教育支援計画とは，乳幼児期から学校卒業まで一貫した支援が継続するために，その子の支援に関わる医療や福祉，労働等の内容も含めて作成される。就学前や進学先の移行支援にも活用できるだけでなく，現時点でのその子を巡る支援機関との連携にも活用しうるものである。

一方，個別の指導計画とは，一定の期間内に学校としてどのような指導や支援を行うかを記し，目標達成を評価していくものである。

これらを通常の学級担任が的確に書けるようになるまでは，**特別支援教育コーディネーター**を中心とした校内委員会で作成していくことが求められる。もはや「特殊教育を専門に学んだ人がいないので」等とはいえない。このような情勢を踏まえ，校内で対応できる人材養成と組織的対応も急務となった。さらに，特別支援教育に関する教育課程編成とその実施について，管理職が指導できる状態になっているかどうかも課題である。これまでも特別支援学級の週案や個別の指導計画を点検，助言していたかを見ると，必ずしも十分とはいえなかった。ましてや通常の学級の特別支援教育の充実度は，合理的配慮の実施や個別の指導計画作成状況でも評価できるのであるが，そこへどの程度，介入できているかがポイントになる。

③ 授業改善の方向性

これまでは，平均的な能力を持つ集団であることを前提に教科研究も授業研究もされてきた経緯がある。特別支援教育の授業実践には，一斉指導型から脱却し，多様な学び方への対応力をつけることが急務である。これは，特別支援教育だけの課題ではなく，「主体的・対話的で深い学び」を実現する過程で学習者中心の展開や，個に応じた指導が求められ，その流れと同一のものとなる。

この点において，時代に見合った授業改善を続けている学校であれば，基礎的環境整備としてのユニバーサルデザインや，能動的に学ぶアクティブラーニングや協同学習の実践が基盤づくりに寄与するはずである。自分に合った学び方を尊重される教室では，合理的配慮が特別扱いになりにくく，権利保障として受け入れられやすくなる。これについては，従来通りの学習態度や授業規範を最優先して人事評価や授業評価，学級経営への助言をしていると，アクティブラーニングへの転換や個の学びを保障する授業改善の動きと逆行する恐れがある。受け身のままの学習が静かな授業として評価され，対話型で自律的な学習への試みが正当に評価されないことがあってはならない（高橋 2017）。

④　生徒指導や教育相談体制など校内組織の在り方

特別支援教育の時代になって，それまでの教育相談や生徒指導に関わる校内体制の真価が問われている。学校心理学では，すべての児童生徒を対象にした一次的支援（開発的教育相談），気になる児童生徒を対象にした二次的支援（予防的教育相談），問題が特定された個人への三次的支援（問題解決的教育相談）という３段階モデルで考えるが，校内体制が機能していない学校ほど，三次的支援，それも事後対応になりやすい。不登校になってから，問題行動を起こしてから，対応を協議する等である。しかし，特別支援教育では，何気ない日常の集団場面から支援が必要なケースが多い。LDには，取り出して個別指導をする（三次的支援）という古い発想では適切とはいえない。授業の在り方を変えることで，学びやすさが実現する。社会性を高める支援も取り出しのSST（ソーシャルスキルトレーニング）以上に，学級経営の中で早期から予防的に対応できるのである。

組織的対応も質が異なる。不登校の生徒Ａ，非行傾向の生徒Ｂそれぞれにチーム支援を行っていても，それは図８－１における３層の最下層である。もちろん，生徒指導委員会（一般的には生徒指導部会）で検討されていれば，第二層も機能しているわけだが，その動き方についてさらに上位の組織体で掌握，吟味しているだろうか。これらがマネジメントである。たとえば，生徒指導部会で話題化しても，それは情報の共有どまりであって，誰がどう支援するかが明確でないならば，三層のない二層だけの対応である。特別支援教育の校内委員会も第二層としての機能を果たしているかを見たい。よく教室を飛び出す児童Ｃや書字が厳しい生徒Ｄに対し，複数の教職員でチームを作り支援している

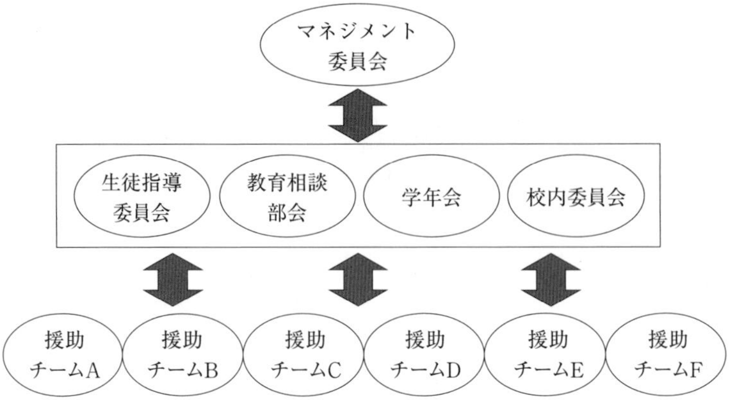

図８－１　組織内の３層のチーム

出所）家近早苗・石隈利紀（2011）「心理教育的援助サービスを支えるコーディネーション委員会の機能尺度の開発」『学校心理学研究11』

事例を聞くが，その支援の在り方を校内委員会で検討しているかどうかが重要なのである。巡回相談などでケース検討できる場に担任だけが出る学校もあれば，支援をしている複数の教職員が出る学校も，校内のほとんどの教職員が参加する学校もある。当然ながら，**校内支援体制**の違いをあらわしている。1ケースを通し皆で学んでいこうとする学校は，情報共有以上に研修の機会にもなると判断し，そのケースから学んだことを自ら関わりのある他のケースに活かしていくので，その分だけ予防的・開発的な支援が増えていく。一方，その担任だけが聞けばいいという学校は，他の教員も問題が起きてからの事後対応を繰り返し，担任だけが対応する構造のままで疲弊していくことが多くなる。

次にコーディネーターの機能を検討しよう。コーディネーターの仕事は，ガイドラインには①学校内の関係者との連絡調整，②ケース会議の開催，③個別の教育支援計画及び個別の指導計画の作成，④外部の関係機関との連絡調整，⑤保護者に対する相談窓口とある。図８－２は，①～③の熟達過程である。もちろん保護者対応の力量を積む必要があると判断したならそのような内容の研修会を組むことも大切な仕事である。時に，巡回相談員が来る日のスケ

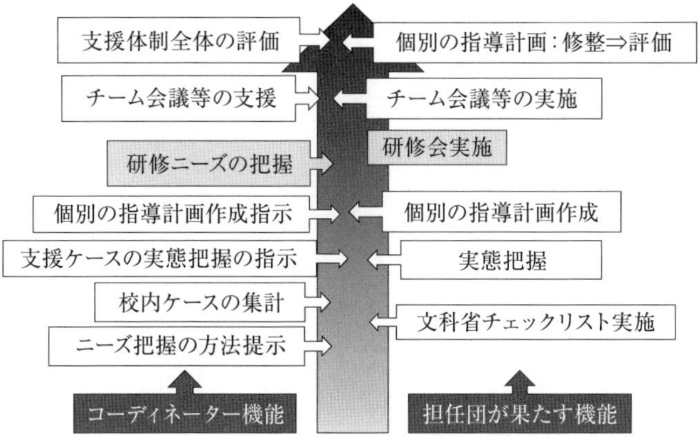

図8－2　コーディネーターと教師の熟達

（筆者作成）

ジュール管理や，支援員の配置の調整や，進路先との引き継ぎなど限定的な仕事と考えている管理職もいるがそれは違う。コーディネーターは，校内の教育支援の中心として機能すべき役割であり，何よりも先に校内の支援力向上とそのためのコーディネーションである。

校内コーディネーションの最優先課題は，保護者の教育相談の充実である。担任，管理職，コーディネーター等，相談対応できる窓口を複数，用意し，広報する。担任を超えて一教諭が保護者の相談に対応することについて，スクールカウンセラー（以下SC）導入時と同様に担任が抵抗感をもつことはある。しかし，組織として全校児童生徒の支援を全教職員で行う，それを前提にした分業であることが共有されれば，大きなハードルにはならない。

さらに課題なのは，教科経営や学級経営に関わることについてである。たとえば１人の生徒のための支援を校内委員会で提案しても，教科担当者が納得しないと授業改善どころか合理的配慮も実施されない。多くの子に効果がある方法でも困難のある子に不適切な指導になることがある。従ってニーズに応じた支援を行うためには，教師個人の思惑を超える組織的対応こそが求められるの

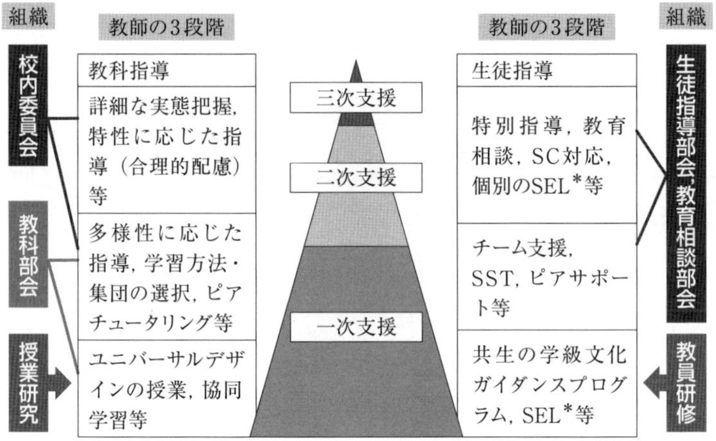

*social & emotional learning（社会性と感情の学習）

図8－3　バックアップする校内システム

（筆者作成）

だ（図8－3）。

【学校マネジメントの視点】

管理職が将来を見据え，多様な社会における人権保障の見地から学校経営を行う必要性が増している。就学指導や教育課程編成は直接，管理職の判断が求められ，合理的配慮について教職員の認識，実践力を把握する必要がある。特別支援教育は，管理職のリーダーシップのもと，校内教職員の力量と組織的対応力を向上させながら行うものなのである。

2. 特別支援教育（小学校）

キーワード　障害の社会モデル，保護者の教育相談，観察によるアセスメント，個別の指導計画，目標設定

（1）全体をどう捉えるか

小学校は学校教育の入り口である。地域によっては幼児期段階から個別の教育支援計画を作成し，それらを仲立ちにして移行支援が充実しているところもある。仮にシステムは整備されている地域であっても，保護者の認識によっては，特別支援教育の対象であることを希望しない，認めないケースもある。しかし，希望がなくても入学予定幼児すべての情報を集める努力はできる。地域の幼児教育機関との連携や，入学説明会時に入学前相談をアナウンスして実施する等である。

入学前に情報を得られると，早期に受け入れや支援体制を組むことができる。学校が信頼されているほど，保護者は相談に来るものである。どのような教育的ニーズを有し，どのような場面でどのような支援を求めるか詳細に聞きたい。

支援対象かどうかを判断する際，診断の有無を問う声があるが，それが最優先でも必要条件でもない。障害を見る視点は，医療モデルから**社会モデル**に転換されており，当該個人の中ではなく環境との間に生じるものと考える。教育的ニーズは，医療モデルでいう診断名ではなく，環境との兼ね合いで生じる困難ととらえ，環境の調整次第でその困難も支援の大きさも変動する。

入学後は，学校生活における**観察によるアセスメント**が重要になってくる。幼児期に闊達に遊び回っていた子が，45分間着席し続け，ルールに則った学習をこなしていくことになる。これだけでも大きな環境の変化であろう。家庭や幼稚園では問題が見えにくかった子の中にも，この環境の変化から支援ニーズ

が顕在化してくることもある。抑制系の発達を見ていく必要がある子や，学業の達成度を見ていく必要がある子，人との関わり方を見ていく必要がある子もいる。

(2) 教育活動のポイント

まず，特別な教育的ニーズを把握することからスタートする。文部科学省全国実態調査（2012）の項目に沿って，全児童の様子を確認し，基準点以上の児童を校内委員会で把握する。

そしてそれらの児童について，校内委員会で検討する。研修を重ねている学校ではこの検討を学年会でできるようになる。**個別の指導計画**を作成するには，詳細な実態把握を行い，目標を立てていく。**目標設定**が的確ならば手立ては何を用いてもいいのだが，日本の教師は，多様な指導方法を熟知していないため，特性に応じた指導を例示した方がいい学校もある。しかし，個別の指導計画については，作成率は上がっても効果的に活用されているかというと，まだまだといわざるを得ない。その期間で達成できる目標を掲げることが基本だが，十分に研修できていないと教師の願いやあるべき姿を目標にしてしまい，そういう目標ほど達成できずに，毎年，同じ目標を掲げ続けることになる。その子が１年間で達成できる長期目標，学期ごとに達成できる短期目標を設定すべきなのであるが，ここで実態把握の精度や特性理解の質が問われてくる。これができると，PDCAサイクルを回していける上に，教師の支援力がついていく。つまり作成率の高さより，目標の質や達成しているかいないかを評価できているかが，その学校の特別支援教育体制の水準をあらわしているといえよう。

特に小学校低学年では，未学習の力もあるため，早くから合理的配慮で代替手段を提案するばかりが支援ではない。適切な支援によって伸びる能力は伸ばし，代替すべき力を合理的配慮で学びやすくする判断が必要である。書きの困難があった場合，文字の形を覚えるために反復練習を課すのではなく，書く以外の方略を教える必要がある。作文でも口頭作文を認める等，書くことに依存しないで，文字を覚え，文で表現する力を伸ばしていくのである。九九を覚えきれない場合も，割り算を学ぶために手元に九九表を置く等の合理的配慮を行いつつ，視覚的に覚える方法や操作しながら覚える方法なども試みていく。

【学校マネジメントの視点】

管理職は校内委員会，コーディネーターが機能しているかどうかを把握し，指導する立場である。教師の気づきの感度や教育支援の工夫，**保護者の教育相談**の姿勢を賞賛することで，教師の意欲を喚起し，相互の学び合いを促進する。そして個別の指導計画の目標の立て方を指導していく必要もある。加えて，個々の教員が連携しやすくなるよう幼児教育機関や中学校と風通しのいい関係を築くことも環境整備になる。加えて，対応に苦慮する保護者との面談も重要である。管理職が支援を求める保護者と良好な関係を結べるほど，学校と保護者との協働が実現しやすくなる。

3. 特別支援教育（中学校）

キーワード　個別の教育支援計画，合理的配慮

（1）全体をどう捉えるか

小学校と異なり，中学校では，担任だけでなく，教科担当者，部活の顧問も含めて，多くの教師が関わることになる。それだけにそれぞれ指示の出し方から求めることまで違うことになりやすい。それは，中学校のよさでもあるが，この文化の違いが，変化に弱い生徒たちには負担になるのも事実である。

また，社会性の発達がゆっくりで想像力の乏しい生徒は，相手の気持ちや場を読むことができない。そのような生徒に対し，情熱的な教師ほど，厳しく接したりするが，意図が読めないので，効果がないばかりか教師・生徒関係にひずみが生じる。さらに，理屈っぽく，大人の一貫性のなさをついてくる生徒も

表８－１　平成27年度公立高等学校入学選抜における「障害のある生徒」に対する配慮

• 問題用紙，解答用紙の拡大	• 時間延長
• 口述筆記	• 会場・座席位置の配慮
• 出題文の漢字にルビ	• 文房具の配慮
• 問題文の読み上げ	• 保護者等の別室待機
• 集団面接を個人面接で実施	• 介助員等の同席
• 面接試験での話し方の配慮	• 面接順の配慮
• ヒアリング試験での配慮・免除	
• 受験での指示・注意事項を文書で提示など	

出所）文部科学省「平成27年度発達障害の可能性のある児童生徒等に対する支援事業報告会」（2016）
http://www.icedd.nise.go.jp/pdf/event/mext_20160201.pdf（2019年２月26日閲覧）より作成

いる。「あの先生は許しているのに，なぜこの先生は許さないのか」「あの子には認めて自分には認めないのはおかしい」などと言ってくる生徒もいるであろう。

特別な教育的ニーズに関する理解が十分でないと，言語表現が巧みで成績もいい生徒のことを特別支援教育の対象と思わず，変わった子とだけ捉えてしまう。それによって気づきや対応にぶれが生じる。早めに教育的ニーズに気づく教師が増え，それをチームで共有し特性に応じた指導ができるようにしたい。

さらに指導と評価の両面において**合理的配慮**の実施が問われる。表８－１は高校入試で実施された合理的配慮の例である。支援対象生徒の実態に合った合理的配慮を日常の指導場面，評価場面で提供していくことが大切である。

過去には「特別扱いはしない」と公言する教師がいた。しかし，合理的配慮は，理に叶った特別扱いである。形の平等を指導するのは単純で楽だ。多様性を享受し，学ぶ権利を保障する立場に立ち，質の平等を生徒たちに考えさせる契機としたい。このことを通して，人権感覚を磨き，自律的な学習者を育て，共生社会の実現に駒を進める実践になることを自負していける教師集団であってほしい。

（2）教育活動のポイント

実態把握を行い，どのような困難と強みがあるのかを把握する。困難については，小学校以上に長い間努力してきた結果であるととらえ，弱点を克服させようとするのではなく，強みでカバーするアプローチをとりたい。小学校以上に板書をノートに写すことを求める場面が多いが，書字困難の生徒にとっては負担でこそあれ効果は少ない。ワークシート中心の活動にしたり，デジタルカメラで板書を撮影することを認めたりする。作文でも手書きの代わりにキーボード入力や音声入力を認め，試験の際には時間延長や口頭試問への変更をすることも合理的配慮である。

また，中学校では，忘れ物や提出物の問題は避けて通れない。これは，実行機能の弱い生徒にとっては，大きな関門となる。これも障害特性でもあるので，厳しく指導し評価を下げるのではなく，実行機能そのものを育てる工夫が求められる。連絡，報告する力，計画し，それを修正する力，時間を見る，時間を見積もる力など，授業中も含め，機会をとらえて育てていきたい。

これらを好意的な一教員による配慮にとどめてはならない。ニーズに応じた学習方法を組織として認めていく必要がある。管理職も含めた校内委員会で協議し，保護者の同意も得て，**個別の教育支援計画**に明記することになる。

中学校のよさは，複数の教師が日常から関われる点にある。チーム支援の具体もダイナミックになる。担任が学級内でコミュニケーショントレーニングを行い，養護教諭が感情表現を育て，部活でソーシャルスキル獲得を促す等，専門機関にもできないチーム支援力を発揮できる。

【学校マネジメントの視点】

小中学校間の環境移行をスムーズにしていく取り組みが待たれる。また主体的・対話的で深い学びを実現する授業改善の努力を惜しまない教員集団であるよう，互いの授業観察やケース会議を奨励していく役割がある。主体的・対話的で深い学びを基盤に多様な学び方に応じた学習方略を提供することが合理的配慮の提供にも通じていく。高校進学に際しては，まず入学選考時に中学在学時の合理的配慮の実績を示し，同様の配慮を要望していく。さらに入学決定後には個別の教育支援計画を移行先にも提供する実践が求められる。

4. 特別支援教育（高等学校）

キーワード　本人参加のケース会議，セルフアドボカシー，自己理解，ジョブマッチング

（1）全体をどう捉えるか

高等学校の特別支援教育に関する理解や実践は，小中学校よりも課題が多いといえる。コーディネータの指名率こそ小中学校に近づいたが，個別の指導計画作成率はかなり低い（図８－４，文部科学省 2017)。これは，そもそも学力選抜があるため障害のある生徒はいないという意識があったこと，加えて本人・保護者ともに求めなくなる例も増えることが影響している。

また義務教育でない高校段階では，条件を満たして初めて進級できるわけで，当然ながら留年や退学もあり，特別指導という基準もある。さらに，中学校以上に授業研究の機会が少なく，生徒に合わせて指導方法を工夫する視点をもつ機会は教師個人に依存しやすい。つまり，教科指導も生徒指導も多様性に応じる方法に転換しにくい傾向がある。

一方で，その義務教育ではない高校であっても，特別支援教育に関する確かな足跡もあげられる。大阪府ではノーマライゼーションの理念のもと，2006年より府立高校９校に知的障害生徒を受け入れる自立支援コースを設置している。神奈川県も2016年からインクルーシブ指定校を３校位置付ける等，各地域で特別支援学校高等部増設以上に，知的障害生徒の後期中等教育の選択肢は広がってきている。

②【公立】学校種別・項目別実施率（平成28年度）
※点線個所は，作成する必要のある該当者がいない学校数を
調査対象校数から引いた場合の作成率を示す。

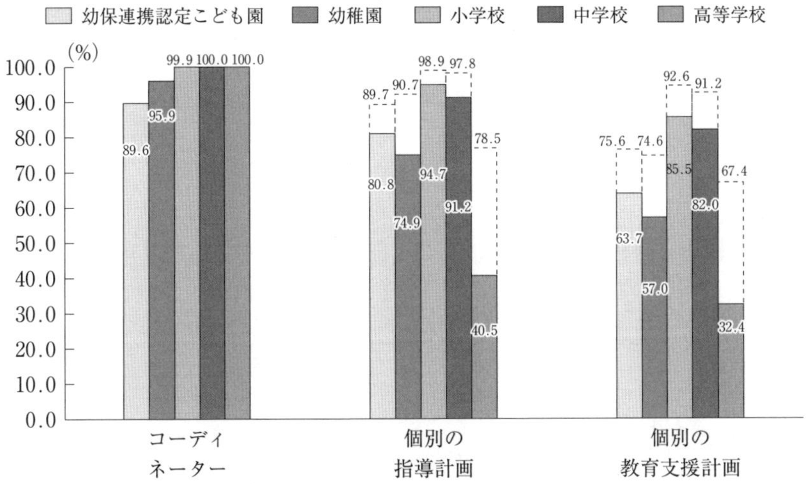

図8－4　体制整備の校種比較

出所）文部科学省（2017）「特別支援教育体制整備状況調査」より

同時に，知的障害はない発達障害生徒への支援も変わってきている。2018年度から，高校においても通級による指導が実施できるよう制度改革が行われた（文部科学省 2016）。

しかし，地域レベルの受け入れ校の多様化や，通級の利用が可能になること自体は前進ではあるが，通常の学級における支援を充実させることも急務である。そこにおいて，校内委員会が特性に応じた指導まで検討できているかどうかが鍵になる。高校では特別支援学校から転勤した教師がコーディネータを務めることも多い。そういう場合は専門性があると見なされやすいが，逆に教科指導における集団内支援に精通していない人もおり，外部連携に偏ったコーディネーションになりやすくなる。

高校は学校教育から社会への出口でもある。進路先がどこであろうが，より

自立を促す必要性は高い。だからこそ，「普通の社会で生きていくのだから配慮なしの普通の教育で」といわれやすくもあった。しかし，成熟した社会ほど学校以外でも合理的配慮は提供される時代でもあり，そのような社会を目指したい。高校で合理的配慮を使えたことで実力を発揮でき，本当の自分を認識し，生きていく力につながる場合も多い。

このような自立を目指す高校だからこそ，**本人参加のケース会議**を開くことを推し進めたい。自己を見つめ，どのように自分の成長を願い，どういう将来展望を抱くのか，そこを丁寧にすりあわせていく。これは一次支援としてのキャリア教育でも行われる。その上で，自分の特性や実態に合わせて，指導の工夫を学校側に要望し相談する。これは，その先，進学先や就職先で自分に合った学び方や働き方を要望できる**セルフアドボカシー**の力にもつながっていく。

（2）教育活動のポイント

教科指導においては，特性に応じた指導や合理的配慮は小中学校と同様に必要である。教科担当者による配慮の有無に差がないことを学年会や校内委員会は確認する責任がある。たとえば，読みに困難があるので読み上げソフトを使う，記憶が高いのでノートをとらないが減点しない，書字が難しいために音声入力を認める，書字に時間がかかるために定期試験で時間延長をする等，周囲の生徒も多様性に応じる在り方を学ぶ機会になる。これらは，高校の学習場面，試験場面，生活場面で実施され，不十分な点がないか，定期的に検討し，個別の教育支援計画の見直しを行う。さらに大学受験時に特別措置を申請する場合，高校においてどのような配慮がされていたかも資料として提出が求められる。教師個人の判断で申請されないことがあれば，生徒の人生に多大な不利益を残すことになる。まさに学校長判断で組織的に対応することが今後，さらに求められていく。

社会に出る前の高校であるからこそ，個々の生徒の社会性を磨いていく責任も大きい。その意味では，ソーシャルスキル教育への関心は高くあってほしい。

これについては，実行機能の弱さがある生徒に対する支援や，コミュニケーションスキルや対人関係技能に課題がある生徒に対する支援も個別の指導計画に反映させていくことが求められる。

進路指導，移行支援も重要である。進路先を選ぶ際，**自己理解**が不十分だと適切な進路を選べない。社会性に課題がある生徒は，実力と見合わない進路希望を抱いたり，知っている範囲からだけで職業を選んだりしがちである。得意・不得意についての自己理解を重視してこそ自己実現につながる**ジョブマッチング**となる。進学の場合も担任がいて時間割がある高校までと異なり，大学は自分で履修計画を立て，欠席が続いても誰からも何もいわれない。まさに，世界が一変するので，枠組みがないと崩れやすい生徒には，担任制があったり，初年次指導が充実していたりする進学先を選ぶよう助言したり，移行支援を丁寧にしたりすることが求められる。大学の障害学生支援は年々，充実してきており，受験前の相談や，入学前後にも保護者や本人，高校の担任やコーディネーターからの相談を受け，履修計画を一緒に立てたり，履修した教科の担当者に合理的配慮を求める文書を送ったりコンサルテーションを行ったりできる大学が増えてきている。

【学校マネジメントの視点】

自校の校内委員会がどの程度，機能しているかを評価したい。教育的ニーズのある生徒を把握した場合，保護者や本人から申し出られたケースだけか，教員が気づいたケースもあるかを確認してほしい。また，それらに対し，実態把握と個別の指導計画作成を推し進める必要もある。この際，保護者が支援を求めていないケース等に対しては，個別の指導計画ではなく，どのような生徒にも使える「生徒理解シート」等のような書式を用意し，実態に応じた支援の方法を書いて教職員で共通理解しておく必要があると判断し，教師を指導していく必要もある。さらにその内容を見て，支援方法が適切か充実しているかどうかを評価することも重要である。

授業改善に向けて，授業力を評価するのも管理職の責任である。一斉指導型の講義から主体的・対話的で深い学びに転換しているかどうか，その際，多様性対応を視野に入れているか，合理的配慮を実施できる柔軟性があるかどうかも評価していく姿勢が肝要である。

校内委員会で検討したケースについて，教員によるチーム支援が機能し，当該生徒が確かに成長しているかを評価するのもマネジメントとしては重要である。自己理解が課題である生徒であれば，担任や部活顧問がロングホームルームや日常場面，部活場面を通して育み，各教科担当者が授業内で特性に応じた指導を実行できているかどうかを評価する。社会性の育ちにくさのある生徒には，感情表現を養護教諭が，対人スキルを担任が，ライフスキルを部活顧問がというように，誰がどこで指導するのかも明確にした支援計画があり，それらを定期的に評価しあえるチームに育てていくことがマネジメントといえる。

第9章

クラブ活動・部活動指導

1. 総　　論

キーワード　クラブ活動，部活動，顧問，外部指導者，地域との連携

（1）クラブ活動から部活動へ

戦後，学習指導要領において自由研究のひとつとして位置付けられ，生徒が自主的に組織して活動していた**クラブ活動**が中学校学習指導要領（1972），高等学校学習指導要領（1973）で，毎週1時間全生徒が参加して活動する「必修クラブ」と，生徒が自主的に放課後に活動していた教育課程外の「課外クラブ」に分けられた。さらに，中学校学習指導要領（1993），高等学校学習指導要領（1992）で，「学校においては，特別活動との関連を十分に考慮して文化部や運動部などが活発に実施されるようにするものとすること」と，初めて**部活動**について記載された。その後，中学校学習指導要領（2002），高等学校学

習指導要領（2003），学習指導要領（1998）でクラブ活動が廃止され，必修化されていたクラブ活動から教育法上強制力のない部活動に移行される。そして，中学校学習指導要領（2008）で，「生徒の自主的，自発的な参加により行われる部活動については，スポーツや文化および科学等に親しませ，学習意欲の向上や責任感，連帯感の涵養等に資するものであり，学校教育の一環として，教育課程との関連が図られるよう留意すること」と部活動の意義と教育課程との関係が総則に記載された。中学校学習指導要領（2017）には，「持続可能な運営体制が整えられるようにする」という言葉が加わり，部活動の指導・運営にかかわる体制作りが求められている。

（2）部活動の意義

中学校指導要領（2017）の総則には「スポーツや文化および科学等に親しませ，学習意欲の向上や責任感，連帯感の涵養等，学校教育が目指す資質・能力の育成に資するものであり」と改めて学校教育の一環として行われてきた部活動の意義が明記されている。部活動は，学級や学年を超え自主的・自発的に集まった同好の生徒たちが，顧問教諭等の下，同じ目的や目標を持って，切磋琢磨することにより，生徒同士や生徒と教師等の好ましい人間関係の構築を図るとともに，自主性や自律性，社会性や協調性，リーダーシップ，友情，組織の一員としての自覚や愛校心，望ましい生活習慣などを学ぶことができる活動である。また，不断の活動を通して専門的な知識や技術の取得をすることができ，生涯学習へとつながる活動でもある。

（3）運営上の課題

①　学校教育への位置付け

部活動への生徒や保護者の期待は大きいが，教師の中には部活動は教育課程外の教育活動であるという理由で，教師の本務ではないと考える者もいる。部活動をどのように学校教育に位置付けるか明確にすることが求められる。

②　環境や条件整備

学校の小規模化により生徒数が減少して十分な活動が維持できない，顧問教諭の異動による部活動の存続問題が発生する，生徒や保護者に要望に対応できる指導者・施設・用具・資金等が不足している，顧問教諭の専門的な指導能力や管理能力が不十分であるなどの課題については，保護者の協力・**外部指導者**の導入などの対応が求められる。

③　活動内容の検討

運動部の中には過度な練習のために，学習面で支障をきたすものや心身の健康を害するものがいる事例が見られる。科学的なトレーニングの導入や適切な休養を取り入れた練習などの実施が求められる。また，生徒の中には専門的な知識や技能の習得よりも，友達と楽しみたい，レクリエーションとして活動したいなどの多様な要望もあることに配慮していくことが求められる。

④　顧問教諭の職務や服務

教師の職務は基本的に教育課程に位置付けられた教育活動に携わることであり，教育課程外の部活動の指導は奉仕的なものである。そのような指導が教師の大きな負担となっている。さらに，休日の練習や試合等への引率時の管理や指導，それに対する手当など多くの課題を抱えている。また，顧問教諭の中には部活指導に夢中になり，本来の職務を疎かにしたり，生徒に対して体罰や生徒の人格を傷つける言動など服務上の問題を起こしたりする者も見られる。

⑤　安心・安全な活動

部活動には，潜在的な危険要因が内在している。部活動は学校教育活動として学校の管理下に置いて実施されているので，管理職はもとより教職員にも安全配慮義務（指導者監督義務・安全確保義務・危険予見義務・危険回避義務）がある。指導者は，危険な活動や行動の回避，活動場所や器具・用具の安全点検の実施，生徒自身が安全に活動できる能力や態度の育成などに取り組まなければならない。また，万一，事故が発生した時のために，事故対応マニュアルを作成し，教職員への周知徹底を図り定期的に訓練などを実施して事故発生後の適切な対応ができるようにしておくことも重要である。

（4）地域社会との連携

生徒の中には地域のスポーツクラブ・文化クラブや民間事業者施設において活動している者がいる。このことは学校が生徒のニーズに十分に対応できないためであるが，地域によっては学校以外に生徒が活動できる場所や機会がなく，学校が受け皿となっているところもある。今後少子化がさらに進むことを踏まえ，これまでの学校単位の活動から合同部活動のような一定規模の地域単位の活動や地域全体が連携して，活動の機会の確保や指導の充実を図ることが望まれる。

【学校マネジメントの視点】

①　学校教育活動の中に明確に位置付ける

部活動は学校にとり特色ある教育活動でもある。校長は部活動の意義・目標や活動の方針を策定し，学校だよりやホームページ等を通して教職員・生徒・保護者・地域の人びと等に公表し，理解と協力を得るようにする。

②　生徒や保護者のニーズを把握する

活動方針等を策定するにあたり，校長は教職員・生徒・保護者・地域の人びとが求めている部活動の内容や活動の在り方についてのニーズを把握し，その願いに応じる部活動を推進する。ただし，生徒や教師の数，指導が可能な教師や指導員の配置状況，活動する施設などを考慮することも大切である。

③　活動内容を管理する

過度な練習や活動は生徒の心身の健全な成長を妨げる。校長は各部の活動時間や休養日，活動内容等を把握して，適宜，指導・是正を行い，適正な活動の維持に努める。

④ **顧問教諭を管理・監督する**

部活動の顧問教諭の長時間勤務のような負担を軽減するために，校務分掌や配置状況を配慮する。複数顧問制度の導入などの学校全体の指導体制の構築を図る。さらに，適切な指導が実施されるために，体罰やハラスメントなど行われていないか，部費や大会参加費等の私費が適切に使われているかなど服務を監督することも大切である。

⑤ **地域との連携を推進する**

学校だけでは充実した部活動の実施は難しい。地域にあるスポーツクラブ・文化クラブや民間の施設などと連携していくことが今後求められる。また，少子化の進行に従い，一学校だけでは活動が難しくなることが予想される。合同

写真９－１　子どもぶんか村発表会

出所）子どもぶんか村パンフレット（2006）

部活や複数の学校による地域総合型の活動なども求められる。

《地域総合型事例》「子どもぶんか村活動（世田谷区船橋地区）」

平成16年，船橋青少年地区委員会が地域の小中学校と連携して，地域が運営する総合型文化クラブとして発足した。

現在は，演劇，科学，音楽（オーケストラ，コーラス），伝統（生け花，茶道，かるた），ものづくり，ボランティアのクラブがあり，児童生徒が土曜日に活動している。毎年３月には地域の小中学校において「子どもぶんか村発表会」を開催し，各クラブの成果を公開している。

2. クラブ活動指導（小学校）

キーワード　**地域子どもクラブ**

（１）全体をどう捉えるか

小学校のクラブ活動は特別活動のひとつとして行われている「必修クラブ」と必修ではなく希望者が参加して行われている「選択クラブ」がある。「必修クラブ」は毎週６時間目に実施していたが，週５日制の導入や授業時間の確保のため，練習時間の取り方が学校や指導する教員の実態により違ってきている。地域のボランティアに指導や運営をお願いしたり，地域のクラブ・サークルやスポーツクラブなどに事実上委託したりしているところもある。

（２）教育活動のポイント

「中原はちのすけクラブ」は2003（平成15）年三鷹市の「**地域子どもクラブ事業**」として，鷹南学園三鷹市立中原小学校に作られた中原小応援団である。クラブの運営は，中原小学校を拠点として，保護者，地域，学校の協力により進められていて，子どもたちにとって小学校と地域が安全で豊かな成長の場で

写真9－2　中原はちのすけクラブ　シンボルマーク

出所）中原はちのすけクラブ　ホームページ
http://hachinosukefan.blog33.fc2.com/（2019年2月26日閲覧）

あることをねらいに活動している。また，自分たちが住む地域が「ふるさと」といえるように，子どもたちが安心できる居場所は，大人にとっても安心できる場所と思える地域づくりにも試みている。

具体的な活動は，次のようなものがある。

① 校庭遊び場開放

安全管理者の見守る中，子どもが自由に遊べる

② ソフトバレークラブ

地域の人や保護者が指導している

③ みんなDEパソコン

プログラミングを行う

④ 言語のアニマシオン

参加型読書体験や読み聞かせ活動

⑤ 中原小合唱団

早朝練習，夏休み集中練習などをしてコンクールに挑戦する

写真９－３　言語のアニマシオン

出所）中原はちのすけクラブ　ホームページ
http://hachinosukefan.blog33.fc2.com/（2019年２月26日閲覧）

⑥ はちのすけ体験広場

- ジュニア俳句教室（三鷹俳句会が指導，作品は市民文化祭に出展）
- 陶芸教室
- フラワーアレンジメント（作品はコミュニティ・センターまつりに出展）
- 工作教室（こいのぼり作り，万華鏡作りなど）
- イベント（コンサート，ヒップホップ，バレエ，走り方教室など）

学童保育所との連携事業としては，次のようなものがある。

- 不審者対応避難訓練
  三鷹警察署の協力による避難訓練
- 中原子どもまつり（秋）
- 冬のゲーム大会（正月）

【学校マネジメントの視点】

中原はちのすけクラブは，小学校におけるクラブ活動を地域と学校が協働して運営していることがポイントであるが，2006（平成18）年には，固定遊び場開放事業とも一体化して，放課後の児童の居場所としても機能している。また，クラブが子どもの安心できる居場所であるとともに，大人にとっても大切な地域コミュニティづくりの核となっているところにも注目したい。

総論で取り上げた地域総合型文化クラブ「子どもぶんか村活動」と同様に，学校と地域が協働に，子どもたちのクラブ活動・部活動を運営していくことは新しい視点である。

3. 部活動指導（中学校）

キーワード　運動部，文化部，顧問，外部指導員

（1）全体をどう捉えるか

中学校の部活動は，小学校から入学してくる児童にとり関心の高い活動である。入学したらどの部活に入ろうか，希望する部活があるだろうか，先輩たちは優しいだろうか，練習についていけるだろうかなど色々な思いを抱いて入学してくる。部活動は中学校生活の大きなウエートを占め，人間関係や人間性の形成に大きな影響を持ち，中学校卒業後の進路や生き方にも関わることもある。

（2）教育活動のポイント

部活動は**運動部**と**文化部**の２つに大きく分かれる。運動部活動は種目ごとに男子バレーボール部や女子バスケットボール部のように男女で分かれて活動しているものが多い。活動の内容は種目についての専門的な知識や優れた技能の習得を目指して練習したり，試合をしたりしている。試合は部活内や他校と練習試合をしたり，中学校体育連盟や各地区の体育協会が実施する大会に参加したりしている。部活動によっては日本中学校体育連盟が主催している全国大会

を目指しているところもあれば，スポーツを楽しむことや健康な体作りを目的にしているところもある。文化部活動には，音楽，美術，科学，文学，家庭，ボランティアなどさまざまな部活動がある。全日本吹奏楽コンクールやNHK全国学校音楽コンクール（合唱）などを目指して練習をしている部活動もあれば，同行のものが集まり演奏したり作品を作成したりして身内で楽しんでいる部活動もある。また，JRC（青少年赤十字）のように社会活動に取り組んでいる部活動やプログラミングの作成や開発など新しい情報工学などに取り組んでいる部活動もあり，活動の目的も多様である。

【学校マネジメントの視点】

① 児童生徒の期待に応える

中学校に入学して来る児童の部活動の期待は大きく，希望する部活動の有無で新入生の数が違ってくることもある。希望する部活動は時代の流行や地域における活動などにより変化し多様化している。児童生徒がどのような部活動を希望しているか把握し，対応していくことが大切である。しかし，多様化する要望をすべてかなえることはできないので，今後，学校間で拠点化などを図ることも必要である。

② 顧問教諭・外部指導員の確保

中学校は多忙のため部活動の**顧問**を引き受けることに消極的な教師が増えてきている。このため，顧問が異動すると部活動の存続問題が発生することが時々見られる。複数の顧問で見ていく体制や**外部指導員**の補助体制を導入していくなどの工夫が必要である。ただし，報償費も少ない中，教育活動としての部活動を理解し，学校に協力的な外部指導員を確保することはなかなか難しいのが現状である。

③ 学校生活と部活動の両立を図る

生徒の中には部活動に熱中し過ぎて，本来やるべき学習やその他の活動が疎かになる者がいる。なかには部活があるからと平気で当番活動をさぼるような者もたまに見られる。反対に，生徒指導上問題のある生徒を部活動に取り組ませることにより問題行動の改善を図る取り組みをする学校もみられる。部活動の生徒指導上の位置付けを全教職員で共有して，指導していく。

④ 保護者の理解と協働体制を推進する

中学校の保護者の部活動に対する関心や期待は大きい。大会やコンクールのある様な部活動では，生徒以上に熱くなりさまざまなことを要望してくる保護者もいる。学校における部活動の意義や在り方に対する保護者の理解を深めるとともに，部費の管理や大会引率の手伝いなどを保護者が行い，保護者自身も部活動を支えていくような協働体制の構築も図るようにしたい。

4. 部活動指導（高等学校）

キーワード　高等学校と部活動運動部活動

（1）全体をどう捉えるか

毎年，甲子園球場で行われる全国高等学校野球大会に人びとの注目が集まる。しかし，図９－１が示すように高等学校で運動部に所属し活動している生徒数は中学校に比べ少なくなり，学校教育活動として占める割合は低くなる。

（2）教育活動のポイント

・高等学校１校あたりに在籍する生徒数は中学校より多いが，部活動に所属する生徒は少なくなる。部活動の中には一部の熱心な顧問教諭の指導の下に全

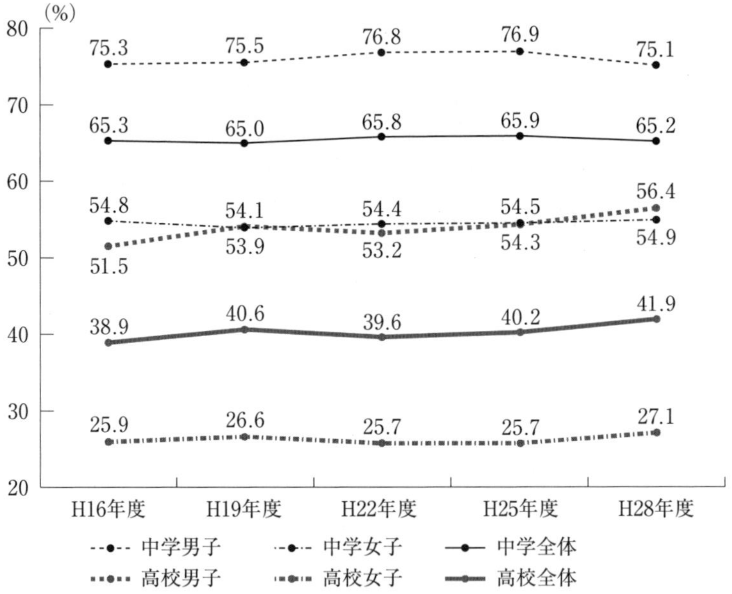

図９－１　運動部活動参加率

出所）文部科学省スポーツ庁（2017）運動部活動の現状について

国大会やコンクールに向け一生懸命に活動している部活動もあるが，中学校と違い，生徒が自主的に活動している場合が多い。私学の中には学校の特色のひとつとしてとして部活動に力を入れて，入学者を集めているところもある。生徒の自立に従い部活動に対する教員や保護者の関心は低くなり，地域との関わりも少なくなるが，卒業生がコーチや指導員として関わることが多くなる。

【学校マネジメントの視点】

① 中学校において行われている部活動の多様な活動を留意する

中学校での部活動は学校によって活動のレベルや内容も違っていることを考

慮して，運営していくことが求められる。生徒自身も中学校で活動していた部活動を継続しさらに高めようとする者と，高等学校では大会で勝つことよりも友達と楽しもうと考えている者や今まで経験したことのない部活動に入ろうと考えている者もいる。このような生徒の実態に応じて部活動を運営していくことが求められる。

② 生徒による自主的・自発的な活動を支援する

高等学校の部活動は中学校と違い，顧問教諭が生徒を引っ張って活動していくのではなく，生徒が自主的・自発的に活動していくことが多い。このため顧問教諭は生徒の活動を見守り，生徒が自主的に活動できるように支えていくことが求められる。このことは放任するということではなく，危険な活動をしていたら活動を停止させ，安全を確保するような義務を含むことも忘れてはならない。

③ 特色ある教育活動とする

高等学校は中学生の進路選択の対象である。中学生から進路希望校として評価されるためには，学校をPRする特色ある活動が必要となる。部活動は学校をPRする良い活動である。部活動を学校経営の視点から見て，運営していくことも必要である。

④ 優れて資質を有する生徒を育成する

高等学校の部活動は中学校と比べ，活動内容が高度で専門的になってくる。生徒の中には在学中でオリンピック選手や世界的な演奏家になるものが出てくる。高等学校の部活動はそのような将来が有望な資質や能力を持つ生徒を発掘し，育成していくためのスッテプとしての役目も持っている。そのためには専門的な組織・団体や大学などと連携していくことも必要である。

第10章

生徒指導（生活指導）

1. 総　　論

キーワード　学校教育目標，育てたい児童生徒像，組織マネジメント，学校経営ビジョン，学校危機管理

（1）生徒指導の意義

生徒指導とは「学校の教育目標を達成するために重要な機能の一つであり，一人一人の生徒の人格を尊重し，個性の伸長を図りながら，社会的資質や行動力を高めるように指導，援助するものである。すなわち，生徒指導は，全ての生徒のそれぞれの人格のよりよき発達を目指すとともに，学校生活が全ての生徒にとって有意義で興味深く，充実したものになるようにすることを目指すものであり，単なる生徒の問題行動への対応という消極的な面だけにとどまるものではない」（中学校学習指導要領解説 総則編 2017）とする。生徒指導といえば，

問題行動への対応や事後指導というイメージが強い。これを，「課題解決的生徒指導」と捉えるとすれば，すべての生徒のそれぞれの人格のよりよき発達を目指すとともに，学校生活がすべての生徒にとって有意義で興味深く，充実したものになることを目指す生徒指導は「開発的生徒指導」（積極的な生徒指導）といえよう。生徒が問題行動につながらないように，生徒自身の自主的な活動を支援しながら，予防的な生徒指導を実践することが大切である。

（2）生徒指導の領域

生徒指導が**学校教育目標**を達成するうえで重要な機能であるとすれば，それは特定の領域で指導するものではなく，「教育課程全体，すなわち，各教科，道徳，外国語活動，総合的な学習の時間，特別活動など全領域において展開され機能するものとされている。」（天笠茂 2015）。学校の教育活動全体を通じてあらゆる場面で生徒指導を行うという考え方に立って，実際に生徒指導が行われる「場面例」を挙げれば次のようになる（各教科，道徳，外国語活動，総合的な学習の時間等は除く）。

- ホームルームでの全般的な指導（含　清掃・美化活動）
- 集会指導（全校集会，学年集会，講演会，講話）
- 校門指導（オアシス運動〈あいさつ運動〉，登下校時の交通安全，服装・髪型の観察や指導，登下校でのマナー指導）
- 校舎内外の巡回指導（授業中の巡回指導，給食時の食堂巡回指導，通学路を中心とした巡回指導）
- 安全教室（インターネットトラブル，スマホの利用方法，スケアードストレート，防災教育〈訓練〉）
- 生徒会指導（本部役員，各種委員会：「福祉委員会」，「図書委員会」等）
- 学校行事（入学式，卒業式，新入生歓迎会，文化祭，運動会〈体育祭〉，合唱コンクール，球技大会，社会見学〈遠足〉，修学旅行，姉妹校交流等）
- 無断での欠席・遅刻・早退や，欠席・遅刻・早退が多い生徒への指導
- 問題行動への予防的対応や観察・指導 ／ 問題行動発生時の対応

写真10－1　教育相談や面談の部屋

写真10－2　部屋では白熊のぬいぐるみが生徒たちを暖かく迎える

- 教育相談／二者面接，三者面談，学級〈クラス，保護者〉懇談会
- 質問紙調査〈アンケート〉の実施・分析・対応

このように年間を通して学校生活のあらゆる場面で生徒指導が存在することがわかる。さらに，生徒指導の場が教育課程の内外であるとすれば，休み時間，放課後，部活動や地域で生活している場や体験活動の場においても，生徒に声をかける，相談にのる，助言することなども生徒指導の一環と考えることができる。

（3）生徒指導の組織的対応

生徒指導を全校体制の中で推進するには，校長の経営方針の下に学校のあらゆる組織が効果的に機能することが重要である。特に校務分掌のひとつである生徒指導部は，生徒指導における校内のコントロールタワーとして，校長の指導の下，学校教育目標，学校経営ビジョン，**育てたい児童生徒像**などを踏まえた生徒指導の目標，年間計画などを作成し，教職員に共通理解を求めなければならない。

生徒指導の内容によっては，校内で情報を共有し，複数の教員が対応したり，専門家や関係機関の職員も含めた「チーム学校」の視点で対応を図ることもある。問題が起きた際には，次のような組織対応を忘れてはならない。「学級担任・ホームルーム担任は問題の当事者として情報収集・分析，生徒及び保護者等との折衝を，学年の教員は学年主任を中心に担任の教員を援助したり指導が欠落している部分を補充したりします。生徒指導主事は管理職や関係機関との連絡・調整を図り，問題への組織的対応の要の役割を果たします。」（生徒指導提要 2010）。

【学校マネジメントの視点】

学校における**組織マネジメント**は，学校が学校教育目標を設定し，学校を取り巻くさまざまな外部環境・内部環境を分析，検討しながら，**学校経営ビジョン**を示し，それに基づいて具体的な年間計画をたてて教育活動を行い，一定の期間後，その活動を評価して次年度の学校教育目標や学校経営ビジョンに反映させる一連の流れのことである。学校現場では，学習指導と生徒指導は両輪の関係で，どちらが欠けても教育は成り立たないという意識をもっている。特に問題行動が起こる頻度が高い学校はその思いは強いはずである。生徒指導が機能不全に陥れば，学習指導はもちろんのこと教育全般が成り立たない。そのためにも，生徒指導は学校の教育目標を達成する上で重要な機能を果たしている。校長にとっては，リーダーとして教職員をリードしながら，生徒指導を全校体制で行えるかが学校マネジメントの鍵となる。

学校経営が学校教育目標を達成するために，校長のリーダーシップの下に実践される組織的・計画的活動とすれば，学校管理職は次の４つの機能の成果を上げるよう努めなければならないとされる。それは，「『育てたい児童生徒像』を明確にし，その実現に向けた教育活動を充実させる『開発的生徒指導』，小さな兆候を見逃さずに問題を未然に防ぐ『予防的生徒指導』，問題発生時への初期対応等を迅速かつ適切に実施する『課題解決的生徒指導』，専門機関等との連携をコーディネートする『治療的・矯正的生徒指導』」（嶋﨑政男 2015）である。学校において，育てたい児童生徒像は学校教育目標の根底にある。学校経営ビジョン，学年目標などでは，その「像」に近づくためのより具体的な教育活動を示し，各学校ともそのための生徒指導が必要になってくる。

学校マネジメントでは，**学校危機管理**の視点も忘れてはならない。危機とは，地震災害，不審者侵入といった学校管理に係る危機，学校給食による食中毒，食物アレルギー，心肺蘇生といった学校保健に係る危機など数多く考えられるが，いじめ，生徒間もしくは対教師暴力，自ら命を絶つ行為〈予告〉といった生徒指導に係る危機もある。どの学校も，学校保健安全法に基づき「危険等発生時対処要領（危機管理マニュアル）」の作成が義務付けられているが，児童生徒等の安全確保のためには，校長のリーダーシップの下，学校安全の中核となる教職員はもとより，各教職員の役割の明確化や学校危機管理に関する研修等を充実するとともに，一人ひとりの教職員が組織の一員として，児童生徒の安全に日々取り組むことが大切である。あってはならないことではあるが，万が一危機が発生した場合は，全教職員が危機管理マニュアルに基づき，それぞれの役割を分担し，児童生徒等の安全確保及び応急手当，関係機関への連絡，心のケア等を実施しなければならない。事前の危機管理，発生時の危機管理とともに，事後の危機管理の備えも必要である。

2. 生徒指導（小学校）

キーワード 自己指導能力，望ましい方向

（1）小学校の生徒指導

教員の会議や打ち合わせなどで，子どもたちの問題行動の情報交換が行われた際に，「この後は各学級で十分な生徒指導（東京都などのように生活指導と呼ぶところもある）を行うこと」と確認することがある。このように生徒指導というと，問題が起こった後の子ども対応と考えられがちであるが，決してそれだけではない。

文部科学省「生徒指導提要」(2010) では，「教育課程内外において一人一人の児童生徒の健全な成長を促し，児童生徒自ら現在及び将来における自己実現を図っていくための**自己指導能力**の育成を目指す」とある。

人は誰でも，自らが望ましいと考える方向に自分自身を変えていく力を持っている。これが自己指導能力である。生徒指導とは，子どもたちにこの自己指導能力の育成を目指すものであるといえる。この力を伸ばすために，子どもたちの実態を把握，適切な指導をして**望ましい方向**に目を向けさせることが大事である。

(2) 学習指導と一体化して行う生徒指導

子どもたちは一日の生活の大半を学校で過ごし，その学校生活の多くの時間は授業時間である。小学校では専科科目を除き，学級担任が全科の指導を行うことになる。そこで担任の日常の授業が，子どもの成長に大きな影響を与えることになる。

小学校学習指導要領 (2017) では「主体的・対話的で深い学び」が新たな学びとして位置付けられている。そこで教員は少人数学習やグループ学習を意図的，計画的に行い，話し合い活動の場を多く設定することが必要である。話し合い活動を通して，「これまで知らなかったことがわかった」「友だちと話をしていて考えが深まった」「みんなで一緒に話し合いをして，新しい考えが出てきた」などの学びの質の変化が見られるようになる。

周囲の友だちと共に学び合うことの楽しさや大切さを実感し，日常の授業に楽しく取り組み，主体的に学ぶことの充実感を感じるようになると，子どもたちの問題行動は少なくなる。授業への満足感がその学級で過ごすことの満足感につながり，友だちとの人間関係が良好になるからである。このように生徒指導と学習指導は相反するものではなく，一体化して指導を行うべきものである。

(3) 児童理解が生徒指導の基盤

子どもが何か行動をする時には，必ず何らかの理由があるはずである。子どもの性格や家庭環境，友だち関係や日頃の表現の仕方がわかっていると，子どもの言葉や行動を理解することができてくる。このように生徒指導には，児童理解が欠かせないものである。この児童理解を深めるためには，日頃の人間的なふれあいから，子どものことを知り，理解し，感じ取ることが大切である。

問題行動を起こした子どもたちからの声を聞くと，どうせ自分のことを保護者も教師もわかってはくれないという言葉が出て来る。自分が的確に判断，行動できなかったことは確かであるが，その裏には，良くない行動を起こしてしまった自分の気持ちを，先生にはわかってほしいという願いが見えてくる。

「師弟同行」という言葉がある。教員と児童生徒が共に学び合うということであり，教員も子どもと同じ行いをして一緒に歩むことが大切という意味にもなるだろう。とりわけ小学校では，教員が子どもと一緒の時間を過ごすことを多くつくることができる。休み時間に子どもと一緒に遊んで汗をかき，一緒に給食を食べ，一緒に掃除をして，ゲーム集会などでも一緒に楽しむ。日常の学校生活の中で，子どもが喜べば教員もともに喜び，子どもが悔しがれば教員もともに悔しがる。常に教員が子どもとともに過ごす時間を持つことにより，子

写真10－3　子どもと給食を食べる教員

写真10－４　子どもとともに遊ぶ教員

どものさまざまな面が見えてくる。

授業中はあまり発言が目立たない子が，給食になると他の子たちを笑わせる愉快な面があったり，学習では優秀な面を見せる子が掃除にはあまり身が入らず，ふだん目立たない子が黙々と掃除をして隅々まできれいにする面などが見られたりする。授業を離れると，子どもも緊張感はなくなり，子どもの素の姿が見えてくるのである。

子どもたちは自分たちと一緒に過ごしてくれる先生が大好きである。授業以外の場でも，いつも一緒にいて，優しく温かく自分たちを見守ってくれる先生には安心して心を開く。その先生の言うことを聞こうとしてくる。このような過程を通して，教員と子どもの信頼関係が醸成されるのである。

小学校学習指導要領総則（2017）に「教師と児童の信頼関係及び児童相互の好ましい人間関係を育てるとともに児童理解を深め生徒指導の充実を図ること」とあるが，まさに子どもとともに過ごして，子どもをよく理解することが，お互いの信頼関係づくりに結びつくことになり，生徒指導の基盤をなすことになる。

（4）いじめ指導

子どもたちの問題行動の中で，特に重大で社会的影響が大きくなるものが，いじめである。いじめは「一定の人間関係にある他の児童生徒からの行為が心身の苦痛を感じていること」（いじめ防止対策推進法 2013）であり，どこの学校でも，どこの学級でも起こり得ることであると認識することが必要である。

「いじめは絶対に許さない」という担任教師の揺るぎない考えを子どもたちに日頃から示し，学級全体にこの考えを浸透させていくことが大事である。その上でいじめが起きたら，① 加害児童と被害児童の双方から丁寧に話を聞き取る，② 近くにいた子からも話を聞く，③ いじめがあったことが明らかになったら，加害児童から被害児童に謝罪をさせる，④ 加害児童の保護者から被害児童の保護者に謝罪をさせる，⑤ いじめ防止のために，学級全体で，「いじめをしない」「させない」ことを徹底した話し合いをする，などの対応が必要となる。

問題が大きくなりそうな時には，自分一人で対応せず，学年教員や管理職にも子どもや保護者との話に関わってもらい，組織で対応することを心がける。

いじめは教員の目の届かないところで起きることが多い。しかし子どもの様子をよく見ていると，子どもの目つき，表情などの変化から，ふだんと違う面が見えてくることがある。その変化を敏感に察知することが重要である。また，学級内の誰かがいじめに気付くことがあるので，その場合は必ず担任に伝えるようにと日頃から話をしておくことである。先生に言えば何とかしてくれるという，教員に対する信頼感があると，子どもたちの中からいじめをなくそうという気持ちが生まれる。

（5）不登校児童への対応

授業についていけない，いじめを受けた，友達関係がうまくいかない，集団生活になじめないなどの理由で，学校に行けなくなる子がいる。なかには，子ども自身が，もやもやした気持ちで理由がよくわからないことも少なくない。

担任教師の働きかけとしては，家まで迎えに行く，電話をする，手紙を書く，保護者と話をするなどのことがある。いつでもこの学級に戻ってきて大丈夫だよという安心感を子どもに伝えることが大事である。また教室には入れなくても保健室には入れるという子もいる。養護教諭やスクールカウンセラーとも連携をとり，組織として対応することである。

【学校マネジメントの視点】

生徒指導の究極の目的は自己指導能力である。人から言われたから誤りを直すというのではなく，自分で考えて，より望ましい方向へ行動しようとすることである。そのためにはしっかりとした判断力を身につけさせることが大事である。子ども一人ひとりの個性を伸ばしながら，社会でよりよく過ごしていくための生き方を，教員からの一方的な指導ではなく，自分で判断させるような指導をしていきたい。

3. 生徒指導（中学校）

キーワード いじめ，問題行動につながるサイン，心地よい居場所

（1）中学校の生徒指導課題

生徒の問題行動には，喫煙，飲酒，薬物乱用，暴力行為，いじめ，インターネット・携帯電話に関わる課題，長期欠席（不登校等），家出，自ら命を絶つ行為などがある。不登校の原因が**いじめ**や経済格差の問題に起因することがあるなど，問題行動が多様化・複雑化しているのが現在の学校の状況である。このような問題行動については何よりも早期の発見が大切であり，次のような**問題行動につながるサイン**を見逃さないという視点を忘れてはならない。①髪型，服装など，②言葉遣い，③友人関係・人間関係，④学級・ホームルーム・

授業中などの態度，⑤ 持ち物，⑥ 家庭（生徒指導提要 2010)。

このようなサインをもとに早期発見の対応は次のように考えられる。① ホームルームを通した生徒の観察，② 生徒への聞き取り（二者面談・個人面談)，③ 保護者への聞き取り（三者面談，保護者面談，家庭訪問)，④ 教科担当者，養護教諭，部活動の顧問など複数の観察による情報交換，⑤ 質問紙調査（アンケート）の実施，⑥ 関係機関や地域との情報交換等。

問題行動につながるサインを見逃さないことは重要であるが，あくまで目安であるので，常に慎重な対応を図ることを忘れてはならない。また，問題行動を起こす生徒には成育歴も含めた生徒の生活環境への理解が必要である。

(2) いじめ問題の事例

図10－1は，中学校におけるいじめの認知件数の推移である。2016年度の中学校におけるいじめ認知件数は71,309件であった。いじめられる生徒は他者との関係を断ち切られ，絶望的な心理に追い込まれるだけに，学校としては全力を傾けて対応しなければならない喫緊の課題のひとつである。校長の指導の下に，日ごろから情報交換を密にして共通認識を図りつつ，全教職員が一致協力して実効性ある指導体制を確立する必要がある。万が一いじめが発生した時は，生徒指導部主幹教諭（総括教諭)，当該学年の主任や担任はきめ細かな状況把

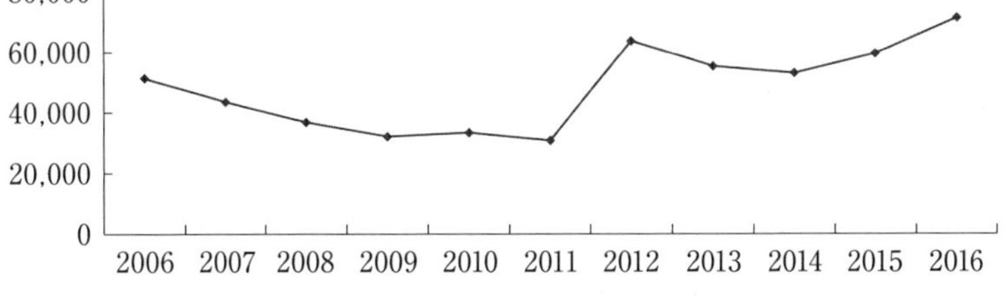

図10－1　中学校におけるいじめ認知件数

出所）文部科学省「平成28年度　児童生徒の問題行動・不登校等生徒指導上の諸課題による調査（速報値)」の「<参考１>　いじめの認知（発生）件数の推移」を基に筆者作成

握を行い，校長は教職員の役割分担や責任の明確化を図り，状況の報告と確認後は教職員への情報共有，生徒の心のケア，保護者への対応，教育委員会への報告など，担当職員を適切にフォローするとともに解決に向けてリーダーシップを発揮しなければならない。

【学校マネジメントの視点】

学校全体でいじめや暴力行為等を許さない人権感覚を身に付けた心豊かな生徒を育てることは重要な教育課題である。授業において学び合う大切さを知らせ，互いの違いを認め，支え合い学び合う人間関係をつくるなど，いじめや暴力のない心豊かな生徒を育てるための「開発的生徒指導」や，「予防的生徒指導」の機能を発揮して学校運営を行わなければならない。生徒会活動や学級活動などを通していじめ防止の啓発ポスターを作成し，全校で取り組むなど，生徒主体の活動を支援することも大切である。

ある中学校を訪問した時のことである。世界的に有名な絵画の模写が数多く展示されており，まるで美術館の様であった。聞けば生徒の作品という話だ。校内に一歩入った時から心地よい安らぎを感じる学校だった。絵を描いた生徒たちの達成感や自己肯定感は，学校の良い雰囲気作りに貢献しているに違いない。校内が落ちついて**心地よい居場所**となる環境づくりは，いじめや暴力をなくし，心豊かな生徒を育てるための第一歩であると考える。

4. 生徒指導（高等学校）

キーワード　進路多様校，共感的な人間関係，校長のリーダーシップ

（1）高等学校の生徒指導課題

アメリカのある高校を訪問した時のことである。生徒指導の話になった時に，

アメリカの高校生の問題行動例として顔中にピアスをつけた生徒や体に鎖を巻きつけて登校する生徒のことが話題になった。喫煙，飲酒，薬物乱用，暴力行為といった問題行動はアメリカでも日本でも共通の指導内容である。日本と同様に，喫煙者の肺の写真や薬物の啓発ポスターを掲示して生徒に指導を行っている（写真10－5，写真10－6）。生徒指導は国を超えた共通のものであることを実感した。

高校生の中には，中学校時代とは異なった環境で学ぶ生徒も多い。たとえば，通学距離が長くなる生徒，寄宿生活を送る生徒，学習塾・予備校やアルバイト等で学校を越えた交友関係が広がる生徒，原付免許を取得して行動範囲が大きく変化する生徒もいる。高等学校の制度として，全日制，定時制，通信制といった課程の違い，普通科，専門学科，総合学科といった学科の違い，学年制と単位制の違いもあり，進学する者の多い高校や**進路多様校**もある。高等学校一校ごとに，校風や生徒の気質，特性にも違いがある。この多様性が高等学校教育の特色のひとつであるために，制服や髪型の指導を例に挙げても，生徒指導には学校ごとに異なる部分がある。また，高等学校では，18歳選挙権が導入された2016（平成28）年以降，政治的教養の教育と生徒による政治的活動等の指導や「入学・転編入学・進級時の不適応」といった高等学校特有の課題もある。原級留置や中途退学によって居場所を失いかねない生徒もおり，積極的な

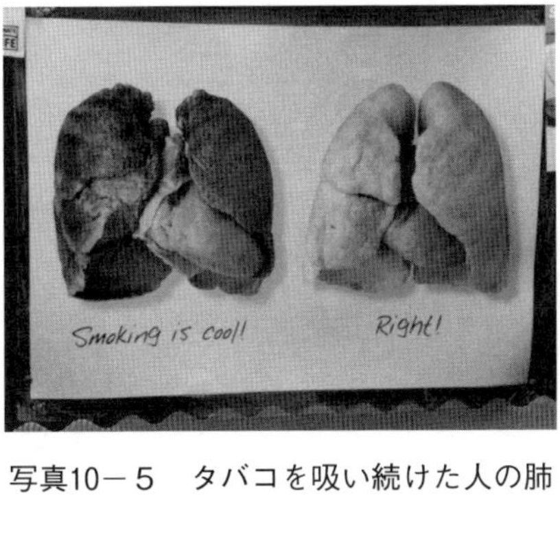

写真10－5　タバコを吸い続けた人の肺

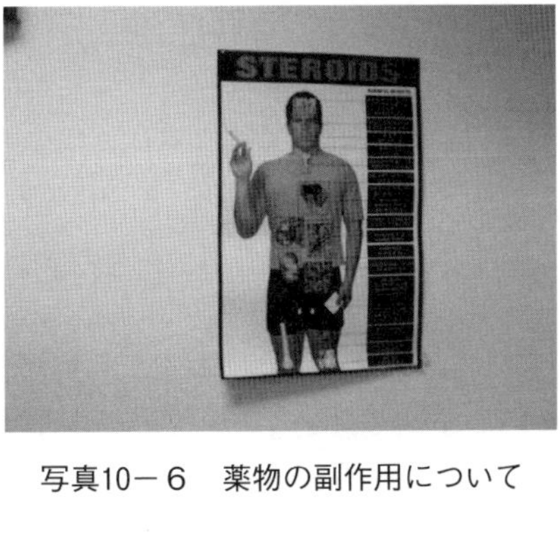

写真10－6　薬物の副作用について

進路変更は別にして，学習のつまずきによる中途退学者を減らすことは，生徒の進路保障にもつながる生徒指導として重要である。

（2）学校マネジメントの視点にたったホームルーム担任の役割

・ 事　　例

1980年代初頭の話ではあるが，生徒指導が機能不全に陥れば，その学校の教育全般が成り立たないという事例を２つ紹介する。いずれも筆者の経験である。その高校では，授業時間がきても廊下に出たままで教室に入らない生徒がおり，指導の末にやっと教室に入っても授業中の私語はひどく，授業が成立しない状況が見られた。暴力行為，定期テストでのカンニング，服装規定から大幅に逸脱した服装での登校や喫煙の特別指導件数も多かった。ある時，授業中にカンカンカンと何かを破壊している音が聞こえてきた。その音を聞いてから数日後，学校警備員が「女子トイレが大変だ」と職員室に駆け込んできた。行ってみると，トイレの便器や扉が粉々に壊され，辺りはコンクリ，陶器，木材の破片が散乱し，汚物が流れるパイプだけが床から立ちあがっている状態だった。あれはトイレを徹底的に破壊する音だったのだ。複数の生徒が関わったとしても２日や３日でできることではない。すぐに気が付かなかった私たちが不覚であった。生徒の特定はできなかったが，学校や家庭環境も含めてその生徒たちのさまざまな不満が爆発した結果であろう。

ある日，生徒が登下校で利用する駅に近いデパートの保安室から「生徒の様子がひどいので，学校の先生に来てほしい。」と電話が入った。早速出かけてそこでいわれたことは今でも忘れることはない。「先生の学校の生徒は見張りをたてて商品を盗んだり，見つけて注意をしてもふて腐れたり，しらを切ったりと素直な態度ではない。人数も多く，被害額もかなりのものになる。私たちは生徒が来ると館内のBGMを変えて，従業員全員に注意を促している。そのBGMは，プロの窃盗団と先生の学校の生徒が来た時だけに流れる曲です。」係の方の話は万引きという言葉では言い表せないほどのひどい状況を語ってくれた。

- ホームルーム担任の役割

その学校は，以前は問題行動がほとんどない学校だったが，近隣に新しい公立高校ができるたびに，今までとは異なるタイプの生徒が入学するようになり，校内が段々と荒れ始めた。当時の職員には，問題行動が起きた時に対応すればよいという考え方が強く，学校全体で積極的に生徒指導に取り組む姿勢に乏しく，生徒の実態にあった生徒指導ができなかった。その時感じたことは，問題行動に走る生徒は，家庭や学校から十分に愛情をかけてもらっておらず，家庭での学習環境は貧弱で，学力も不振であった。前述したように，この時は組織として動くことができなかったために，担任主導で次のことを実践した。

① 生徒一人ひとりにそれぞれの目標を持たせる（特に将来の進路について）。
② 生徒の目標を踏まえ，クラス目標を設定する。
③ ホームルーム通信を発行して，生徒と担任とのコミュニケーションの充実を図る。
④ 定期的に生徒との二者面談（個人面談）を行う。
⑤ 保護者を交えた三者面談を学期終了ごとに（年３回ほど）行う。
⑥ 夏季休業を活用して，家庭訪問を全家庭に行う。
⑦ 学年終了時にクラス文集を作成するための作文指導を行う。
⑧ 生活班をつくり，**共感的な人間関係**を育成する。

学年としては，２つのことを共通理解とした。ひとつは就職試験に備えて，学年の教員が放課後に一般教養の補習授業を行うこと。次に，問題行動が起きた時は家庭環境にも配慮してきめ細かい指導を行うとともに，本人の反省を強く求めることである。当時はこの取り組みを続けることにより，問題行動の減少，放課後の補習に参加する生徒数の増加と，その効果は少しずつ表れてきた。

しかしながら，学校マジメントの視点で考えれば，このような状況に陥った学校の再生・改革としては，校長がリーダーシップを発揮し，その下に生徒指導に関わる学校教育目標をたて，その目標を踏まえて生徒指導部の全体計画に従って，学年で統一を図りながら各ホームルームでの実践が求められる。

ホームルーム担任は生徒の学校全体に関わることが多く，生徒指導の機会は多い。生徒が安全で安心した環境で学べる責務を教職員一人ひとりが負っているが，学校組織の中で，ホームルーム担任は生徒の指導について一義的な責任がある（学校の管理運営についての権限と最終的な責任は校長にある）。

現在は，学校組織の一員としてホームルーム担任にはいろいろなバックアップが期待できる時代になっているので，一義的な責任があるからと何でも抱え込むという意味ではない。学年主任はじめ他の教職員の協力を得ながら，組織の一員として生徒を指導することが望まれる。

【学校マネジメントの視点】

生徒指導に関しては，**校長のリーダーシップ**の下に，日ごろから情報交換を密にして共通認識を図りつつ，全教職員が一致協力して実効性ある指導体制を確立する必要がある。言い換えれば，学校が組織として活動するということに他ならない。問題を抱えた生徒に対し，学校の教職員だけでなく，スクールカウンセラーやスクールソーシャルワーカーの活用，地域や関係機関，教育委員会等も含めた「チーム学校」という意識で対応を図ることも必要になってくる。

また，学校としての指導方針を明確化し，生徒の基本的人権や生き方，個性を尊重した指導を行わなければならない。教職員間で指導のぶれが生じないように，校内研修などで教職員間の共通理解を図ることも大切である。

問題行動への対応は課題解決的生徒指導になるが，そこから生徒の立ち直りを信じ，将来の希望をもたせ，学校として適切な指導をすれば，生徒自身が自分を見つめ，深く反省することにより，その生徒にとって人生の転機となることがある。問題行動への対応では毅然とした指導は必要だが，最後は生徒の将来に希望を与えられるような指導で締めくくりたい。学習の遅れが心配される生徒には補習を行うなど，予防的生徒指導に努めながら，学校全体として開発的生徒指導に向けて教育活動を充実させる必要がある。

第11章

健康安全指導

1. 総　　論

キーワード　食育，体力の向上，自然災害やインターネット等の情報からの安全保持，心身の健康の保持増進，全体計画，年間指導計画

（1）健康安全指導重視の背景

スポーツ庁が実施する「全国体力・運動能力，運動習慣等調査」によれば，わが国の子どもの体力（運動能力）は，1985年頃から低下の傾向がみられる。また，その反面，身長や体重などの体格は逆に向上の傾向がみられる。たとえば，50m走において小学校５年生男女の平均が1985年の8.8秒，9.0秒に対し，2013年は8.9秒，9.1秒である（図11－１）。ソフトボール投げにおいては小学校５年生男女の平均が1985（昭和59）年の34m，20mに対し，2013（平成25）年は28m，17mである（図11－２）。

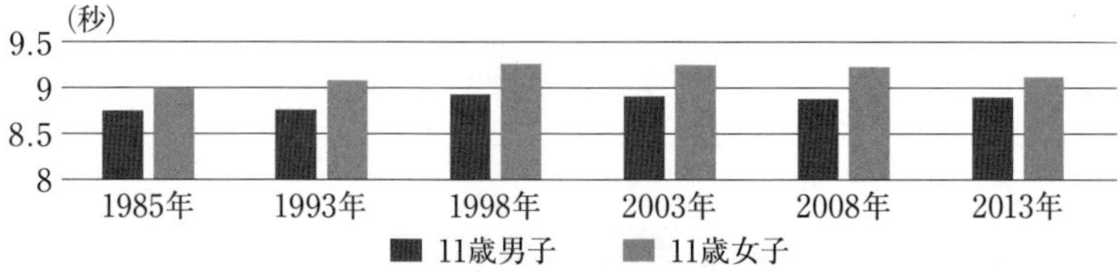

図11－1　わが国の子供の体力（50m走）経年変化

出所）スポーツ庁「全国体力・運動能力等調査」より筆者加工

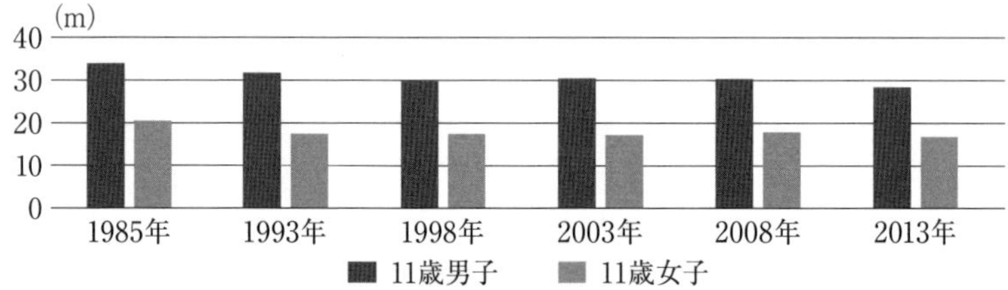

図11－2　わが国の子供の体力（ソフトボール投げ）経年変化

出所）スポーツ庁「全国体力・運動能力等調査」より筆者加工

原因として指摘されるのが生活環境の変化，つまり生活が便利になったことによる運動をする機会の減少やテレビゲーム等の普及による外遊びの減少，さらに小学校からの塾通いによる慢性的な運動不足などである。さらに，家庭の教育力の低下による偏食や食習慣の乱れ，睡眠不足の児童の増加もあり，体力だけでなく健康への支障も出ている。たとえば，平衡感覚や反射神経の低下による怪我，脳機能の低下による感情のコントロール不能，肥満の増加による若年層からの生活習慣病の発症，骨の異常化による骨折や猫背の増加などである。

（2）健康安全指導の内容

健康安全に関する指導について中学校学習指導要領（2017）では，「生徒の発達の段階を考慮して，学校の教育活動全体を通じて適切に行うことにより，健康で安全な生活とスポーツライフの実現を目指した教育の充実に努めること。」としている。特に，**食育**の推進，体力の向上，**自然災害やインターネット等の情報からの安全保持**，心身の健康の保持増進などに関する指導を体育（中学校・高等学校では保健体育），家庭科（中学校・高等学校では技術・家庭科），特別活動のほか道徳科（小・中学校），総合的な学習の時間においてもそれぞれの特質に応じて適切に行うよう明記されている。このうち体力の向上に関する指導については，積極的に運動に参加する子どもとそうでない子どもの二極化傾向が指摘されることから，生涯にわたり主体的に運動に親しみ現在及び将来の**体力の向上**を図る資質・能力を育て心身を鍛えることが大切である。たとえば，体育科や保健体育科における基礎的な運動能力の育成や特別活動における運動会や遠足，移動教室などの健康安全・体育的行事や遠足（旅行）・集団宿泊的行事，さらにはクラブ活動（小学校）や部活動（中学・高等学校）などの教育活動を相互に関連させながら指導することが考えられる。安全に関する指導については，教育活動全体を通して，身の回りの生活の安全や交通安全，防災に関する指導のほか，情報技術の進展に伴う新たな事件・事故防止，他国からの攻撃など国民保護のための非常時の対応等の新たな安全上の課題に関する指導を一層重視する必要がある。また，**心身の健康の保持増進**に関する指導については，情報化社会の進展によりさまざまな健康情報や性・薬物等に関する情報の入手が容易になっていることから，子どもが健康情報や性・薬物等に関する情報を正しく選択し適切に処理・行動できるよう警察署など関係機関と連携した薬物乱用防止教室などの機会を組織的・計画的に設けることが大切である。

（3）食育に関する指導

　最近の食生活に関する子どもを取り巻く状況には厳しいものがある。栄養摂取の偏りや朝食欠食といった食習慣の乱れ，そこから発生する肥満や生活習慣病，食物アレルギー等の健康問題のほか，食品の安全性の確保，外国籍の子どもの増加による宗教上の理由から来る食材の制限と給食指導の混乱など食に関わる課題が顕在化している。こうした課題に適切に対応するため，子どもが生涯にわたって健やかな心身と豊かな人間性を育んでいくための基礎が培われるよう栄養のバランスや規則正しい食生活，食品の安全性などの指導を一層重視していく必要がある。また，自然の恩恵・勤労への感謝や食文化についても教科等の内容と関連させた指導を行うことが効果的である。食育に関する指導については，体育科や保健体育科における望ましい食習慣の育成や家庭科や技術・家庭科における食生活に関する指導，特別活動における給食指導，「地産地消」の考えの下，地域の産物を給食に使用するなどの工夫も考えられる。食物アレルギー等の健康問題やいわゆる宗教食に伴う給食指導の対応については，担任だけでなく栄養教諭や学校栄養士，養護教諭が医師や保健所などの専門家や関係機関との連携を図りながら保護者との面談を積極的に進め，できる限り本人と保護者の意向に沿うことができるよう配慮することが重要である。

（4）全体計画と年間指導計画

全体計画とは，指導計画のうち学校としてすべての学年を見通しこの時間の教育活動の基本的な在り方を概括的・構造的に示すものである（図11－3）。一方，**年間指導計画**とは，全体計画を踏まえその実現のためどのような学習活動をどの時期にどれぐらいの時間数で実施するのかなどを示すものである。これら2つの計画を作成する際には，学校が定める目標と目標を実現するにふさわしい課題からなる内容を明確にすることが重要である。そして，それらの関連から生み出される学習活動や指導方法，指導体制，学習状況を適切に把握するための学習評価なども示される。これまで見てきたように，健康や安全に関する指導は内容も指導形態も多岐にわたっており，組織的・計画的に実施していかなければならない。そのため，計画段階より健康や安全に関する指導内容を整理し全体計画及び関係する教科等の年間指導計画を全教職員の共通理解の下，作成する必要がある。ちなみに，小学校及び中学校学習指導要領解説総則編（2017）の巻末（「付録6」）に「心身の健康の保持増進に関する教育」「食に関する教育」「防災を含む安全に関する教育」など現代的な諸課題に関する教科等横断的な教育内容を一覧にした資料が掲載されている。全体計画及び関係する教科等の年間指導計画を作成する際の参考にされたい。

◆生徒の実態

給食を楽しみにしている生徒が多く，残量は少ない。しかし，好き嫌いのある生徒が多く，特に野菜を苦手としている。苦手なものでも食べる努力をする生徒は約半数。

◆保護者・地域の実態

朝食をしっかり食べさせている家庭は約８割である。

学校教育目標

① 自ら進んで学習し，創造性に富んだ人間を育てる。
② 心身を鍛え，勤労と責任を重んずる人間を育てる。
③ みんなと手を結び公徳心を高め，豊かな社会を作る人間を育てる。

- 学習指導要領
- 食育基本法
- ◆◆県食育推進計画
- ○○市立小・中学校における食育の推進に関する指針

健康教育目標

生涯にわたり，健康な生活が送れるよう健康・安全に関する実践力を育成する。

食に関する指導目標

① 食事の重要性，食事の喜び・楽しさを理解する。
② 心身の成長や健康の保持増進の上で望ましい栄養や食事のとり方を理解し，自ら管理していく能力を身に付ける。
③ 正しい知識・情報に基づいて，食物の品質及び安全性等について自ら判断できる能力を身に付ける。
④ 食物を大事にし，食物の生産等にかかわる人々へ感謝する心をはぐくむ。
⑤ 食生活のマナーや食事を通した人間関係形成能力を身に付ける。
⑥ 各地域の産物，食文化や食にかかわる歴史等を理解し尊重する心をもつ。

目指す生徒像

① 望ましい食習慣を理解して，自己管理能力と食事のマナーを身に付ける。
② 食文化や食品の生産・流通について理解を深め，食事を通して豊かな心と望ましい人間関係を育てる。
③ 食物の働きや栄養について理解し，献立・調理に関心をもち，日常生活に生かすことができる態度を育てる。

	学年	第１学年	第２学年	第３学年
教科との関連	社会	各地の農業の特色（東京・山形・福岡）	様々な面からとらえた日本（生活・文化）	地球社会と私たち（人口，食糧問題）
	理科	植物のからだとはたらき（光合成と栄養分）	動物のからだとはたらき（消化器等）	生物のつながり（食物連鎖）
	技術・家庭	健康的に食べる 食生活を見直す，栄養と健康	健康的に食べる 地域の食料と調理・会食	こどもの成長：幼児との交流 幼児のおやつを作ろう（お菓子）
	保健体育	心身の発達と健康	健康と環境（生活排水，ゴミの処理等）	健康な生活と病気の予防
道　徳		1　主として自分自身に関すること (1)(2)[1]　　2　主として他の人とのかかわりに関すること (1)[2] 3　主として自然や崇高なものとのかかわりに関すること (1)(3)[3]		
総合的な学習の時間		生活習慣病事後指導	職場体験	修学旅行に関する自己健康管理指導

		前期	後期
特別活動	学級活動	◆食に関する指導 給食のきまり・中学生の栄養と栄養バランスを考える	◆食に関する指導 食事のマナー・野菜の大切さ，１年間の給食活動の反省
	学校行事	健康診断，運動会，移動教室，修学旅行	文化発表会，職場体験，卒業式
	生徒会活動 給食委員会	•毎月19日の食育給食 •食育月間の活動 •食の体験活動 •給食の啓発ポスター作成 •学級セレクト給食 •ランチルーム給食 •テーブルバイキング給食	•毎月19日の食育活動 •ランチルーム給食 •お別れバイキング給食 •学校給食週間の活動（フェア給食） •個人セレクト給食 •嗜好調査結果発表 •リサイクル石鹸づくり

給食指導月別目標	４月	５月	６月	７月
	給食のきまりを守り，楽しく食事をしよう	食事にふさわしい環境を作り，食事のマナーを身に付けよう	食生活を考えよう	夏の暑さに負けない食事をしよう
	８月	９月	10月	11月
	夏の食生活と健康について考えよう	朝食の大切さを考えよう	栄養と運動の関係を理解しよう	感謝して食事をしよう
	12月	１月	２月	３月
	冬の寒さに負けない食事をしよう	給食のねらいや歴史を理解しよう	食事と健康について考えてみよう	１年間の食生活を反省しよう

生活指導との関連	前期	学校生活のきまり•夏休みの生活	後期	冬休みの生活
個別指導	食物アレルギー個別対応　　生活習慣病事後指導			
家庭・地域との連携	•給食だよりの発行　•食育だよりの発行　•学校給食試食会の開催 •学校給食運営協議会の開催			

図11－３　○○市立△△中学校食育全体計画

注）１）(1)　望ましい生活習慣，健康，節度　　(2)　希望，勇気，強い意志
　　２）(1)　礼儀
　　３）(1)　生命尊重　　(3)　弱さの克服，生きる喜び

出所）工藤文三編著（2009）中学校教育課程全体計画の作成と運用の工夫，明治図書，p. 47

（5）諸調査を活用した効果的指導

子どもの体力向上や健康安全に関する指導においては，学力向上のための教科指導においても同様だが，目の前にいる子どもの実態を客観的に分析しその原因を把握した上でその効果的な指導を検討することが必要である。正確な実態の分析や原因の把握のためには，客観的なデータの存在が重要となる。子どもの運動能力や健康安全に関する生活実態に示したデータとして，新体力テストや全国体力・運動能力調査，全国学力・学習状況調査時に行われる質問紙調査がある。また，効果的な指導については「子どもの体力向上のための取組ハンドブック」（文部科学省，2012）や「食に関する指導の手引」（文部科学省，2010），「学校の危機管理マニュアル作成の手引」（文部科学省，2018），「学校防災マニュアル（地震・津波災害）作成の手引き」（文部科学省，2012），「情報化社会の新たな問題を考えるための教材」（文部科学省監修，2016），「薬物乱用防止教室推進マニュアル」（文部科学省，2012）など文部科学省や各都道府県教育委員会が発行する指導資料が参考になる。このうち新体力テストは，国民の体力・運動能力の現状を明らかにして体育・スポーツ活動の指導と行政上の資料として活用するために６～79歳を対象に行う調査である。内容は，全年齢対象のものが握力，上体起こし，長座体前屈で，中学生（高校生も同様）には反復横跳び，50m走，立ち幅跳び，ハンドボール投げ，持久走（男子1500m，女子1000m）がそれぞれ加わる。

（6）健康安全指導を実施する上での配慮事項

たとえば中学校において健康安全に関する指導というと，保健体育科の教諭や生徒指導主任にその担当を任せることがままあるが，これまで見てきたように健康安全に関する指導は学校の教育活動全体を通じて行われるべきものであり，全教職員の理解の下，その指導体制を十分に検討し組織的に進めていくことが大切である。

【学校マネジメントの視点】

健康安全に関する指導は，その内容が多岐にわたりその指導を効果的にするために，すべての教員が関わるだけでなく関係機関や地域の人材など外部の協力・連携が必要となる。したがって，学校管理職に必要とされる「外部との折衝力」をこれらの指導を通じて培っていくことが大切である。その際，外部の人材や機関に丸投げするのではなく，あくまでも学校の教育活動であることを十分認識したうえで，指導の目的や子供の発達特性など事前の打ち合わせを行うことを忘れてはならない。

2. 健康安全指導（小学校）

キーワード 体力や運動能力の向上，食育，交通安全教室

（1）諸調査を活用した生徒の実態分析

学力の向上と同様に，児童の**体力や運動能力の向上**のためにはその実態を把握することが大切である。その後，運動習慣や生活習慣に関する全体の傾向と個々の児童の特徴を分析し，授業や普段の学校・家庭生活で取り入れる運動や生活の過ごし方についての指導計画を作るとともに，児童個人に取り組ませる内容等を検討する。こうした要望に応えてくれる調査が平成10（1998）年から実施されている新体力テストと平成20（2008）年から実施されている全国体力調査である。これらの調査は毎年行われており，文部科学省はその結果を分析し授業等を通して児童の体力・生活向上に成果を上げた学校の事例を紹介している。ここでは体力向上，生活習慣の改善，交通安全教育を取り上げる。

（2）体育科における効果的指導

生徒の体力・生活向上の中心を担うのが体育科における指導である。小学校

学習指導要領（2017）では，児童自身が「体つくり運動」の意義と行い方や，運動の計画の立て方を理解し運動の取り組みを工夫できる能力の育成，すなわち自分の適性に見合った体力づくりのプログラムを作成し実践することを目指している。そのため，児童が体育の授業を楽しいと感じ夢中になるような工夫が大切である。しかし，学級担任制をとる小学校において担任教師が体育指導を専門としていない場合，効果的指導を行うには，体育の授業の際に体育専科教師あるいは地域のスポーツ指導者などの外部人材を配置したり，体育を専門とする他の教師に担当してもらったりする（交換授業）などの支援が必要である。そのうえで，どんな児童も運動を楽しいと感じ運動の日常化につなげる指導を展開することが望ましい。たとえば，運動の基礎を身に付ける低学年において，１時間の授業展開の中で，リズムダンスとサーキットコースの中に遊びの要素を多分に入れた優しい運動（「もとになる運動」），丸太渡りや自分の高さにあった跳び箱を選び跳ぶ運動（「力を高める運動」），アザラシ歩き・蛙飛び・ムササビ飛びなどこれまでの運動の成果を児童一人ひとりが楽しみながら確認する運動（「力を試す運動」）を取り入れた小学校の例がある。また，異学年の児童や保護者・地域の人とペアを組ませ地域や校庭を歩くことを年に数回行い運動の日常化を図った小学校の例がある。

（３）生活習慣の改善

このほか，運動と併せて，学級指導や委員会指導の中での規則正しい食事や適度な睡眠時間の確保など家庭の協力も得ながら生活習慣の改善に向けた取り組みも必要である。たとえば，保健委員会を使って生活習慣チェックシートを配布し毎日点検を行ったり食欲を高めるために朝の始業前，中休み，昼休みなどに外遊びを奨励する放送を流したりする小学校の例がある。また，養護教諭や栄養士が朝礼時に直接**食育**指導を行ったり「給食だより」や「保健だより」を定期的に発行し家庭も含めた啓発活動を行ったり，大学教員等の専門家を招き保護者や地域住民を対象とした食育講座を開催したりする小学校の例がある。

（4）交通安全に関する指導

現在は主に地域の警察署が小学校に出向き，**交通安全教室**を開催するケースが増えている。最近では自動車から自分の身を守るための指導だけでなく，児童の自転車による高齢者への衝突事故も多く発生することから，自転車の正しい乗り方の指導を中心とした自転車交通安全教室の開催も多く行われている。年度始めに安全教育に関する年間指導計画を立て，その後関係機関と綿密な調整を図ることが大切である。

【学校マネジメントの視点】

健康安全指導においては，体力の向上だけでなく生活習慣や食習慣の改善も大事な視点である。そのためには，学校外での生徒の生活状況を把握し適切な指導を家庭の協力を得ながら計画的・組織的に行う力が求められる。このことは，管理職として必要な学校マネジメント力につながる。

3.　健康安全指導（中学校）

キーワード　**体力や運動能力の向上，食育，防災教育**

（1）諸調査を活用した生徒の実態分析

学力の向上と同様に，生徒の**体力や運動能力の向上**のためにはその実態を把握することが大切である。その後，運動習慣や生活習慣に関する全体の傾向と個々の生徒の特徴を分析し，授業や普段の学校・家庭生活で取り入れる運動や生活の過ごし方についての指導計画を作るとともに，生徒個人に取り組ませる内容等を検討する。こうした要望に応えてくれる調査が平成10（1998）年から実施されている新体力テストと平成20（2008）年から実施されている全国体力調査である。これらの調査は毎年行われており，文部科学省はその結果を分析し授業等を通して生徒の体力・生活向上に成果を上げた学校の事例を紹介している。ここでは体力向上，生活習慣の改善，防災教育を取り上げる。

（2）指導内容の選定と効果的指導

生徒の体力・生活向上の中心を担うのが保健体育科における指導である。中学校学習指導要領（2017）では，生徒自身が「体つくり運動」の意義と行い方や，運動の計画の立て方を理解し運動の取り組みを工夫できる能力の育成，すなわち自分の適性に見合った体力づくりのプログラムを作成し実践することを目指している。そのため，生徒が保健体育の授業を楽しいと感じ夢中になるような工夫が大切である。たとえば，楽しみながら仲間と運動が行えるアルティメットを導入したり，器械運動においてグループでお互いのフォームについての意見交換を行い評価シートに書き込んだりしている中学校の例がある。しかし，保健体育の授業だけでは時間数も限られその成果は十分ではない。体力調査のデータでは，授業で学習した内容を授業以外の機会に実施している生徒の体力はしていない生徒のそれよりも上回っていることが判明している。たとえば，PTAと連携し生徒と保護者が一緒に運動を行う機会（大会）を設定，フライングディスクを使ったドッヂビー，ソフトバレーボール，ボーリングなどを親子がチームとなり競わせ学校の恒例行事に位置付けている中学校の例がある。

（3）生活習慣の改善

このほか，運動と併せて，保健学習や保健指導の中での規則正しい食事や適度な睡眠時間の確保など生活習慣の改善に向けた**食育**も必要である。たとえば，毎月１回，１週間の期間に各生徒がテレビ，ビデオ，ゲーム，携帯電話，メール等のメディア利用時間を記録・ポイント化したうえで，生活委員会が設定した目標値と比較し自己評価と改善策を提案させる中学校の例や，生徒に人気のある給食献立のレシピを配布し，生徒に人気のある給食献立の複数のレシピを配布しながら栄養士を講師とした保護者対象の試食会及び栄養講座を開催し，家庭での料理や食事の摂り方についての配慮事項を学ばせる中学校の例がある。

（4）防災に関する指導

防災とりわけ地震災害は，2011年に起きた東日本大震災の影響もあり中学生にとっても関心の高い内容である。地震が平日の昼間に起きた場合，地域の住民の救助に携われる大人は多くいない確率は高い。その点，中学生はサポート役としての資質・能力は十分備えているといっても過言ではない。学校でその資質・能力を育てることは防災教育の視点から重要なことである。たとえば，年間10回程度行う安全教育のうち半数を**防災教育**にあて，消防署と連携した避難訓練及び消火活動やAEDを使った救命救急講習の受講，役所の防災課と連携した簡易トイレの設営や炊き出し訓練，町会・自治会と連携した地域防災訓練への参加などの中学校の例がある。

【学校マネジメントの視点】

健康安全指導においては，体力の向上だけでなく生活習慣や食習慣の改善も大事な視点である。そのためには，学校外での生徒の生活状況を把握し適切な指導を家庭の協力を得ながら計画的・組織的に行う力が求められる。このことは，管理職として必要な学校マネジメント力につながる。

4. 健康安全指導（高等学校）

キーワード　**体力や運動能力の向上，生活習慣の改善，インターネット上のトラブル**

（1）諸調査を活用した生徒の実態分析

学力の向上と同様に，生徒の**体力や運動能力の向上**のためにはその実態を把握することが大切である。その後，運動習慣や生活習慣に関する全体の傾向と個々の生徒の特徴を分析し，授業や普段の学校・家庭生活で取り入れる運動や生活の過ごし方についての指導計画を作るとともに，生徒個人に取り組ませる内容等を検討する。こうした要望に応えてくれる調査のひとつが平成10（1998）年から実施されている新体力テストである。これは，国民の体力・運動能力の現状を明らかにして体育・スポーツ活動の指導と行政上の資料として活用するために6～79歳を対象に行う調査である。この調査結果によると，高校生の体力・運動能力はここ数年上昇あるは横ばいの状態にあるが，体力・運動能力のピークとされる1985（昭和60）年時と比較するといまだに低い状況にある。今後は学校の保健体育科の授業や運動部活動，余暇時間における運動をより充実させることが大切である。高校生の生活習慣等の実態については，内閣府が発行している『子ども・若者白書』にデータが紹介されているが，小・中学生に比べ課題となるデータがある。ひとつは，睡眠時間である。高校生（17歳）の理想とされる睡眠時間8時間15分に対し，2012（平成24）年度のデータでは6時間14分であること，もうひとつは平日のインターネットの使用時間「1時間未満」が中学生の44.1％に対し，高校生は22.9％と半減している。国の「中高生を中心とした子供の生活習慣づくりに関する検討委員会」でも課題として指摘されている。ここでは**生活習慣の改善**，情報化の進展に伴う新たな課題（ネット被害，SNSによるトラブル等）への解決を取り上げる。

（2）生活習慣の改善

高校生の場合，発達段階を考慮して自発的・主体的な取り組みとなるよう配慮したい。たとえば，ワークショップ形式で，睡眠の重要性など生活習慣の大切さやメディアや学習などを含めた計画的な時間の使い方など自身の生活について友人同士での話し合いを通じて目標を設定し，一定期間の実践を踏まえ振り返りの検証を行う高等学校の例や，宿泊可能な施設を使い，生活リズムの乱れた高校生を対象とした長期間の通学合宿を行う高等学校の例がある。

（3）SNSのトラブル防止

インターネット上への投稿が自分や他人に及ぼす影響や投稿によって不利益を被ることを知らないためトラブルに巻き込まれる生徒は多い。そのことを理解させ，適切に対応することにより危険性を回避しつつ利便性をできるだけ失わない工夫を考えさせたい。たとえば，情報科の授業において，**インターネット上のトラブル**に関する事例（例①：友人の悪口を投稿した内容を他人に見られた，例②：他人の写真を無断で撮影しインターネット上に公開したなど）について問題点を指摘し，どういった対応をすれば回避できたのかなどをグループで話し合い，その結果学んだことを発表する高等学校の例がある。

【学校マネジメントの視点】

健康安全指導においては，体力の向上だけでなく生活習慣や情報化の進展に伴う新たな課題への対応も大事な視点である。そのためには，学校外での生徒の生活状況を把握し適切な指導を家庭の協力を得ながら計画的・組織的に行う力が求められる。このことは，管理職として必要な学校マネジメント力につながる。

第12章

校務処理・校務分掌

1. 総　　論

キーワード　校務，校務分掌，主任制度，校務の管理運営

学習指導要領の位置付け　学校教育法，学校教育法施行規則，地方教育行政の組織及び運営に関する法律，学校管理規則

（1）校務

校務とは「学校運営に必要なすべての仕事を包括的に示したもの」である。法令上からとらえると，学校教育法第37条第４項「校長は校務をつかさどり，所属職員の監督をする」とあるから，校務は校長がつかさどるべき学校運営の一切であり，

- 教育課程に基づく学習活動などの教育活動に関すること
- 教職員の人事管理に関すること

- 児童生徒の管理に関すること
- 学校の施設整備の安全管理，教材教具に関すること
- 文書作成や会計事務などの学校の内部事務に関すること
- 教育委員会などの行政機関やPTA，社会教育団体などとの渉外に関すること

などに分類される。

（2）校務分掌

学校運営に関するすべてのことを校長一人が処理することは当然できないので，学校教育法37条第5項「副校長は，校長を助け，命を受けて校務をつかさどる」，第7項「教頭は，校長を助け，校務を整理し，及び必要に応じ児童の教育をつかさどる」とあるように，副校長に仕事を命じたり，教頭に整理させたりすることができる。さらに，学校教育法施行規則第43条に「学校においては，調和の取れた学校運営が行われるためにふさわしい**校務分掌**の仕組みを整えるものとする」とあるように，校務分掌制度について述べられている。分掌とは仕事・事務を手分けして受け持つことで，校長は校務を教職員に分担させ，それを監督する責任があることを示している。分掌組織の名称・役割・設置の有無は学校により異なる。また，総務・庶務が教務に統合されているなど，編成の仕方も学校によって違う。分掌としては次のようなものがある。

- 総務・庶務

  年間日程の調整，式典の企画，PTA・同窓会等との連携，学校広報紙の作成など
- 教務

  教育課程の編成，時間割の作成，学籍の管理，成績に関する事務，教科書に関する事務，定期考査の運営など
- 生徒指導・生活指導

  児童生徒の校内・校外生活の指導，校則の検討，補導，生徒会・児童会等の指導，安全教育・指導，避難訓練の企画運営など

- 進路指導
  進学・就職の支援，進路情報の収集と広報，進路統計，進路相談の実施，キャリア教育の企画など
- 保健
  保健室の管理，身体測定・検診の企画運営，健康・身体に関する統計，校医との連携，学校保健委員会の企画運営など
- 図書
  図書室の管理，図書の購入，読書指導，図書委員会の指導など
- 情報システム
  情報機器・校内LAN・コンピュータ室等の管理，情報教育の企画，学校HPの作成など
- 研修・研究
  校内研修・研究指定校の企画運営，教育実習の運営など

（3）主任制度

校務分掌が円滑に機能するためには，分掌を束ねる責任者が必要である。学校教育法第37条第9項には「主幹教諭は，校長及び教頭を助け，命を受けて校務の一部を整理し，並びに児童の教育をつかさどる」とあるように，主幹教諭が校務の一部を整理することになっている。

教頭も校務を整理することになっているが，この「整理」とは，校長が決裁しやすいように解決策をまとめておくことである。主幹教諭もその役目を担っている。さらに，学校教育法施行規則第47条には「学校においては，前三条※に規定する教務主任，学年主任，保健主事及び事務主任のほか，必要に応じ，校務を分担する主任等を置くことができる」とあり，校務を分担する**主任**等を設置することを定めている。

※学校教育法施行規則第44条（教務主任及び学年主任），第45条（保健主事），第46条（事務長又は事務主任）

（4）校務の管理運営

校務は校長がつかさどるものであるので，校長の職務権限として校務の分掌を命じている。しかし，地方教育行政の組織及び運営に関する法律第33条第1項には「教育委員会は，法令又は条例に違反しない限度において，その所管に属する学校その他の教育機関の施設，設備，組織編制，教育課程，教材の取扱その他学校その他の教育機関の**管理運営**の基本的事項について，必要な教育委員会規則（学校管理規則）を定めるものとする」とあり，校務を教職員に分掌させる権限は教育委員会にある。しかし，実際は校長に委任されているケースが多いので，校長が校務の分掌を命じた場合は，教育委員会に届出を出したり，報告したりすることになっている。

【学校マネジメントの視点】

① 適材適所

学校を円滑に運営していくには，校務の担当者や責任者を適切に任命していくことが重要である。学校の教育計画に関わる重要な役割を持つ教務主任には主幹教諭が任命されるが，主幹教諭が複数いる学校では教務の仕事に対する知識や技能を有する者が受け持つことが多い。校務の担当を決めるのには，教職員の職務経験や意欲などを配慮することが望ましい。また，教務主任が異動後のことも考え，計画的に新しい校務の体験させることも人材育成として忘れてはならない視点である。

② 学校経営計画（案）・学校教育目標

円滑かつ効果的に学校を運営するには，教職員に共通の目標が必要である。この目標が校長の学校教育計画と学校教育目標である。これらを作成するにあたり児童生徒の実態・保護者の願い・国や教育委員会の教育ビジョン，教職員の意見などを基に校長が作成し，年度当初に共有することが求められる。

③ コミュニケーション

全教職員が目標を共有するには，全員が参加する職員会議で報告することが必要である。校務を運営するには，分掌内で行われる分掌部会や分掌の責任者で行われる運営委員会・企画会・主幹会議などを設置して定期的に開催したい。また，教職員が日ごろからコミュニケーション（報告・連絡・相談）を大切にする雰囲気も重要である。

④ トップダウンとボトムアップ

学校運営上，全教職員が一致して取り組まなければならない目標や議案などは，校長や分掌責任者の考えがトップダウンとして組織全体に浸透し，実践することが求められる。また，児童生徒や保護者に直接対応している教職員から生まれてきた考えはボトムアップとして取り上げ，迅速な改善を図ることを大切である。

⑤ 新しい校務

校務は法令上定められたものや教育委員会の学校管理規則として条例化された内容であるが，学校の社会的責任（防災避難所等）や教員として当然行わなければならないこと（相談等）も校務ととらえることが通例である。また，近年，保護者や地域住民のニーズが多様化し，校務としてとらえる内容が多岐にわたり，苦情処理なども危機管理の校務として考えるようになってきた。

2. 校務処理・校務分掌
（小学校・中学校・高等学校・特別支援学校）

キーワード　校務の役割分担，校務運営組織，学校における働き方改革

（1）全体をどう捉えるか

数多くの校務を円滑に効率よく処理することは，学校教育の充実かつ教職員の働き方改革につながる重要なポイントである。各学校では校務分掌を設置し，組織的に運営することを考えているが，多くの校務分掌や委員会が横並び（鍋蓋型）になり，各部間のコミュニケーションが取りづらく，全体で話し合い取り組むことが多くなっている。ピラミッド型の**校務運営組織**を導入する必要がある。

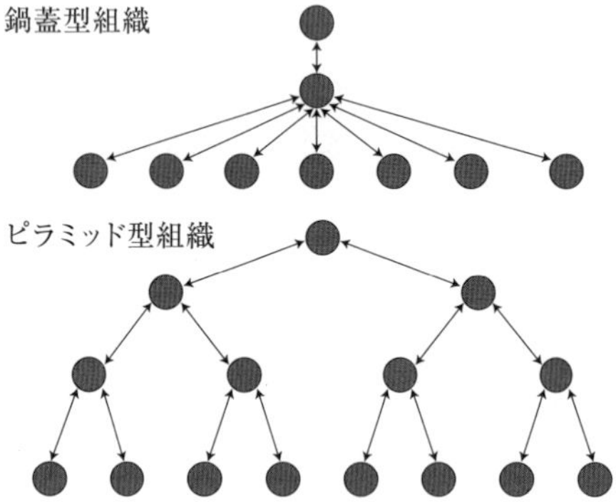

図12－1　校務運営組織

（筆者作成）

（2）各校種のポイント

①　小学校

卒業時における進路指導があまり必要とされないので，教務部と生徒指導部の２部を中心に組織されている。このことに対して東京都の公立小学校では，中間管理職である主幹教諭が２名配置されている。また，学級担任が教科指導・生徒指導等のすべてを行うためか，両部に全員が所属しているところもある。

②　中学校

義務教育の最後ということもあり進路指導や進路事務などが重要な校務となる。このために多くの学校では教務部・生徒指導部・進路指導部の３部を中心に組織されている。これに応じてか，東京都の場合，公立中学校には主幹教諭が３名配置されている。教員はどこかひとつの部に所属していることが多い。

③　高等学校

小学校・中学校より学校規模が大きく，生徒数も多く，所属する教職員も多い。このためか校務分掌も総務部・教務部・生徒指導部・進路指導部・保健環境部など多くの部が設置されている。さらに，工業高校や商業高校などでは設置されている専門学科に応じた部を設置しているところが多い。また，事務部が大きく独立しているところも高等学校の特徴である。なお，東京都の場合，都立学校には主幹教諭が５名配置されている。

④　特別支援学校

他校種と同じく教務部・生徒指導部などが組織されているが，特別支援教育に関する部と医療ケアや自立活動など支援に関する部が組織されていることが特色である。他校種よりも教職員数が多いことが特色である。

【学校マネジメントの視点】

学校における働き方改革

文部科学省は，2017（平成17）7月より学校における働き方改革特別部会を設け，12月の中間報告では，学校・教師が担う業務の明確化を通じた役割分担と業務の適正化，学校が作成する計画等の見直し，学校の組織運営の体制の在り方，勤務時間に関する意識改革と制度的措置，「**学校における働き方改革**」の実現に向けた環境整備という観点を示した。さらに，2018（平成30）年文部科学省は各教育委員会に「学校における働き方改革に関する緊急対策の策定並びに学校における業務改善及び勤務時間の管理等の取組の徹底について」と通知し，改善を必要とする業務を具体的に挙げている。

《基本的には学校以外が担うべき業務》

① 登下校に関する対応
② 放課後から夜間等における見回り，児童生徒が補導された時の対応
③ 学校徴収金の徴収・管理
④ 地域ボランティアとの連絡調整

《学校の業務だが必ずしも教師が担う必要のない業務》

⑤ 調査・統計等への回答等
⑥ 児童生徒の休み時間における対応
⑦ 校内清掃
⑧ 部活動

《教師の業務だが負担権限が可能な業務》

⑨ 給食時の対応
⑩ 授業準備
⑪ 学習評価や成績処理
⑫ 学校行事等の準備・運営
⑬ 進路指導
⑭ 支援が必要な児童生徒・家庭への対応

教師の勤務状況は多くの業務を抱えブラック企業といわれるほど問題となっている。半ば慣習的に行われている業務にも教育効果があるが，一方では教師の授業準備や自己研鑽の時間を奪い，質の高い授業や児童生徒一人ひとりに応じた適切な指導を難しくしている。

このような状況に対して，学校は生徒や地域の実態に応じて，役割分担・適正化を図ること，勤務時間管理を徹底したり適切な勤務時間を設定したりすることなどについて考えていく必要がある。また，教育委員会はもとより，警察・福祉などの関係諸機関や家庭・地域との連携を図ることも大切である。さらに，教師自身が働き方に関する意識改革をもつことが重要である。

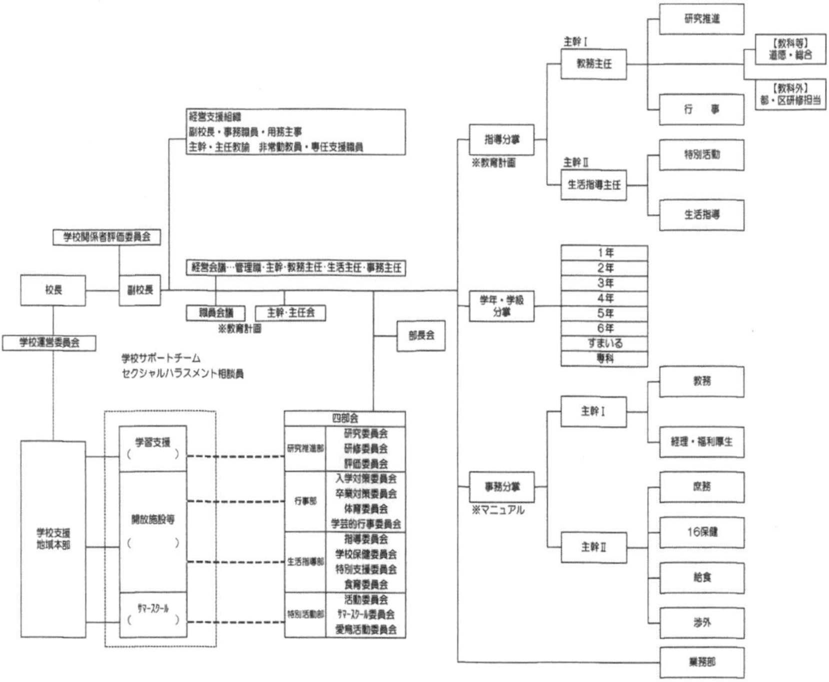

図12－2　小学校の校務分掌組織

出所）世田谷区立船橋小学校

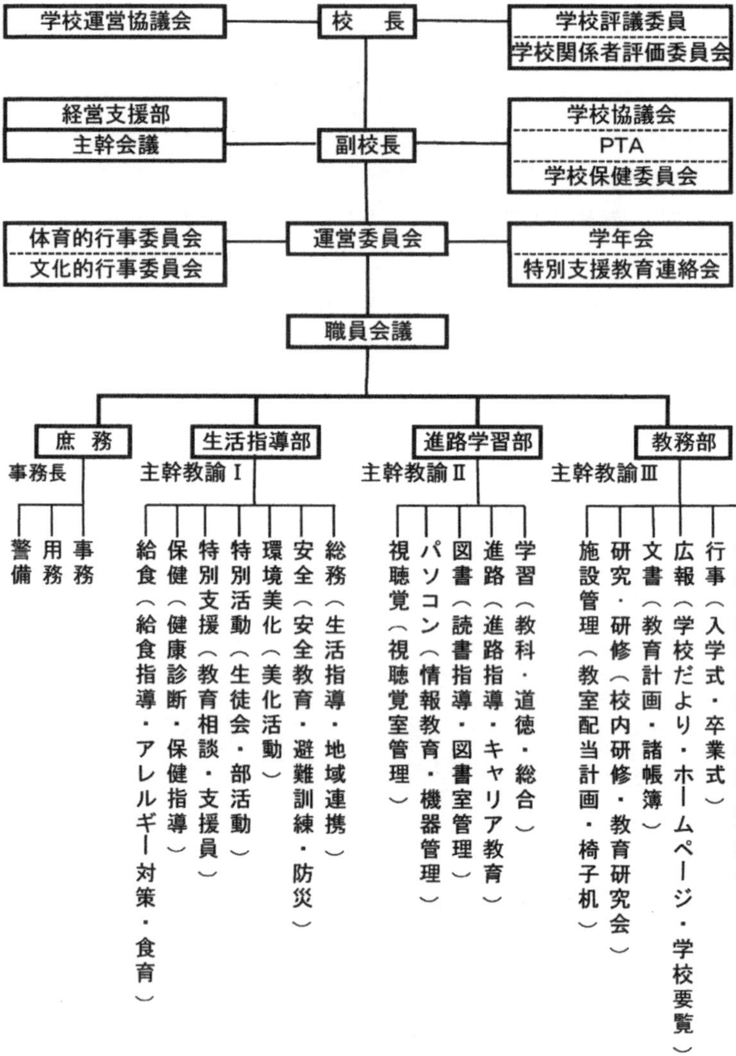

図12－３　中学校の校務分掌組織

（筆者作成）

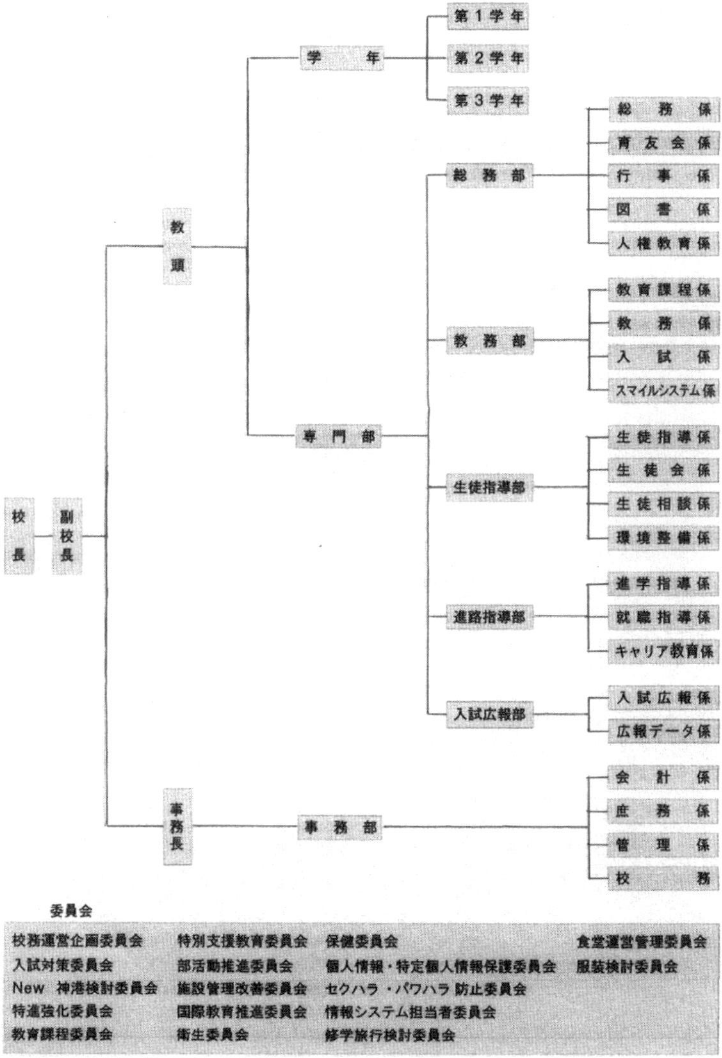

図12－4　高等学校（全日制普通科）の校務分掌組織

出所）神港学園高等学校

学校組織

1 学校運営組織

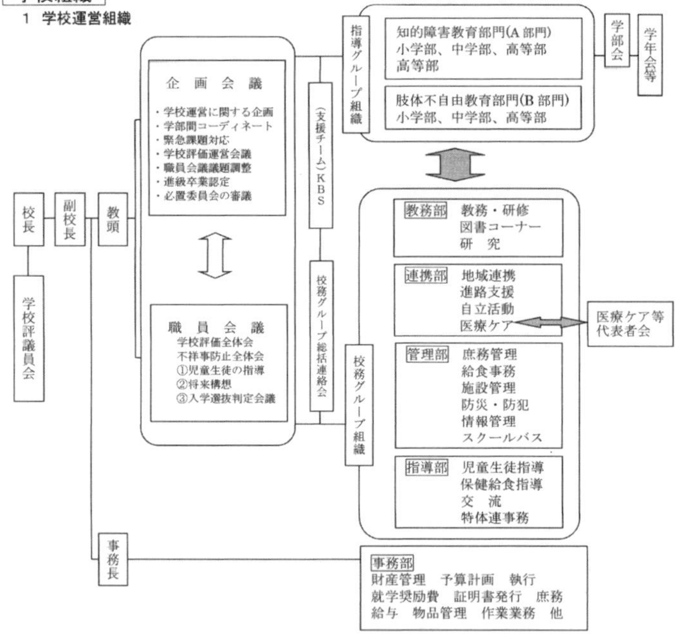

必置委員会 <（ ）は事務局 >

① 内部のみ　不祥事防止会議（副校長）、業者選定委員会（管理部）、学校防災委員会（管理部）、就学指導委員会（教務部）、教科書選定委員会（教務部）、重複障害検討会（教務部）、環境マネジメント推進会議（管理部）、いじめ防止等検討委員会（指導部）

② 外部も含む　学校評議員会（連携部）、学校評価運営会議（管理部）、学校保健委員会（指導部）、学校徴収金運営協議会（管理部）、学校開放事業運営委員会（事務部）

2 職員構成

	校長	副校長	教頭	総括教諭	教諭	養護教諭	実習助手	非常勤講師	事務長	副主幹	主事	栄養職員	技能員	事務補助員	調理員	介助員	学校医等	計
男	1	1	1	5	56		2	3	1			1	1	1			8	81
女			1	3	62	2		10		1	1		2	3	11	18		114
合計	1	1	2	8	118	2	2	13	1	1	1	1	3	4	11	18	8	195

図12－5　特別支援学校の校務分掌組織

出所）公立特別支援学校ホームページ

第13章

保護者対応

1. 総　　論

(キーワード) **学校運営協議会制度（コミュニティ・スクール），PDCAサイクル，学校経営ビジョン**

（1）保護者との関係

- 保護者との関わり

学校での保護者との関わりは，主に次のようになる。① 学級懇談会（保護者会），② 保護者面談，三者面談，③ 公開授業（学校開放，学校公開，授業参観），④ 家庭訪問，⑤ PTA 活動，⑥ おやじの会，⑦ 学校評議員，⑧ **学校運営協議会制度（コミュニティ・スクール）**，⑨ 苦情対応　等。

最近は，保護者の意見を積極的に学校運営に反映させる取り組みである学校運営協議会制度（コミュニティ・スクール）が増えつつある。家庭環境は児童生徒に大きな教育的影響を与えることからも，保護者と緊密に連携を取りながら学校の運営に取り組むことが重要である。

• 保護者の声に耳を傾ける

保護者にアンケート調査をお願いして学校目標や経営ビジョンに生かすことは大切である。回答は，「そう思う」「ややそう思う」「そう思わない」「その他（記述）」を用意して，最後に自由意見欄を設けると保護者の率直な意見を知る機会となる。アンケート調査の設問例は以下に記す。

- 生徒は，少人数学習，習熟度別学習等きめ細かな学習指導を受けられたか
- 学習の進め方や進路決定などについて，生徒がきめ細かなガイダンスを受けたり，心の悩みや学習上の悩みなどについて，個別の相談ができたか
- 学校から保護者に対して積極的に情報が提供されたか
- 生徒が通っている学校に満足しているか　等。

保護者と信頼関係を築くためにも，学校マネジメントの観点からも，アンケートはやりっぱなしではなく，結果を分析・評価し，次の年度の教育活動の改善につなげる必要がある。保護者の声を**PDCAサイクル**の一環として活用し，その声に耳を傾けることが大切である。

【学校マネジメントの視点】

日本教育経営学会実践推進委員会（2015）は，次世代スクールリーダーのための「校長の専門職基準」を示し，基準5「家庭・地域社会との協働・連携」において「校長には，家庭・地域社会との関係を維持していくだけではなく，よりよい関係を積極的に再構築していく働きが求められる」と指摘し，そのために必要な校長の専門性を5点挙げている。その要旨は次の通りである。

① 家庭・地域社会との信頼・協働関係の構築について，自己の考え方を確立し，その効果を発信すること。

② 様々な情報源を活用して，自校に通う児童生徒の家庭及び地域社会環境を把握し，学校の経営ビジョンとの関係で整合的に理解しておくこと。

③ 家庭及び地域社会の様々な立場の人や機関等が自分の学校に寄せる関心・

期待の内容を把握し，それらが教育活動の質的改善に繋がっていくよう，教職員を動機づけ，改善行動に繋がるようリードしていくこと。

④ 学校の共有ビジョンと教育活動の実態等についての情報を発信していくための体制を整え，結果として家庭・地域社会からの信頼感と協働・連携意識を獲得することができるように教職員をリードしていくこと。

⑤ これらの前提として，学校に関心をもつ様々な人や機関等に対して，尊敬と公正の意識をもって適切な関係づくりを行っているか，日々省察し関係改善に努めていくこと（日本教育経営学会実践推進委員会 2015）。

保護者と緊密に連携を取りながら学校の運営に取り組むには，校長は保護者との信頼や協働関係の構築にどう取り組むかを**学校経営ビジョン**として明確に示す必要がある。教職員は校長のビジョンを共有しながら，より良い関係を積極的に再構築していく働きが求められていることを理解し，良好な教育活動を展開するために，学校組織の一員として保護者と関わることが必要である。

2. 保護者対応（小学校）

キーワード 家庭や地域社会との連携，丁寧で誠実な対応

（1）保護者とどのような関係を持つのか

小学校学習指導要領（2017）総則には「学校がその目的を達成するため，地域や学校の実態等に応じ，家庭や地域の人々の協力を得るなど**家庭や地域社会との連携**を深めること」とあり，家庭や地域社会との連携の意義について明記されている。現在の子どもたちを取り巻く状況を考えると，社会の急激な変化に伴う価値観の多様性などから，学校の教育だけで子どもたちの成長を支えることは難しくなってきている。保護者や地域社会の人たちと，より緊密な連携

を深めて，学校教育を進めていかなければならない。

特に子どもたちを家庭で育てる保護者とは，お互いによい関係を築いて，同じ目的で子どもの教育にあたることを共通理解することが大事である。子どものことをよく見て，そのよさや成長を知らせ，さらに伸びるために共に考えていくという姿勢である。基本的には保護者の気持ちに寄り添うという認識を持っていきたい。小学校での学級担任と保護者とのかかわりをまとめると表13－1のようになる。

表13－1　学級担任と保護者との関わり

保護者会	年間に数回，担任と保護者全員が顔を合わせて，話し合う。
個人面談	保護者一人一人と担任が子どものことで話し合う。
学校公開	年間に数日，学校の教育活動を保護者に公開し参観をする。
家庭訪問	子どもの家に担任が訪問をして，周りの環境などを見る。
個別の相談，苦情など	個別の相談や，学級内のことでの苦情など
PTA活動	PTAが主体となって勉強会やお祭りなどを行う。

①　保護者会

学級担任と保護者全員が，年間で数回顔を合わせ，学級や子どもたちの情報についての話し合いが行われる。年度はじめには保護者同士の自己紹介があり，学級担任からは学級経営の基本方針を伝える。学級の役員が保護者の中から選出され，担任と保護者の間の連絡調整役として活動をしていく。

その後の保護者会では，その時々の子どもの成長，学級の様子が担任から伝えられ，保護者同士の情報交換や質問，要望などが出される。

教員にとっては，この保護者会での話や態度が大変重要である。なぜなら，大部分の保護者はこの保護者会を通して担任を見て，その話から学級の様子や担任の教育観を知るからである。ふだんから考えている子どもへの指導観，担任として大事にしている考えなどを，しっかりと明確に伝えることが求められる。保護者は担任の話や行動から，教員への信頼感を持つのである。

②　個人面談

学級担任と保護者との個別の面談を設定して，保護者からの相談を受けたり，あるいは担任から保護者への個別の話をしたりする。年度当初に設定されている個人面談のほか，保護者の希望があれば随時受け付けて，学級担任は保護者との面談を行う。

特にここで話をしたことは個人情報の守秘につながることが多いので，学級担任はその内容について慎重に扱うことが求められる。また小学校では通常，教員と保護者の面談のことが多いが，内容によってはそこに児童や，あるいは祖父母などが同席することもある。教員と保護者の信頼関係を保つために，この個人面談は大きな意味を持つ。**丁寧で誠実な対応**を心がけたい。

写真13－1　個人面談

③　学校公開

保護者にとっては，子どもが学校でどのような様子で過ごしているかは大きな関心事である。学校では年間で数回，学校公開日を設けている（写真13－２）。

保護者が来校して授業や，集会活動や休み時間での子どもの様子を見ることができる。中には学校公開週間として，１週間のうち，いつでも参観に行けるよう設定している学校もある。

教員としては子どもの活躍を保護者に見てもらう絶好の機会である。授業では子どもたちの発表などを多く取り入れたり，また掲示物にも子どもの成長が見られるようなものを貼るなどの工夫をしたいものである。

保護者に対しても気遣いが必要である。保護者が考えても楽しいような問いを出して，保護者もともに考えてもらう。高齢の保護者，身体の不自由な保護者を目にしたら，すぐに椅子を用意するなどの対応に心がける。そして楽しい学級だと思ってもらえるような授業，活動を考えて，学校公開に合わせて年間で計画的に実践していきたい。

写真13－２　学校公開

④　家庭訪問

緊急時に子どもを送っていくために，学校から子どもの家までの道順や周囲の環境などを確認しておくことが大事である。以前は家の中に入って保護者と面談をすることが多かったが，近年は，保護者の多忙，プライバシーの問題などの理由により，家に入ることが少なくなり，家の所在地を確認するだけに止まる傾向がある。個人面談だけで家庭訪問を行わない学校も増えてきている。

⑤　個別の相談，苦情

個人面談の設定日にかかわらず，保護者は学級担任に相談をしたいことが出てくる。いつでも遠慮なく相談を受け入れる姿勢，雰囲気を持ち，保護者に接していきたい。

なかには，学級のことや学級担任に対しての苦情がある。子どもへの指導で，教員自身の誤りがあったら，丁寧で誠実な対応を心がけ，謝罪をして，今後同じような過ちを起こさないよう伝えることが大事である。この場合，できるだけ素早く対応をすることである。時間をおいてしまうと，問題がこじれる恐れがある。教員の丁寧な説明で問題が解決することは少なくない。

しかし保護者の中には，自分本位な理屈をもとに，学校や学級担任に理不尽な要求を求めてくる者もいる。「担任を替えてほしい」「担任は特定の子をひいきしている」「担任の指導内容は塾で教えてもらったことと違っている」など，いくら丁寧に話をしていても，学校側の言うことに耳を貸さないこともある。このような時には，学年主任や管理職に入ってもらい，組織として対応していくことである。理不尽な要求をしてくる保護者への対応は学校全体の問題である。学級担任は学級内での子どもへの指導を温かく丁寧に行い，保護者の考えが変わってくるよう最善を尽くすことである。

⑥　PTA活動

学年PTA活動あるいは学級PTA活動として，PTA会費を基にして外部からゲストティーチャーを招いての勉強会や，親子で楽しむお祭りやゲームなど

写真13－３　PTA活動

がある（写真13－３）。保護者は教員の積極的な参加を望んでいる。教員も進んでこのような活動に参加して，その場を盛り上げることが大事である。

【学校マネジメントの視点】

保護者と良好な関係を築いていけるかどうかは，教員として大事な資質・能力である。大半の保護者は自分の子どもを学校に通わせて，楽しい学校生活を送ってほしいという，保護者として当然の思いを持っている。大事な子どもの成長を願うという，保護者の思いを十分に汲み取って対応に当たることが必要である。

そのために次の点を留意していきたい。

- 子どもの気持ちを十分に考えた言葉になっているか
- 子どもの個別の事情（家庭環境，病歴，障害，性格など）をよく考えてくれているか
- 言動が学校や教員中心になっていないか。
- 言葉遣いが保護者にとって失礼な言い方になっていないか。

3. 保護者対応（中学校）

キーワード 保護者と向き合う，子供にとって何が大切か，報告・連絡・相談

（1）保護者対応

保護者対応に関しては「一義的には，『保護者と向き合うこと』」（多賀一郎 2018）という言葉がある。保護者との良好な関係は，学校の教育活動にとってプラスになるが，保護者からの意見や要望が多様化し，その内容によっては学校と保護者との間に緊張関係が生じる時がある。その様な場合でも（だからこそ），**保護者と向き合い**，生徒にとって最善の方法を両者で考えることが大切である。図13－1は，東京都教育相談センターによる『学校問題解決のためのヒント』（2011）を基に，中学校での児童・生徒への指導に係る学校への対応の不満に関する相談内容を筆者が円グラフで表したものである。図13－1によれば，学校への対応の不満で一番多いのが管理職又は教職員の言動である。

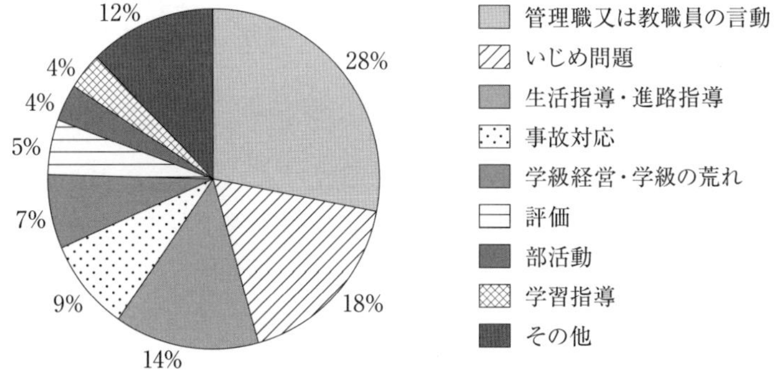

図13－1　学校への対応の不満に関する相談内容（小数点以下四捨五入）

出所）東京都教育相談センター（2011）

保護者からの相談や要望には丁寧に話し合うことは，どの学校でも共通なことがらである。不用意な発言，誤解を生む発言には日ごろから十分注意を払い，保護者に対して誠実に接することが大切である。

（2）保護者からの相談

東京都の教育相談センターでは，保護者からの相談を受ける際の基本的な方針について次のように定めている。

- **子供にとって何が大切か**を第一に考え，公平・中立な立場で相談に応じる。
- 相談者の話をよく聴く。
- 互いの意見・考えの共通点・相違点から事実関係を整理する。
- 互いにできることできないことをはっきり伝える。

この内容は，学校においても保護者の相談や要望を受ける際の参考になる。

【学校マネジメントの視点】

保護者の相談や要望は，最初に担任のところにくる場合も少なくない。担任として即答できる内容ならばよいが，そうでない時は校内で調整する時間が必要な旨を丁寧に伝える必要がある。内容によっては事前に管理職と相談し，学年主任同席で保護者と対応することも考えられる。その際，記録をとって管理職へのいわゆる「ほう・れん・そう」（**報告・連絡・相談**）を怠ることなく，組織としての対応を常に心がけたい。

保護者とコミュニケーションを図る手段として，学校や学級で取り組んでいることや生徒の様子などを学級通信や学年通信として学校から積極的に保護者に情報提供することも効果がある。通信には，学校教育目標，学年目標，学級目標などを掲載し，学校の全体像を保護者に示して教育活動を理解してもらうことにも活用できる。学校によってホームページから情報発信をするケースもあるが，生徒の登下校をねらった犯罪に巻き込まれないように，生徒の顔写真や細かい学校の日程・時程の公開は慎重にしなければならない。学校から外へ出す文書と同じように，ホームページの掲載についても係の教職員が原稿の起案をし，管理職の決裁後にホームページに掲載するといった手順を踏むのがよいであろう。

4. 保護者対応（高等学校）

キーワード　特別指導，原級留置，PTA活動

（1） 保護者対応①

中学校と同様に，図13－2は東京都教育相談センターへ寄せられた高等学校の生徒への指導に係る学校への対応の不満に関する相談内容を筆者が円グラフで表したものである。

相談内容の内訳を見ると「生活指導・進路指導」が全体の半数近くある。次いで「管理職又は教職員の言動」，「学習指導」と続いている。「『生活指導・進路指導』のほとんどが，『**特別指導**』に関わるものであり，特別指導の対象になったことやその内容についての疑問と，進路変更を勧められたことに伴う苦

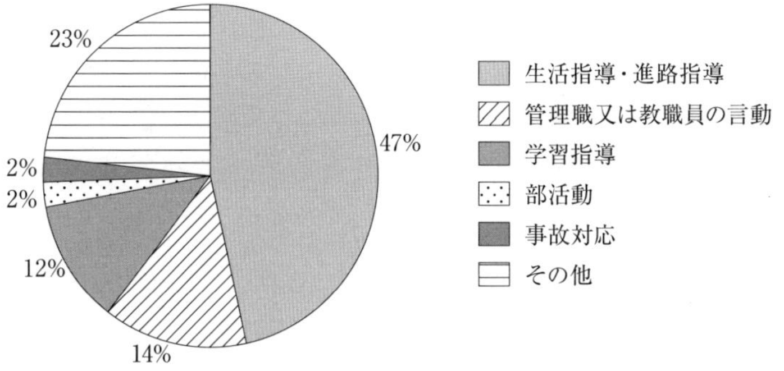

図13－2　学校への対応の不満に関する相談内容（小数点以下四捨五入）

出所）東京都教育相談センター（2011）

情の大きく２点に分類できる」（東京都教育相談センター 2011）。保護者によっては，「学校の指導が厳しすぎる」「なぜ，うちの子だけが特別指導になるのか」といった不満を口にするケースもある。この場合は，保護者の不安や不満等に耳を傾け，誠意をもって対応する必要がある。生徒本人の学校での良い面を伝え，保護者の気持ちを落ち着かせることも必要になってくる。成績不振による「**原級留置**」を保護者に伝えるケースでは，事前に生徒の成績等の情報が保護者に伝わっていればよいが，そうではない状況で，突然「原級留置」や「進路変更」の話になれば保護者が困惑するのは当然である。「原級留置」が想定されるような成績の場合は，学期の途中でも保護者に生徒の成績内容や授業に取り組む姿勢，学校としての指導内容などを正確に伝えることが必要である。保護者が学校に来られない場合は，複数の教員で家庭訪問をすることも考えられる。小・中学校と同様に高校でも進級や卒業は自動的にできると期待している生徒・保護者の考えを理解しながら，生徒の将来を考えた丁寧な指導が必要である。

（２）保護者対応②

筆者の経験であるが，授業が始まり２カ月ほどたった頃，ある保護者が子どもの授業担当者を変えてほしいと学校にやってきた。「教わっている教員の授業では生徒の力が伸びない」という理由である。私は「あなたのお子様だけを他のクラスの授業に組み入れることは時間割上できません」と答え，時間割の仕組みや，習熟度別の選択授業で別の教員から学べることなども丁寧に説明した。その教員の授業を事前に見ており，教え方に問題はなかったので，できることできないことを保護者に伝えて納得してもらった。どのような場合でも保護者と向き合い丁寧な対応が必要とされる。

（３）保護者対応③

これも筆者の経験であるが，生徒の怪我の予防などを考慮し，校庭の全面芝生化を進めようと計画した時のことである。財政が厳しいなかで教育委員会は芝の購入予算をつけてくれた。しかし，植える作業までは予算がまわらないということになった。そこで，「学校で工夫をして校庭を芝生化したい」とPTA会長にお願いをした時に，芝の苗まで県が面倒を見てくれるのならば，保護者や生徒たちで芝生の苗を植えようということを呼び掛けてくれた。日頃から，PTA役員（保護者）と良好な関係を築いていたお蔭である。現在その高校の校庭は青々とした芝生に覆われている。

【学校マネジメントの視点】

最近は公立高等学校でも，学校運営協議会制度（コミュニティ・スクール）による学校運営が行われている県がある。保護者にとって　①学校や地域への理解が深まり，②地域で子どもが育てられている安心感を得られ，③保護者同士や地域での人間関係の構築が得られる利点がある。学校にとっては，地域の方々とともに保護者が学校運営に参画することにより，その考え方を学校運営に反映させることができる。

また，高等学校の**PTA活動**は本部役員の活動ばかりでなく，企画委員会，施設・交通安全委員会，広報委員会，図書委員会，運営委員会，予算会計委員会といった委員会活動もある（学校によって異なる）。これらの委員会で話し合われた意見を集約し，学校に寄せる関心・期待の内容を把握し，その内容を学校の教育活動の質的改善に取り入れることも必要である。

保護者と良好な関係を築くのは管理職だけではない。教職員も学校行事，クラス懇談会，保護者面談，PTA委員会の顧問（担当）など保護者と関わりを持つ機会は多い。保護者と良好な関係を築くことは学校運営上も大切である。

第14章

地域社会との連携

1. 総　　論

キーワード　社会に開かれた教育課程，協働，学校関係者評価，学校評議員制度，学校運営協議会制度（コミュニティスクール）

（1）学校，家庭及び地域住民等の相互の連携協力

2006（平成18）年に改正された教育基本法第13条に「学校，家庭及び地域住民その他の関係者は，教育におけるそれぞれの役割と責任を自覚するとともに，相互の連携及び協力に努めるものとする」が新設され，学校・家庭・地域社会がそれぞれ子どもの教育に責任を持ち，互いに連携し協働して教育の目的に取り組むことの重要性が示された。また，「地域住民その他の関係者」には，企業や関係機関（経済団体，文化団体，スポーツ団体，NPO等）が含まれている。

（2）社会に開かれた教育課程

新しい学習指導要領の前文には「教育課程を通して，これからの時代に求められる教育を実現していくためには，よりよい学校教育を通してよりよい社会を創るという理念を学校と社会とが共有し，それぞれの学校において，必要な学習内容をどのように学び，どのような資質・能力を身に付けられるようにするのかを教育課程において明確にしながら，社会との連携及び協働によりその実現を図っていくという，**社会に開かれた教育課程**の実現が重要になる」とある。つまり，学校は今後子どもたちに求められる資質・能力とは何かを社会と共有し，連携することが求められている。

（3）連携の在り方

学習指導要領の総則にある学校運営上の留意事項として「学校がその目的を達成するため，学校や地域の実態等に応じ，教育活動の実施に必要な人的又物的な体制を家庭や地域の人々の協力を得ながら整えるなど，家庭や地域社会との連携及び**協働**を深めること。また，高齢者や異年齢の子供など，地域における世代を越えた交流の機会を設けること」とある。連携を進めていくには，次の視点から考えていくとよい。

①　**学校を地域に開く**

授業や学校行事の公開，道徳地区公開講座の実施，学校だよりや学校HPによる広報活動，学校施設の開放

②　**地域を活用する**

ゲストティーチャーの招聘，職場体験やボランティア活動等の体験活動の実施，部活動や学校行事等の支援員，人材バンクの作成，学校評価の実施

③　**地域に参加する**

地域行事・祭礼・防犯パトロール・防災訓練等への参加

④　**地域と協働する**

生徒指導連絡会の実施，サポートチームによる生徒指導，地域型スポーツク

ラブ・文化クラブ活動の運営，避難所運営訓練の企画運営

（4）学校評価に関する連携

学校教育法が改正され学校評価の実施と情報の提供が規定された。しかし，教職員による自己評価だけでは同じ視点に偏り，中立な評価ができにくい。そこで，学校教育法施行規則第67条に「小学校は，当該小学校の児童の保護者その他の当該小学校の関係者（当該小学校の職員を除く）による評価を行い，その結果を公表するように努めるものとする」と保護者と地域住民等による**学校関係者評価**の実施を義務付けられた。学校は教職員とは異なる見方や考え方を取り入れ，保護者や地域住民との連携協力を深めていくことが必要とされている。

（5）学校運営に関わる連携

学校運営に保護者や地域住民等の代表を積極的に取り入れ，学校教育に対する意見や要望等を述べてもらい，学校運営に生かしていく新しい連携システムがある。

①　学校評議員制度

1998（平成10）年の中央審議会答申「今後の地方教育行政の在り方について」の中に「学校が地域住民の信頼にこたえ，家庭や地域が連携協力して教育活動を展開するためには，学校を開かれたものとするとともに，学校の経営責任を明らかにするための取組が必要である」を受け，学校教育法施行規則を改正し，第49条「設置者の定めるところにより，学校評議員を置くことができる」となり**学校評議員制度**が始まる。教育委員会から委嘱された学校評議員は，校長の求めに応じて，教育目標や計画，教育活動，地域との連携などについて意見を述べる。校長はそのために説明責任を果たし，情報を公開しなければならない。校長は学校評議員の意見を参考にしつつ，自らの責任で判断し，決定する。

② **学校運営協議会（コミュニティスクール・地域運営学校）**

学校運営協議会制度（コミュニティスクール）は，2004（平成16）年の地方教育行政の組織及び運営に関する法律の改正により導入された。この制度は，校長の推薦を受け，教育委員会から委嘱された保護者や地域住民によりなる学校運営協議会が一定の権限と責任をもって公立学校の運営に参画するものである。学校運営協議会は，校長が作成する学校経営計画・予算執行計画・人事構想を承認するとともに，学校運営全般にわたり教育委員会と校長に意見を述べることができ，保護者や地域住民の学校に対する意見や要望を学校運営に的確に反映することができる。なお，教育再生実行会議（2015）ではすべての公立小中学校に広げていくことを提言している。

【学校マネジメントの視点】

① 地域の学校

少子化，学区自由制，さらに公立離れなどにより，学校が地域住民から遠い存在になりつつある。学校が地域住民にとり身近な存在になるように学校を開いていくことが大切である。授業や行事などを公開したり，学校施設を開放したりするとともに，学校の教育目的や教育の内容・学校や生徒の実態などを積極的に公表して，地域住民の学校に対する理解と信頼を深める取り組みを推進する。

② 日ごろからの関わり

地域住民や関係機関・組織と急に連携をとることは難しい。日ごろからのコミュニケーションをとる必要がある。そのためには地域行事に参加したり，定期的な会合や連絡会を設けたりしてコミュニケーションを深める機会を多く持つことが大切である。また，管理賞ばかりではなく，一般の教職員や子供たちが参加することも効果が大きい。

③　関係機関・組織の把握

地域には学校教育に関わるどのような関係機関・組織があるか，また，それらはどのような活動をしているのか把握しておくことが連携をするにあたり重要である。たとえば，虐待問題の対応は学校だけでは難しいので，児童相談所・警察・子ども家庭支援セッター・教育委員会など虐待に関する機関の担当者でサポートチームを編成して問題の解決に取り組むことが有効である。

④　キーパーソンの発掘

地域住民の中には学校教育の理解者や協力者がいるし，さらにその中には専門的な知識や技能を有する者もいる。しかし，教職員は学校の地域住民ではないのでこのような者との面識はほとんどない。そこで地域のことをよく知り，人材を学校に紹介してくれる地域住民（地域コーディネーター）を発掘することが重要である。地域コーディネーターの多くは，学校を理解し協力的であるとともに，地域の顔役で地域活動のキーパーソンとなるような人材である。学校の中には人材バンク制度を作り，紹介を受けた人材を登録して活用しているところもある。

⑤　負担感の削減

地域の行事や会合は土日の休日や夜がほとんどであり，教職員の勤務時間外である。近年，学校がブラック企業の代表といわれている状況で，地域との連携はそれに拍車をかけることになる。教職員も連携することの意義は十分理解しているので，一部の者ばかりに負担をかけるのではなく，教職員みんなで協力して取り組める体制とつくることが求められる。たとえば，年度当初に地域の行事や会合の年間実施計画を作成し，あらかじめ担当者を決めておくような取り組みもひとつの方策である。

2. 地域社会との連携（小学校）

キーワード　学校支援地域本部，学校支援ボランティア

（1）全体をどう捉えるか

公立小学校は，1872（明治5）年の学制発布により日本各地に設立された。地域との結びつきはとても強く，保護者はもとより地域の住民の多くが卒業生である。地域の発展とともに学校に在籍児童数も増加し，地域の衰退に従い廃校や統合される学校もある。

写真14－1　伝統文化の一場面

出所）仙台市立幸町小学校ホームページ
http://www.sendai-c.ed.jp/～saiwai/（2019年2月26日閲覧）

図14－1　特色ある学校紹介

出所）仙台市立幸町小学校ホームページ
http://www.sendai-c.ed.jp/～saiwai/（2019年２月26日閲覧）

（2）教育活動のポイント

地域にある学校を地域の人々が学校を応援し支えていく活動である。宮城県仙台市では2008（平成20）年度から各小学校に「**学校支援地域本部**」の設置を図っている。学校支援地域本部とは，学校の教育活動を支援するために地域の人びとを「**学校支援ボランティア**」として派遣する組織である。写真は，仙台市立幸町小学校の２年生で実施された伝統文化教育の一場面である。「おいしいお茶の入れ方」をテーマにした地域のお茶屋さんの出前授業である。幸町小学校は学校経営と基本理念として，「学び喜びに満ちた学校」「人間的な出会い，ふれあいを大切にする学校」「地域に開かれた学校」を掲げ，地域支援本部の支援を受けて伝統文化教育を実施している。図14－１は，学校経営と教育目標を表したものである。

【学校マネジメントの視点】

学校は多様な教育課題を抱えている。さらに小学校では学級担任が一人で多くの児童の育成に対応しなければならない。新しい学習指導要領で求められているように「地域に開かれた学校」となり，学校・家庭・地域の三者が一体となって児童を育む体制を整えていく視点が必要である。

3. 地域社会との連携（中学校）

キーワード コミュニティティスクール

（1）全体をどう捉えるか

公立中学校には複数の公立小学校から進学してくる場合が多い。このため学区域も小学校より広くなり，学校に関わる町内会・商店会や教育関係諸機関の数が多くなる。また，中学生の生活も変化し，部活動の練習や試合，学習塾の通学，スポーツクラブやお稽古への参加などで活動範囲も小学生の頃より広くなり，中学校が連携していかなければならない地域が大きくなる。

（2）教育活動のポイント

2005（平成17）年横浜市立東山田中学校は**コミュニティスクール**として開校し，学校運営協議会は小中合同の研修会を実施する。さらに2009（平成24）年にスタートした学校支援地域本部は中学校区にある4校（山田小，北山田小，東山田小，東山田中）の小中一貫教育を応援し，地域とともにある学校を推進している。また，小学校の学習活動，中学校のキャリア教育，土曜日等の活動のコーディネートも行っている。

活動の特色・工夫として次のような取り組みがある。

① 「クラブハウス」の設置

中学校内に「生涯学習の場」「地域活動の場」「学校と地域をむすぶ場」としてのクラブハウスを設置して，日常的に人と情報がつながるように工夫している。

② 「情報の共有」からスタート

学校と地域の情報を掲載したコミュニティカレンダーを作成し，情報の共有化を図る。学区内の一体感が生まれ連携協働が推進する。

③ 「多彩な参画」をコーディネート

小学校のまち探検や中学校のキャリア教育では，地域の企業，郷土資料館，福祉施設などとつなぎ，多様な学びを創出する。

④ 「大人の学び」を企画運営

「学校支援ボランティア講座」や地域と学校の合同研修など，大人の学びの場を企画運営している。

⑤ 「継続性」を高める工夫

- 人が変わっても「しくみ」として活動できるようにテキストを作成する。
- 継続して活動できるための財源確保として「やまたろうファンド」を立ち上

げる。

- コミュニティハウスに常設のバザーコーナー「やまたろうBOX」を作り，収益の一部をファンドに寄付する。

【学校マネジメントの視点】

地域との連携を推進していくためには，活動を理解し推進していくことができる地域の人材と協働して活動してくれる人材の発掘がもっとも重要である。

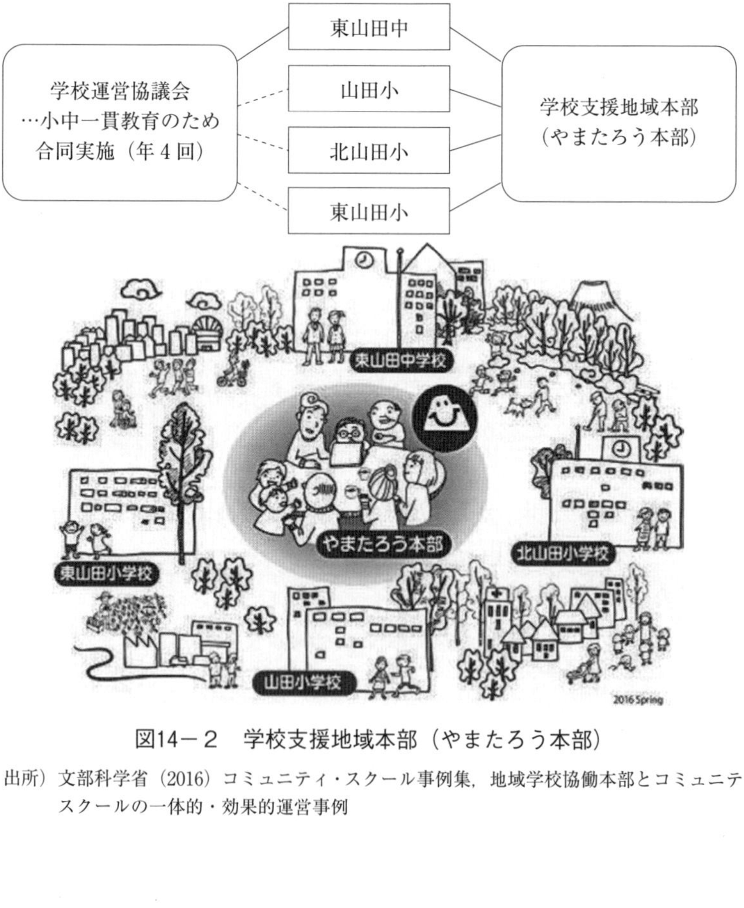

図14－2　学校支援地域本部（やまたろう本部）

出所）文部科学省（2016）コミュニティ・スクール事例集，地域学校協働本部とコミュニティ・スクールの一体的・効果的運営事例また，その活動を支え，さらに発展させる学校側からのアプローチも必要である。その他には校内の考えの一致は不可欠である。

4. 地域社会との連携（高等学校）

キーワード　学校地域WIN-WINプロジェクト

（1）全体をどう捉えるか

高等学校は地域の中学生が全員入学するわけでなく，入学選別試験で合格した生徒のみが進学を許されている。入学希望者に対する地区が指定されているところもあるが大きな地区がほとんどである。生徒は学校が設置されている地域以外にいろいろな地域から通学している。このため，学校と地域の連携は小中学校に比べ進んでいないところが多い。

（2）教育活動のポイント

埼玉県教育委員会の2018（平成30）年度の新規事業である「**学校地域WIN-WINプロジェクト**」は，子どもたちがより良い社会と幸福な人生の作り手となる力を育むことを目的にしている。そのために地域（企業，NPO，市町村，地域人材など）の力を活用した実社会からの学びを充実するとともに学校の力を地域で生かす取り組みを推進する。また，新しい学習指導要領の社会に開かれた教育課程・カリキュラムマネジメント・総合的な探求の時間などに対応した取り組みでもある。事業の概要は，次の３点である。

①　**教育局に窓口を設置し，学校と地域をつなぐ**

「地域の力」を教育活動に活用する取り組みや「学校の力」を地域に生かす取り組みの提案を学校側から募集し，教育局が学校と地域のマッチング，コーディネートを実施する。

② 県立５校で，先行事例を打ち出し事業を牽引する

県立学校（高校４校，特別支援学校１校）を実践研究校として指定し，WIN-WINモデルを打ち出す。

③ 学校地域 WIN-WIN フォーラムを開催する

実践研究校の生徒による研究発表を行い，学校と企業等の交流の機会を設ける。

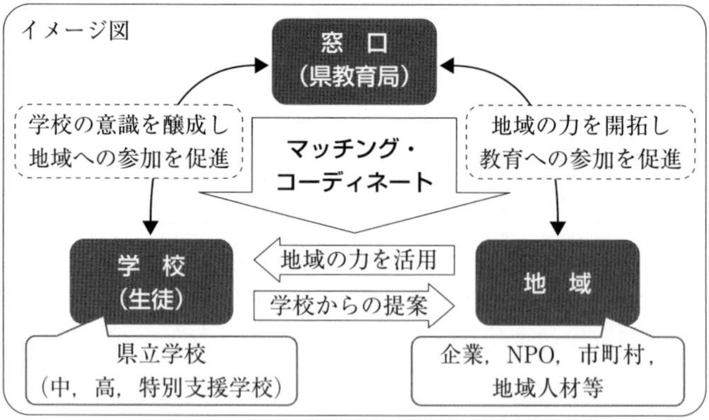

図14－３ 学校地域 WIN-WIN プロジェクト

出所）埼玉県教育委員会生涯学習推進課

実践研究校の埼玉県立小川高等学校では，「小川高校『ふるさと創生』プロジェクト」を作成し，和紙のふるさと小川町と連携し，生徒が街のさまざまな行事に運営側として参加している。

《主な取り組み》

- 廃校となった小学校の跡地に作られたカフェ「モザート」におけるメニュー開発と販売
- 小川町音楽祭の運営と司会
- 小川和紙フェスティバルへの参画
- 小川小学校との交流

【学校マネジメントの視点】

高等学校は地域との結びつきが小中学校と比べ弱い。学校と地域をつなぐコーディネートが必要である。埼玉県の取り組みは，教育委員会がその役を引き受けているところがポイントである。地域コーディネーターは学校教育をよく理解していて，かつ地域のこともよくわかっていなければならない。また，このような取り組みは生徒だけが行うのではなく，地域との人びとともに活動し，定期的にまとめや振り返りを行い，改善していくことも大切である。

写真14－2　カフェ「モザート」

出所）小川高等学校ホームページ
http://www.ogawa-h.spec.ed.jp（2019年２月26日閲覧）

第15章

予算管理

1. 総　　論

（キーワード）東京都立学校の予算編成等に係る規定，学校経営計画（方針），自律経営推進予算，年間授業（指導）計画，予算調整会議

（1）学校における予算管理

学校で校長の経営方針を実現していくためには，予算編成及び予算管理がとても重要になる。東京都では，**「東京都立学校の予算編成等に係る規定」**が，1998（平成10）年10月に策定され，東京都教育委員会から都立学校に配付される予算のすべてが対象になり，校内予算編成における教職員の職務と事務手続きを明確にしている。学校の予算には，こうした公費と呼ばれるもののほかに，学校徴収金などの私費も含まれる。

公費の予算編成で一般的にみられる事例は，教科から事務室（経営企画室）

に予算要求をさせ，事務室で査定し，復活要求，復活査定を経て，最終的に校長が決定する積上方式と呼ばれるものがある。このほか，校長が基本的な予算編成方針と内容を定め，その具体化の作業を事務室に委ねる下降方式と呼ばれるもののほか，集中予算編成方式，財源割当方式などがある。

東京都立学校の予算編成等に係る規定が目指す予算編成方式は，下降方式を基本にしつつ，積上方式を折衷したものとなっている。

校長が**学校経営計画（経営方針）**や教育目標，学校特色化施策，施設・設備の整備の優先順位などを考慮し，11月末までに予算編成指針を策定する。この指針を受け，各教科や分掌から出された予算要求を，経営企画室（事務室）が整理し，予算調整会議で調整した予算案を校長が決定することになる。

（2）自律経営推進予算

都立学校では，2003（平成15）年度から校長が作成する学校経営計画を予算面で支え，校長の経営機能を充実させ，特色のある教育及び個に応じた教育を推進し，教育の質の向上を図れるように，**自律経営推進予算**を導入した。

自律経営推進予算では，校長は科目の枠に拘束されないで弾力的に執行できるようになり，校長の裁量の幅を大きくした。

具体的には，東京都教育委員会が学校規模に即した額（学校運営費標準により算定した額）のうち，自律経営推進予算部分について「枠予算」として金額を学校に提示し，校長が学校経営計画を実現できるよう，自由に予算編成を行えるものである。もともと校長の予算面での権限は，予算執行計画を策定できる点で大きな権限があったが，この制度の実施でさらに権限を拡大した。その結果，校長は，必要な予算を重点分野や重要事項に効率的に配分し，学校経営計画を着実に実施していくことが可能になった。

（3）学校徴収金

私費である学校徴収金は，保護者等から学校が教育活動のために徴収し，児童・生徒に還元される性質のもので（PTA会費，学校後援会費などを除く），学校給食費，修学旅行費，学級会費，生徒会費，学年積立金などが学校徴収金に該当する。教育活動の必要性から徴収するものではあるが，保護者の負担軽減の観点から，金額は必要最小限にとどめる必要がある。

（4）地方公共団体によって異なる配付予算

配付される学校予算は，設置者である地方公共団体の財政規模によって異なるため，市区町村ごとで施設・設備の違いだけでなく，事務用品などの消耗品費の予算額にも差がある。そのため，教育職員は勤務する学校の予算規模を把握し，その予算規模に応じた予算請求をするとともに，**年間授業（指導）計画**に基づき，児童・生徒にとってより効果的な教育活動を可能とする教材・教具の作成，選定を心掛ける必要がある。たとえば，採点用の赤ペンなどの筆記用具一つとっても，自由気ままに使える自治体は都立学校に比べ少ない。筆者がかつて勤務していた自治体では必要な文房具は事前に用途を明確にして，購入してもらっていた。また10枚以上の資料はコピー機を使用せず，必ず印刷機で印刷するよう指導されていた。公立学校の予算は税金で賄われていることを認識し，費用対効果が見えるような予算執行を心掛けたい。

（5）校内の予算決定までの流れ

校長が示す「次年度の予算編成指針」に基づき，10月から11月にかけて，次年度の予算請求が行われる。予算請求に当たっては，当該年度の予算枠に対して一定程度の枠をはめられる（シーリング）ことがあり，必ずしも当該年度の予算規模が保障されるとは限らない。

教科，分掌，学年，部活動，各種委員会では，次年度の教育計画に基づき，必要な物品等を事務室（経営企画室）などに常備されているカタログ等で品名，品番号，価格を確認し，「希望調書」に必要数，必要時期，優先順位などを記載し，事務室（経営企画室）に提出する。教育職員に直接関わる予算項目としては，一般需要費（消耗品），備品購入費（価格が10万円以上），旅費（近接地，近接地外），使用料及び賃借料（会場使用料，入場料等），役務費（通信運搬料），等がある。

12月までには，要求されたすべての品目を事務室（経営企画室）が整理し，12月中には，教科主任，学年主任，分掌主任，部活動顧問，各種委員長からヒアリングを行い，品目の優先度の聞き取りを終える。1月中には事務室（経営企画室）において，全体で次年度の予算枠をこえないように，校長の予算編成指針に沿って査定をして予算案を作成する。2月上旬までには，**予算調整会議**において次年度予算案を審議し，校長が次年度予算案を決定する。

都立学校では，2006（平成18）年度に学校経営支援センターが開設したことにより，学校配付予算の半分程度以上は学校経営支援センターで一括購入することにより，差金を生じさせ，より一層予算の有効活用を行っている。

予算の有効活用に関して，かつて年度末に不要なものを大量発注して大量の在庫を抱えた事例があった。学校予算は，当該年度に必要であるものに対して使われるものであり，そのことにより教育活動が有効かつ効果的に行われなければならない。しかし，年度末に多額の執行がされるということは，その品目が当該年度に必要がなかったものであり，予算を執行することだけが目的になっていると誤解される予算執行であった。その反省に基づき，都立学校では計画的な予算執行を意識させるために，校長連絡会などにおいて，各学校の毎月の執行状況（執行率）を科目別に一覧で示して，管理職に警鐘を鳴らしている。

【学校マネジメントの視点】

公費（税金）でも私費（保護者負担）でも，学校では貴重な財源を使っているという意識を管理職だけでなく，一般教育職員ももつことが大事である。

そこで，必要なことは，たとえば各教科であれば，教科の年間授業（指導）計画に基づき，どのようなものが必要になってくるのか，毎年必要な物か，在庫はどの程度残っているのかなど，「例年通り」の予算請求になっていないかを検証する必要がある。また，その物品が必要となる時期はいつなのか，1学期か，2学期か，3学期かを明確にする。

一般に予算執行は１年を４回に分けて行っている。４月１日から６月末日までが第１四半期，７月１日から９月末日までが第２四半期，同様に10月１日から12月末日までが第３四半期，１月１日から３月末日までを第４四半期とそれぞれ呼んでいる。校長としては，経営企画室と連携し，それぞれ四半期ごとに予算の執行状況（執行率）を確認し，適切な執行が行われているか掌握することが重要になる。事務室（経営企画室）の職員に任せることがあってはならない。

【参考】私費負担の軽減

東京都では，保護者の負担軽減を図るために，学校徴収金について一定の制約を加えている。たとえば，修学旅行代金については，全日制高校の国内旅行の場合，一人当たりの所要上限額を76,000円（税別，関連経費を含む。）以下としている。海外の場合は，一人当たりの所要上限額を85,000円（税別，関連経費を含む）としている。また卒業アルバムは11,000円以内（税別）と規定している。さらに生徒の制服（標準服を含む）や体操着などの学校指定品についても，保護者等の負担軽減を図るよう規定している。いずれも学校においては，業者選定委員会を設置し，複数の企業に価格の見積もりを行わせるなどして，価格が適切であるかを十分に検討することが重要である。

第16章

人事管理

1. 総　　論

キーワード　自己申告，人事考課制度，業績評価，学校経営計画（方針），授業観察

（1）人事管理

人事管理には，校長による校内人事に関する面と所属職員の人事異動に関する面，及び都道府県教育委員会あるいは市区町村教育委員会による人材育成に関する面がある。

校務分掌の決定などの校内人事は，校長が学校経営計画または学校経営方針を踏まえ，主に所属職員の能力・適性を考慮しながら行う。東京都では2003（平成15）年度から主幹制度が導入され，小学校では２人（教務，生活指導），中学校では３人（教務，生活指導，進路指導），高等学校・全日制課程では６人（教

務，生活指導，進路指導，学年），高等学校・定時制課程では１人（教務），特別支援学校では３人（教務，生活指導，学部）が主幹教諭の基本定数となっている。現在，主幹教諭全体数は基本定数に近づいていると言われているが，すべての学校において基本定数を満たしてはいないのが現状である。その後，2009（平成21）年度には主任教諭制度が，2014（平成26）年度には指導教諭制度が導入され，東京都における学校運営は校長，副校長及び主幹教諭（４級職）が中心となり（教科指導面では指導教諭が４級職として東京都のリーダーとして位置付けられている。），主任教諭（３級職），教諭（２級職）という組織構造が完成している。

（２）人事異動はどのように行われるのか

人事異動は，① 教職員組織の構成の充実，② 学校間・地域間の格差是正，③ 学校の活性化と教職員個々の資質，能力モラールの向上，を図るために任命権者である都道府県教育委員会が定期異動要綱を定めて行っている。

校長は，所属職員との**自己申告**の面接において，異動に関する校長の人事構想を説明するとともに，「自己申告書（異動について）」に基づき，所属職員の異動に関する本人の意思を確認し，任命権者である都道府県教育委員会に意向を伝える（異動ヒアリング）。しかし，教員の希望に基づいた異動を行うものではなく，定期異動要綱に基づき，所属職員の能力・適性を生かした異動作業が行われる。なお，内示は，発令内容を所属長である校長や本人に事前に知らせることで人事異動を円滑に行うため，任命権者の裁量で行っているものであり，必ず行わなければならないというものではない。

（３）東京都における一般定期異動

東京都における一般定期異動は，適材を適所に配置し，学校における望ましい教員構成を確保することで教育活動の活性化を図ること及び教員に多様な経験を積ませ，教員の資質能力の向上と人材育成を図ることにある。なお，一般定期異動の方針は，毎年若干の改正が行われているが，2015（平成27）年度における方針は次のようになっている。

<小・中学校の異動方針>

① 現任校に３年以上勤務する者を異動の対象とし，６年に達した者を必異動とする。

② 過員解消のための異動は，異動の対象となる者から行う。

③ 現任校における勤務年数が６年に達した者のうち，校長の具申及び各教育委員会の内申に基づき，東京都教育委員会が認めた者については，異動の対象としない。

④ 全都を12の地域に分け，５校を経験するまでに異なる三つの地域を経験する。

⑤ ステージ制を導入し，広域的人事異動を推進する。

<都立学校の異動方針>

① 現任校に３年以上勤務する者を異動対象とし，６年に達したものを必異動とする。

② 都立高等学校等においては，学校タイプ等によりＡからＤまで四つのステージを設定し，原則として，ステージＢを含む異なる三つのステージを経験する。

③ 都立特別支援学校においては，障害種別等によりＡからＦまで六つのステージを設定し，原則として，３校を経験するまでに，異なる二つのステージを経験する。

（４）人事考課制度

東京都では，2000（平成12）年度から**人事考課制度**を導入した。人事考課制度は，自己申告と**業績評価**から構成される。校長・副校長は，自己申告・業績評価を通じて，教育職員の適性や得意分野，改善すべき点等を把握することができる。一方，教育職員は，自己申告を行うことにより，自己の目標を明確にするとともに，改善すべき点等を把握することができる。

校長・副校長と教育職員の双方が，それぞれの視点で教育職員の能力等を的確に把握し，資質・能力の向上につなげていくことが，自己申告と業績評価を合わせて行うことのもっとも重要な意義である。

（5）人事考課実施のプロセス

教育職員の職務の中に，目標設定⇒（目標の追加・変更）⇒自己評価（自己採点），校長・副校長の指導・助言⇒次期の目標設定⇒……というサイクルを組み込むことにより，継続的な資質・能力の向上を図ることが可能となる。

人事考課制度をより効果的に実施するためには，校長は年度ごとに**学校経営計画（学校経営方針）**を作成し，当該年度における「組織目標」を明確に示す必要がある。学校経営計画（学校経営方針）は，校長が学校の教育目標を達成するため，単年度ごとに目標や計画等を具体的に示したものであり，教育職員の諸活動の行動指針となるものである。

年度当初に，校長は教職員が自己申告書を作成するに当たって，あらかじめ明確な学校経営計画（学校経営方針）を提示し，説明する。そして，教職員に対して，校長が示す学校経営計画（学校経営方針）に即して，今年度の目標や取り組むべき事項について，簡潔に記入させるとともに，担当職務及び能力開発の目標設定をできるだけ具体的に数値化するなど到達度が明確に認識できるよう記載させる。職務目標設定のポイントは，① 学校経営方針を踏まえているか，② 努力すれば実現できる目標を設定する，③ 具体的な目標とする，④ 目標達成のための具体的手立てを明らかにする。

（6）業績評価

業績評価は，教育職員一人ひとりの資質・能力の向上を図り，業績評価の結果を給与や昇任等に適切に反映させるために行われる。業績評価とは，教育職員の評価期間内の職務遂行状況について，特定の評価基準日において，４つの「評価項目」に関して，３つの「評価要素」（能力，情意，実績）ごとに，「評価基準（評語）」に則って４段階評価を行い，それを各項目ごとに評価し，さらにその４つの項目別評価を総合的に評価して４段階評価のいずれかに決定し，業績評価書に記録することである。

評価項目は，「学習指導」，「学校運営」（主幹教諭は「学校経営の参画」，指導教諭は「学校経営への貢献」），「生活指導・進路指導」，「特別活動，その他」の４つで，校種と職種，職層により「評価項目」が異なっている。

管理職は，できるだけ多くの機会を通じて教育職員の業績評価の対象となる行動や自己申告で設定した目標実現となる取り組み（行動）を把握することに努める必要がある。たとえば，「学習指導」を評価するために，年間２回以上の**授業観察**を行うことになっているが，この回数に縛られることなく日常的に教室に行き，児童・生徒の学習状況を把握するとともに，教育職員の指導状況を把握するよう努めていきたい。なお中学校，高等学校等では，「生徒による授業評価」を実施しているが，この評価結果については参考程度に留め，あくまでも校長が教職員の職務行動の事実に基づいて評価すべきである。

【参考】異動実現までの流れ（都立学校の場合）

- ８月　　　【都教委】公募説明会
- ８月下旬　【都教委】定期異動要綱説明会（校長対象）
- ９月中旬～【校長】自己申告・中間申告面接（異動申告書の提出）
- 10月中旬　【校長】人事構想調書の作成➡学校経営支援センターに提出
- 10月下旬～【都教委】異動ヒアリング（学校経営支援センターごと）
- 11月下旬　【都教委】異動申請検討，継続申請検討
- 11月下旬～【都教委】異動作業
- １月中旬　【都教委】異動事務連絡
- １月下旬　【都教委】異動校長内示
- ２月中旬　【校長】異動本人内示
- ４月１日　【都教委】異動公表

【学校マネジメントとの視点】

校内人事は，所属職員の年齢構成や経験年数（在職年数）を踏まえながら，

計画的に行う。特に人材育成の視点に立ち，経験年数の少ない教育職員には経験豊かな教育職員と組ませるなどしていく。現在の教育職員の年齢構成はドーナツ現象があり，50歳代と30歳代以下が多く，40歳代の中堅教育職員が極端に少ないことが課題となっている。学校によっては30歳代以下の教育職員が８割を占める実態がある。こうした場合，指導経験を次世代に伝える継承が困難になるが，校長や副校長，主幹教諭がOJTにより，学校全体で人材育成に努める必要がある。

中学校や高等学校では，教科担任制であるため，人事に当たっては教科バランスも必要になる。特に学年を構成させていくためには，国語，数学，英語の教科の教育職員を中心にしながら，初任者教員（または初任２年目の教員）を計画的に配置していく必要がある。また，特に高等学校では，課程や学校の特色によって，教科が偏ったり，年齢構成が偏ったりする場合が見られる。人材育成の視点が求められる。

東京都では，在職３年が経つと異動対象者として，異動が可能となる。しかし，一般に初任者教員は４年，他の教員は６年を超えて在職できないことになっている。そのため，校長は所属職員の異動すべき年度を意識しながら，計画的に分掌配置を行う必要がある。特に初任者教員は１校目で担任経験をさせていくことが，その後の教員人生に大きな自信となる。昨今，大量退職時期が続き，複数の初任者教員が毎年赴任するような学校もある。誰しも初任者時代を経てきたわけであり，そうした未熟な時期を経ながら経験を積んできたことを忘れてはならない。

自己申告の面接は年間３回行われるが，年度当初の面接では所属職員の当該年度の目標をしっかり聞き取り，校長の学校経営計画（学校経営方針）のどの部分を具現化しているのかを詳細に把握する。この面接が不十分な場合には最終面接での目標達成の自己採点と齟齬が生じることになる。またこの面接は，所属職員にとって校長や副校長と自由に意見を交換できる唯一の公式の機会でもある。管理職にとって重要な機会としてとらえる必要がある。

【参考】教諭用　東京都における自己申告書（職務及び能力開発）

教諭　　**平成　年度　教育職員自己申告書(職務及び能力開発等について)**　　表面

所属		氏名		職員番号		性別		年齢	年　月 (年度末現在)	学校番号		現所属異動日	年　月　日

1　学校経営方針に対する取組目標	2　昨年度の成果と課題

		当初申告日		中間申告日	最終申告日	
3 担当職務の目標と成果		今年度の目標	目標達成のための具体的手立て 「いつまでに」「どのように」「どの程度」	進ちょく状況及び追加／変更	成果と課題	自己採
	学習指導					
	生活指導・進路指導					
	学校運営					

裏面

		当初申告日		中間申告日	最終申告日	
3 担当職務の目標と成果		今年度の目標	目標達成のための具体的手立て 「いつまでに」「どのように」「どの程度」	進ちょく状況及び追加／変更	成果と課題	自己採
	特別活動・その他					
4 能力開発（OJT、研究・研修、自己啓発）						

5 キャリアプラン	将来果たすべき自己の役割	左記の役割を果たせるようにするための中・長期的な展望 「どのような学校を経験したいか」「どのような分掌を経験したいか」「昇任についてどう考えるか」「必要な研究や研修についてどう考えるか」
	□ 学校経営 □ 教育行政 □ 学校運営のリーダー □ 教育指導のリーダー □ (　　　　　)	

6 自由意見	当初申告日	中間申告日	最終申告日

第17章

事務室（経営企画室）運営

1. 総　　論

キーワード 学校経営支援センター，経営企画室，経営企画型事務室，共同学校事務室，チーム学校

（1）事務室の地位と役割

学校には，直接児童・生徒の教育活動に関わる教育職員だけではなく，その教育活動を支える事務職員が配置されている。学校教育法や学校教育法施行規則では，教員とともに事務職員を学校に置くべき職員と規定している。東京都の場合，都立学校では，2006（平成18）年度に**学校経営支援センター**が設置（都内6カ所）されたことより，学校経営支援センターにおいて，学校業務の集中処理等による学校業務の軽減・効率化を図るとともに，事務室の経営面の機能強化を図るため，これまでの「事務室」を「**経営企画室**」に変更した。これ

は，学校経営支援センター設置に伴い，都立学校の事務室が，校長の学校経営を支援する**経営企画型事務室**として，経営企画機能を充実・強化することから，「事務室」の組織名を，経営企画機能を表した「経営企画室」に変更したものである。一方，公立小・中学校は事務室の規模が小さく，事務職員数も少ないので下記に示す事務を区市町村教育委員会と分担して処理したり，一部を校務分掌で教員が行ったりしているケース（**共同学校事務室**）もある。

（２）経営企画室の職務内容

「東京都立学校の経営企画室に関する規定」（2015（平成27）年３月）では，経営企画室の事務（職務内容）を規定しているが，主なものは次の５点である。

① 職員の人事及び給与並びに福利厚生に関すること。
② 公文書の収受，配布，発送，編集及び保存に関すること。
③ 予算，決算，会計及び契約に関すること。
④ 学校徴収金に関すること。
⑤ 施設，設備その他財産の維持管理に関すること。

（３）事務室に求められる経営機能

2006（平成18）年４月から学校経営支援センターが設置されたことに伴い，都立学校に置かれた経営企画室に新たに付け加えられた「経営機能」は，①「学校経営事務局機能」，②「サービス機能」及び③「渉外機能」となる。

経営企画室は，校長が策定する「学校経営計画」（以下「計画」という）の各項目の内容の充実を図り，教育の質的向上を目指すため，経営的視点に立って計画の策定に関わる。具体的には，計画素案策定の段階から，校長の指示により，計画の策定に必要な情報を収集及び分析し，課題の検討を行うとともに，原案の策定に参画する。また，従来から，事務長その他事務職員は企画調整会議の構成員であったが，2006（平成18）年度以降，より積極的に関わり，経営的な視点から企画調整会議を通して，経営計画に基づく教育活動の実施状況や問題点の共有化を図るとともに，副校長，主幹及び教員と連携し，計画・事業の全体的な進行管理を行うこととなった。

これまで事務室では，学校の窓口としての役割は担っていたが，広報及び広聴については，事務室が関わっていた学校と関わっていない学校，また事務室が関わっているとしてもその程度に差があった。2006（平成18）年以降，経営企画室として，校長の「学校経営計画」の実現に向け，学校の広報計画への策定関与や苦情又は相談等の状況を把握し，報告及び分析を行い，学校の改善に向けた業務を担っている。広報の具体例としては，当初の段階からの学校説明会への参画がある。授業料や学校徴収金等について具体的に説明し，質問等に対応するなど経営企画室として積極的に関わっている。

（東京都教育委員会「東京都立学校の管理運営に関する規則の一部を改正する規則及び関係諸規定の整備について」（平成18年３月）を抜粋，要約した。）

（４）「学校の顔」としての事務室

外部からの電話や学校を訪れる訪問者に最初に対応するのが事務室の職員である。その対応次第で学校への信頼感が増したり減じたりするものである。特に公立高等学校は選ばれる立場にあり，中学生や保護者，塾関係者などが志望校を決める際の決め手のひとつにもなる。東京都では学校経営支援センターの開設に伴い，経営企画型事務室を目指すことになったが，そのひとつが募集対策上の「学校の顔」としての事務職員の意識改革である。電話の対応では，「おはようございます。△△高等学校，経営企画室の□□です。」と丁寧でさわやかな対応をする学校が増えてきており，電話を掛けた方も気持ちが温かくなる。

また，学校を訪問した際に，最初に立ち寄る受付が経営企画室ということになる。職務を行いながらも常に窓口への気配りが必要であり，来客者にはすぐに対応できる準備をしておくことが望まれる。

公立小・中学校では，事務室はあっても職員は一人という学校が多い。そのため，電話は直接職員室にかかってくることが多く，必然，教員が電話の応対をすることになる。教員は電話対応が上手ではないと言われている。電話の応対は「学校の顔」という意識を全員の教員がもつことが大切である。管理職は年度当初に校内研修会を実施するなどして，教職員に電話対応を徹底させることが重要である。

（5）教員と事務職員の同僚性

事務職員に対して学校運営への参画機能が期待されているが，現実的にはまだ十分に浸透してはいない。たとえば，経営企画室長を除く職員が新規採用3年以下であるとか，経営企画室長を含め全員女性職員であるなど，学校によって職員構成にアンバランスが生じている。そのため，事務室が行うべき業務に一部支障が出てくることもある。

そうしたなかで，教員は，同僚性を教員だけと見るとの誤った考えをもち，事務職員に対して横柄な態度や見下した言葉遣いをすることがある。前述したように，学校という教育機関を機能させていくには，直接児童や生徒の教育活動に関わる教員と共に，その活動を支える事務職員がなくてはならない。教員が授業を行うために使用する教材や教具，資料作成のために必要な消耗品や備品など，日常的に状況を確認・把握し，購入や補充，交換などを行っているのも事務職員である。共に学校教育に携わっているという意識をもって，協働していくことが大切である。現在，**チーム学校**として，学校が組織全体の総合力を高めていくためには，教員と事務職員，さまざまな人材との役割分担や連携の在り方を模索していくことが求められている。

【学校マネジメントの視点】

前述したように，事務室は「学校の顔」としての位置付け，広聴活動を担っているという認識をすべての職員にもたせる。そのため，年間3回の自己申告の面接のほかに，日常的に事務室職員との関係を構築し，職務状況を把握していることが必要である。

毎朝実施している校長，副校長，経営企画室長（事務長）との打ち合わせでは，必ず事務室の職員の状況や外部からの電話対応（苦情など）について報告させる。

人間関係を良好に保つとともに，事務職員の人材育成，能力開発にも努めていく必要がある。時に，職員数が少ないからこそ，一度人間関係が壊れた場合は修復することが困難であり，そのために精神的に追い込まれ，休職を余儀なくされるといった例もみられる。相談しやすい環境づくりをすることも管理職の大切なマネジメントの視点である。

会計事故防止の観点から，予算担当は３年連続して担当させないなどして，業者との不適切な関係を生じさせない人事配置をしていくことが大切である。得てして，事務分担は経営企画室長（事務長）に任せがちになる。こうしたことは絶対にあってはならない。

また，現金を事務室に置かないことが会計事故防止につながっていく。学校には少額支払案件のため資金前渡金や証明書手数料等の現金が一定限度額以下で保有されているが，それ以外の現金は決して置かせないようにする。現金残高が帳簿と合致しているかを毎月末に確認することは会計事故防止のため，校長として重要な職務である。これを経営企画室長（事務長）や事務職員に任せて，校長自身が確認しないなどということはあってはならない。

なお，都立学校では，おおむね２年に１回，教育庁総務部法務監察課による「業務・服務観察」が行われ，その結果を公表している。業務の適正かつ能率的運営の確保，会計・服務事故等の未然防止を目的として行われるものであるが，毎年のようにいちじるしく適正を欠く事例が生じていることも事実である。これは，管理職の事務室運営に対する意識が低いことがその原因のひとつと考えられる。教育内容の把握とともに，事務室の業務内容を把握し適切に指示できる力量が求められる。

第18章

その他，教育課題等への対応

1. 総　　論

（1）さまざまな教育課題

学校教育にはいわゆる「不易と流行」がある。社会や時代の変化によって，学校に要請される教育内容が新たに加えられる。本来の教育内容に加わるため，学校現場には負担感が増大することになるが，これからの社会に生きていく児童・生徒のためには必要とされるものである。勤務校の児童・生徒の実態に応じて，どのような教育内容にしていくかを検討するなど，積極的に取り組んでいきたいものである。

主な教育課題には，人権教育，環境教育，情報（モラル）教育，主権者教育，消費者教育，安全教育（防災教育），国際理解教育，食育，特別支援教育，インクルーシブ教育，道徳教育などが挙げられる。

(２) 人権教育

人権教育とは，人権尊重の精神の涵養を目的とする教育活動をいう。各学校が人権教育を効果的に展開するためには，教職員一人ひとりが人権尊重の理念を十分に理解するとともに，人権教育の目標を明確にして，学校全体として組織的・計画的に進めることが重要である。その際には，法令に基づき，公正中立の立場で人権教育を推進していくことが大切である。

教職員は，自らの言動が幼児・児童・生徒の人権を侵害することにならないように常に意識していることが求められる。

人権教育の目標は，一人ひとりの幼児・児童・生徒がその発達段階に応じ，人権の意義・内容や重要性について理解し，自分の大切さとともに他の人の大切さを認めることができるようになり，それがさまざまな場面や状況下での具体的な態度や行動に現れるとともに，人権が尊重される社会づくりに向けた行動につながるようにすることである。

(３) 主権者教育

2015（平成27）年６月に公職選挙法が改正され，18歳から選挙権が得られることとなった。同年10月に発出された文部科学省初等中等教育局長「高等学校等における政治的教養の教育と高等学校等の生徒による政治的活動等について（通知）」には，「議会制民主主義など民主主義の意義，政策形成の仕組みや選挙の仕組みなどの政治や選挙の理解に加えて現実の具体的事象も取扱い，生徒が国民投票の投票権や選挙権を有する者として自らの判断で権利を行使することができるよう，具体的かつ実践的な指導を行うことが重要」としている。つまり，子ども時代から社会課題について考える機会を設け，「賢い有権者」「考える市民」を育てることが求められている。しかし，政治的中立の確保が求められている教員には，その取扱いは慎重であるとともに，現実の社会事象について生徒が考える客観的な題材を提供し，考えさせる機会をつくることに積極的でなければならない。また公民科の教員に任せるだけでなく，すべての教員が関わるという意識をもつことが大切である。

さらに，高等学校の教員にとどまらず，小・中学校ではどのような主権者教育が行えるかを考え，社会科や特別活動（学級活動，児童会・生徒会活動）などを通じて実践を行っていくことが，高等学校の主権者教育につながっていく。

なお，2018（平成30）年６月には，「民法の一部を改正する法律」が成立し，2022年４月１日から成人年齢が18歳に引き下げられるなど，高等学校教育に大きな影響を及ぼすことが懸念される。

（４）環境教育

環境教育とは，「環境や環境問題に関心・知識をもち，人間活動と環境とのかかわりについての総合的な理解と認識の上にたって，環境の保全に配慮した望ましい働き掛けのできる技能や思考力，判断力を身に付け，持続可能な社会の構築を目指してよりよい環境の創造活動に主体的に参加し，環境への責任ある行動をとることができる態度を育成すること」（文部科学省（2007）環境教育指導資料）としている。

そして，環境教育を通じて，人間と環境との関わりについての正しい認識に立ち，自らの責任のある行動をもって，持続可能な社会づくりに主体的に参画する人材を育成することを目指すとし，学校において，各教科や総合的な学習の時間等をつうじて環境教育を取り扱い，①人間と環境とのかかわりに関するものと，環境に関連する人間と人間との関わりに関するもの，その両方を学ぶことが大切であること，②環境に関わる問題を客観的かつ公平な態度でとらえること，③豊かな環境とその恵みを大切にする心をはぐくむこと，④いのちの大切さを学ぶこと，を重視していくとしている。

また，環境教育を行う際の視点として，①持続可能な社会の構築を目指す。②学校，家庭，地域社会と連携する。③発達等に応じて内容や方法を工夫する。④地域に実態から取り組む。⑤消費生活の側面に留意する。

たとえば，小学校においては環境をとらえる視点として，循環，多様性，生態系，共生，有限性，保全を児童が意識するよう指導することが重要である。

【学校マネジメントの視点】

時代と社会の変化に伴って，学校に期待されることが多様化拡大化されてくる。そうした変化を敏感に読み取り対応していくために，常にアンテナを高く張り，社会の変化や国の動向に目を向けていることが管理職にとっては重要である。

引用・参考文献

第 1 章　教育課程の編成・実施
- 中央教育審議会答申（2016）幼稚園，小学校，中学校，高等学校及び特別支援学校の学習指導要領等の改善及び必要な方策等について．
- 文部科学省（2017）中学校学習指導要領解説　総則編．

第 2 章　教科指導
- 中央教育審議会答申（2016）幼稚園，小学校，中学校，高等学校及び特別支援学校の学習指導要領等の改善及び必要な方策等について．
- 文部科学省（2017）中学校学習指導要領解説　総則編．
- 朝日新聞出版（2008）知恵蔵．

第 3 章　総合的な学習（探究）の時間
- 教育課程審議会（1998）幼稚園，小学校，中学校，高等学校，盲学校，聾学校及び養護学校の教育課程の基準の改善について（答申）．
- 中央教育審議会答申（2016）幼稚園，小学校，中学校，高等学校及び特別支援学校の学習指導要領等の改善及び必要な方策等について．
- 文部科学省（2017）中学校学習指導要領解説　総則編．

第 4 章　道徳教育・特別の教科　道徳
- 東京学芸大学総合的道徳教育プログラム（2012）教職資料　新しい道徳教育〈改訂版〉
- 教育再生実行会議第 1 次提言（2013）いじめの問題等への対応について．
- 中央教育審議会答申（2014）道徳に係る教育課程の改善等について．
- 道徳教育に係る評価等の在り方に関する専門家会議報告（2016）「特別の教科　道徳」の指導方法・評価等について．
- 東京都教育庁指導部高等学校教育指導課（2016）学校設定教科「人間と社会」の設置及び使用教科書について．

第 5 章　学校行事・生徒会
- 神奈川県立湘南高等学校（1991）湘南70周年記念誌．
- 神奈川県立湘南高等学校（2001）湘南80周年記念誌．
- 神奈川県立湘南高等学校（2011）湘南90周年記念誌．
- 神奈川県立湘南高等学校PTA（2012）PTA広報 湘南　第92号．
- 神奈川県立湘南高等学校PTA（2013）PTA広報 湘南　第96号．

第 6 章　学級経営・ホームルーム経営
- 東京都教育委員会（2016）教育研究委員研究報告「特別活動」．
- 栃木県総合教育センター（2015）若手教員のための学級経営のイ・ロ・ハ．

第 7 章　進路指導・キャリア教育
- Frey, C. B. & Osborne, M. A. (2013). The Future of Employment: How Suscepti-

ble Are Jobs to Computerization?. *Oxford University Martin School Working Papers*, September 18.
- 文部省（1977）中学校・高等学校進路指導の手引き—進路指導主事編.
- 文部科学省（2004）キャリア教育推進に関する総合的調査研究協力者会議報告書～児童生徒一人一人の勤労観，職業観を育てるために～.
- 文部科学省（2011）小学校キャリア教育の手引き（改訂版）.
- 文部科学省（2011）中学校キャリア教育の手引き.
- 文部科学省（2011）高等学校キャリア教育の手引き.
- 文部科学省（2018）平成28年度「児童生徒の問題行動・不登校等生徒指導上の諸課題に関する調査」（確定値）について.
  http://www.mext.go.jp/b_menu/houdou/30/02/__icsFiles/afieldfile/2018/02/23/1401595_002_1.pdf（2019年２月26日閲覧）

第８章　特別支援教育
- 文部科学省（2017）発達障害を含む障害のある幼児児童生徒に対する教育支援体制整備ガイドライン
  http://www.mext.go.jp/a_menu/shotou/tokubetu/1383809.htm（2019年２月26日閲覧）
- 文部科学省（2002）「通常の学級に在籍する特別な教育的支援を必要とする児童生徒に関する全国実態調査」調査結果.
  http://www.mext.go.jp/a_menu/shotou/tokubetu/material/1361231.htm（2019年２月26日閲覧）
- 文部科学省（2003）今後の特別支援教育の在り方について（最終報告）
  http://www.mext.go.jp/b_menu/shingi/chousa/shotou/054/shiryo/attach/1361204（2019年２月26日閲覧）
- 文部科学省（2006）通級による指導の対象とすることが適当な自閉症者，情緒障害者，学習障害者又は注意欠陥多動性障害者に該当する児童生徒について（通知）
  http://www.mext.go.jp/b_menu/hakusho/nc/06050817.htm（2019年２月26日閲覧）
- 文部科学省（2012）「通常の学級に在籍する発達障害の可能性のある特別な教育的支援を必要とする児童生徒に関する調査結果について」 http://www.mext.go.jp/a_menu/shotou/tokubetu/material/1328729.htm（2019年２月26日閲覧）
- 髙橋あつ子（2019）「場の発想から，ニーズ対応と成長支援を保障する提案へ」『月刊学校教育相談』2019年２月号，ほんの森出版
- 髙橋あつ子（2017）「インクルーシブ教育を推進する学校経営」『小学校時報』NO. 795，全国連合小学校長会
- 柘植雅義他（2007）中学・高校におけるLD/ADHD高機能自閉症等の指導　自立をめざす生徒の学習・メンタル・進路指導，東洋館出版.

- 文部科学省（2017）平成28年度特別支援教育体制整備状況調査結果について　http://www.mext.go.jp/a_menu/shotou/tokubetu/material/__icsFiles/afieldfile/2017/04/07/1383567_02.pdf（2019年2月26日閲覧）
- 大阪府教育委員会編（2012）高校で学ぶ発達障がいのある生徒のための明日からの支援に向けて，ジアース教育新社.
- 文部科学省（2016）高等学校における通級による指導の制度化及び充実方策について　http://www.mext.go.jp/a_menu/houdou/28/03/1369191.htm（2019年2月26日閲覧）

第9章　クラブ活動・部活動指導

- 三鷹市役所ホームページ　http://www.city.mitaka.tokyo.jp（2019年2月26日閲覧）
- 中原はちのすけクラブホームページ　http://hachinosukefan.blog33.fc2.com/（2019年2月26日閲覧）
- 東京都教育委員会（2007）部活動顧問ハンドブック―児童・生徒の充実した学校生活の実現に向けて―
- 文部科学省（2017）運動部活動の現状について
- 文部科学省（2018）運動部活動の在り方に関する総合的なガイドライン

第10章　生徒指導

- 有村久春（2003）キーワードで学ぶ　特別活動　生徒指導・教育相談，金子書房.
- 文部科学省（2010）生徒指導提要
- 天笠茂（2015）生徒指導の機能，現代生徒指導論，日本生徒指導学会，学事出版.
- 嶋﨑政男（2015）組織的生徒指導体制の確立と運営，現代生徒指導論，日本生徒指導学会，学事出版.
- 八並光俊（2017）チーム学校と今後の生徒指導の方向性，生徒指導学研究，第16号.
- 文部科学省（2017）平成28年度児童生徒の問題行動・不登校等生徒指導上の諸課題による調査（速報値）.　http://www.mext.go.jp/b_menu/houdou/29/10/__icsFiles/afieldfile/2017/10/26/1397646_001.pdf（2019年2月26日閲覧）
- 東京都教職員研修センター（2012）教職員ハンドブック第3次改訂版，都政新報社.
- 文部科学省（2018）学校の危機管理マニュアル作成の手引.

第11章　健康安全指導

- 文部科学省（2013）平成25年度全国体力・運動能力調査.
- 文部科学省（2017）中学校学習指導要領解説　総則編.
- 工藤文三編（2009）中学校教育課程全体計画の作成と運用の工夫，明治図書.

第12章　校務の処理，校務分掌

- 文部科学省（2017～）学校における働き方改革特別部会資料，7～.
- 中央教育審議会（2017）学校における働き方改革に関する総合的な方策について

（中間まとめ）.
• 文部科学省（2017）学校における働き方改革に関する緊急対策.
• 神港学園高等学校ホームページ. http://www.shinko.ed.jp
第13章　保護者対応
• 神奈川県教育委員会（2017）県立高校で神奈川らしいコミュニティ・スクールをはじめます.
• 日本教育経営学会実践推進委員会編（2015）次世代スクールリーダーのための「校長の専門職基準」花書院.
• 多賀一郎（2018）信頼される保護者対応　明治図書.
• 東京都教育相談センター（2011）学校問題解決のためのヒント.
第14章　地域社会との連携
• 仙台市立幸町小学校ホームページ. http://www.sendai-c.ed.jp/～saiwai/（2019年2月26日閲覧）
• 文部科学省（2016）コミュニティ・スクールから地域における協働体制に発展した事例, 子供も大人も一緒に学ぶ, 横浜市立東山田中学校区学校支援地域本部（やまたろう本部）.
• 埼玉県教育委員会（2018）平成30年度新規事業「学校地域WIN-WINプロジェクト」について（県政ニュース報道発表資料）.
第15章　予算管理
• 東京都教職員研修センター監修（2003）教職員ハンドブック, 都政新報社.
• 東京都教育庁総務部監修（2017）東京都教育例規集　平成29年度版, ぎょうせい.
第16章　人事管理
• 東京都教育委員会（2015）平成27年度　人事考課評価者訓練テキスト.
• 東京都教育委員会（2017）東京都教員人材育成方針.
• 東京都教育委員会（2017）東京都の教育.
第17章　事務室（経営企画室）運営
• 東京都教育庁総務部監修（2017）東京都教育例規集　平成29年度版, ぎょうせい.
第18章　その他, 教育課題への対応
• 東京教職員研修センター（2017）平成29年度東京都若手教員研修　1年次（初任者）研修テキスト.
• 国立教育政策研究所（2007）環境教育指導資料（小学校編）
• 月刊高等教育（2015年8月号）特集「18歳選挙制」はすぐそこだ, 学事出版.

資　料

本書は，以下の３つの調査研究を基盤に作成されている。ここでは，それぞれの研究の概要及び調査結果について示す。

①三村隆男，遠藤真司，岡田芳廣，小山利一，羽入田眞一，細谷美明（2017）教職大学院の学部等新卒学生におけるキャリア・パスの研究―教育管理職へのキャリア・パスに焦点をあて―早稲田大学大学院教職研究科紀要第９号，53-72.

②三村隆男，岡田芳廣，小山利一，細谷美明，羽入田眞一，遠藤真司，藤原善美（2018）教職大学院の学部新卒学生におけるキャリア・パス研究Ⅱ―教育管理職養成聞き取り調査及び教職大学院学部新卒学生調査をもとに―早稲田委大学大学院教職研究科紀要第10号，27-41.

③三村隆男，岡田芳廣，小山利一，細谷美明，羽入田眞一，遠藤真司，藤原善美（2018）教職大学院学部等新卒学生対象教育管理職についての調査結果報告書，全22頁.

①「教職大学院の学部等新卒学生におけるキャリア・パスの研究―教育管理職へのキャリア・パスに焦点をあて―」（三村他 2017）では，東京を中心とした首都圏における教育管理職不足が深刻な状況にあることから端を発して研究に入った。2016年，雑誌『AERA（アエラ）Vol. 29 No. 36』（2016年８月22日号，朝日新聞出版）では，一例として東京都の副校長への登用を想定した管理職Ｂ選考の倍率が，2000年度の小学校3.2倍，中学校12.4倍から，2015年度は小中ともほぼ１倍に低下したことが示された。こうした管理職離れの傾向は特に首都圏では顕著であり，同研究では同様の傾向が，神奈川，埼玉，千葉県でも存在していることを明らかにしている。一方，わが国の教育管理職登用が，偶然性やインフォーマル・グループにより成立していた現実を明らかにしたと同時に，特に首都圏では予定調和的な従来の教育管理職へのキャリア・パスが崩壊

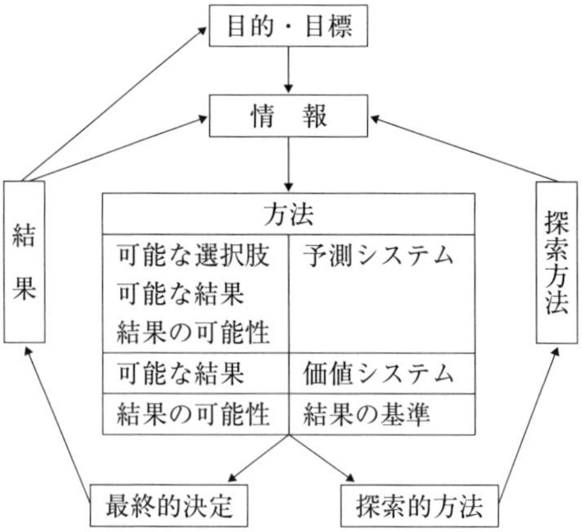

図資料－１　意思決定プロセス

出所）ジェラット，1962

し，管理職不足という大きな壁に直面していることをいくつかの聞き取り調査から事例として示した。こうした中で，教師キャリアにおいてだれもが直面する管理職へキャリア・パスへの意思決定において，その判断材料となる教育管理職情報が閉ざされていることに問題性を示した。それはキャリア形成に関わるジェラット（Gelatt, 1962）の意思決定プロセス（図資料－１）において，選択対象の情報が選択決定において重要な位置づけであることが確認できたからである。この成果は，以下の②の研究で示した認知的情報処理過程の研究につながる。

②「教職大学院の学部新卒学生におけるキャリア・パス研究Ⅱ—教職大学院学部新卒学生調査をもとに—」（三村他 2018）では，以下の３つの手順で研究が進められ，一定の成果をあげた。

第１の研究として，人材育成を対象とした教員の在り方についての議論の検討を行った。

中央教育審議会大学分科会大学院部会専門職大学院ワーキンググループ（2016）による報告の参考資料１－４に「修士課程との制度比較」がある。同

表資料－1　修士課程と教職大学院の比較

		教職大学院	修士課程
目的		高度専門職業人の養成	研究者の育成 高度専門職業人の養成
標準修業年限		2年又は1年以上2年未満の期間で各大学が定める	2年
終了要件		45単位以上（うち10単位以上は学校等での実習）	30単位以上 修士論文審査(研究指導)
教員組織	必置教員	――	
	兼務	教育研究上必要な教員を配置	
実務家教員		4割以上	――
授業方法		・事例研究 ・現地調査 ・双方向・多方向に行われる討論・質疑応答 ・学校実習・共通科目：必修	――
学位		教職修士（専門職）	修士（○○）
認証評価		教育課程や教育組織等の教育研究活動の状況について，文部科学大臣により認証を受けた認証評価団体の評価を5年毎に受審することを義務付け，教育の質保証を図る仕組みを担保	――

出所）中央教育審議会大学分科会大学院部会専門職大学院ワーキンググループ（2016）「専門職大学院を中核とした高度専門職業人養成機能の充実・強化方策について」参考資料1－4を基に筆者らが作成。

参考資料をもとに，教職大学院と従来の修士課程との比較に特化した形で資料を作り替え，教職大学院が従来の修士課程と比較し，学校マネジメントを学ぶ上で相応しい学修環境にあることを検討した（表資料－1）。

修士課程との比較で見えてきた教職大学院の特徴としては，まず，カリキュラムにおける共通科目と分野別科目の二層構造，授業で得た理論を活用する長期の実習，次に，学修環境には，多くの教育管理職出身者で構成される実務家教員，及び学友としての現職教員の存在などがある。学校教育全体を俯瞰し，学校のリアリティに接し今日的な課題に対峙できる学修環境は，教育管理職教育を通し，その後のキャリア・パスの中でそれらを醸成し，教師としての在り方への主体的選択を果たすGelatt（1962）の示した認知的情報処理過程を促進するよりよい要件を備えていると考えられる。

①の三村ら（2017）の研究では，東京をはじめとする首都圏における教育管理職養成が直面している課題について触れていたが，地方の状況については未調査であった。そこで第2の研究として教育管理職養成について批判的に捉えるため，2017年7月から9月の期間に研究担当者らによる聞き取り調査を実施した。実施対象地域は，全国を，北海道・東北地区，北陸地区，関西地区，中国・四国地区，九州・沖縄地区に分け，それぞれの地区から，山形県，福井県，大阪府豊中市，香川県，福岡県の1県を抽出し，調査を実施した。各地区の調査対象は，多くの制約の中で調査が可能な地域を選択し，以下の3点について聞き取り調査を実施した。

- 教育管理職養成の現状と対策
- 教員育成指標と教育管理職養成の位置付け
- 養成段階における教育管理職教育の可能性について

教員人事システムが「自治体の抱える諸条件（人口地理的条件，社会経済的条件）だけでも，また教委の掲げる戦略・方針だけでもなく，これら双方の影響のもとで規定されている」との川上泰彦（2013）の指摘のように，聞き取り調査結果もそれを裏付けた。さまざまな条件で管理職選考が規定されているものの，教育管理職への課題意識は共通に存在するようである。教育管理職が充足し，教職大学院養成段階の教育管理職教育に否定的なところもある一方，今後の教育管理職減少を見越して一定の理解を示しているところもある。ただし，数量的に余裕のある地方においても管理職の質的向上は課題として位置付いている。大学と連携，キャリアステージにおける管理職の位置付け，付属学校や民間との交流によるキャリア・アップなどの取り組みをみせている。教育管理職教育の在り方は，定量的ニーズのみならず，定性的な向上からも考える必要があるようである。

聞き取りからは，養成段階の教育管理職教育について時期尚早との考えも示されたが，教育管理職の情報を身に付け一定期間教育活動に携わることで，危機管理意識に特化した発言であったが，養成段階から多くのシミュレーションを取り入れることで判断力が身に付くとの認識も示されていた。

第3の研究として，教職大学院に在籍する学部新卒学生を対象に，教育管理職への志向についての調査を実施した。教育管理職教育を教職大学院の養成段階で実施する場合，対象となる学部新卒学生の教育管理職への志向について明らかにしておく必要があったからである。

調査研究の詳細な結果は，次の③の『教職大学院学部等新卒学生対象教育管理職についての調査結果報告書』に掲載されているので，そちらをお読みいただきたい。

当時，学部新卒学生が2学年揃っている教職大学院は45大学院あり，すべての教職大学院の学部新卒学生に調査票を送付し調査を実施したが，回収率は49.7%にのぼった。

③教職大学院学部等新卒学生対象教育管理職についての調査結果報告書（三村ら，2018）では，教職大学院に在籍する学部新卒学生を対象に調査を行い，定量的には因子分析を含む志向性を中心とした授業や実習の分野との関連性を，定性的には定量的結果を補うため質的記述の分析を試みた結果を掲載している。

調査は，2017年4月現在で，学部新卒学生が1，2学年そろっている45教職大学院を対象に2017年7月に調査を実施した。回答があった教職大学院数は30大学院（66.7%），回答数は576名であった。文部科学省の教職大学院入学者選抜の状況（確定版）を基に学部新卒学生の在籍を算出したところ1,160名となり，回収率は49.7%となった。本調査については，教職大学院の学部新卒学生が学校マネジメントをつかさどる教育管理職教育への考え方を示す貴重な資料であり，以下に，③の資料の全文を示す。

③　教職大学院学部等新卒学生対象教育管理職についての調査結果報告書（全文）

首都圏において教育管理職候補者が減少する一方で，学校経営に求められる力量の高度化が進展する中，新たな切り口として創設後10年が経過する教職大学院の学部等新卒学生を対象とした教育管理職教育の開発研究に取り掛かりました。研究をすすめるにあたって，教職大学院の学部等新卒学生の現段階での管理職教育への志向性を実証的に調査する必要に迫られ，本調査に着手しました。

本調査は，2017年，学部等新卒学生が２学年そろっている全国45教職大学院を対象に，「教育管理職についての調査：学部等新卒学生（ストレート・マスター）対象」の題目で実施されました。

その結果，45教職大学院中30の教職大学院から，576件の回答（回答率49.7%）を得ることができました。集計結果は，現在の教職大学院における学部等新卒学生の教育管理職教育への意向を示す実証性の高い資料となり，ここに報告させていただく次第です。

以下にご協力いただきました30の教職大学院をご紹介させていただきます。ご協力に感謝申し上げます。

岩手大学，宮城教育大学，秋田大学，上越教育大学，金沢大学，福井大学，信州大学，岐阜大学，静岡大学，愛知教育大学，京都教育大学，大阪教育大学，兵庫教育大学，奈良教育大学，和歌山大学，広島大学，山口大学，鳴門教育大学，香川大学，愛媛大学，福岡教育大学，佐賀大学，長崎大学，大分大学，宮崎大学，琉球大学，聖徳大学，創価大学，帝京大学，早稲田大学

2018年３月25日

【目次】

「教育管理職についての調査：学部等新卒学生（ストレート・マスター）対象」　集計結果

調査対象：2017年４月現在で，学部等新卒学生が１，２学年そろっている45教職大学院
調査方法：各教職大学院に学部等新卒学生数の調査・回答用紙を送付し，無記名で回収。
調査実施：2017年７月実施。
回収率：45教職大学院中30大学院から576件の回答があった。回収率は49.7％。

※以下は集計結果概要である。2以降のパーセントは概算となっており，必ずしも100％となっていない。

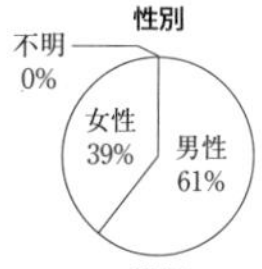

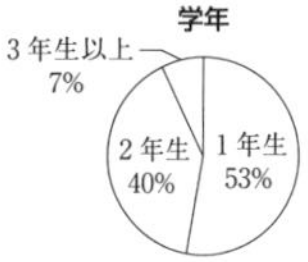

1　ご自身についてお答えください。

１．性別をお選びください。　男性・女性（いずれかに○）
男性348名（60.4％），女性226名（39.2％），不明２名（0.4％）。

２．学年をお書きください。（　）年（数字を入れてください）
１年生307名（53.3％），２年生229名（39.8％），
３年生以上40名（7％）

３．入学時について（いずれかに○）
（　　）大学卒業後直接入学した
（　　）卒業後臨任を経て入学した
（　　）卒業後民間企業等を経て入学した　（　　）その他

	大学卒業後直接入学した	卒業後臨任を経て入学した	卒業後民間企業等を経て入学した	その他	合計
度数	511	31	18	16	576
％	88.7	5.4	3.1	2.8	100

４．就職を希望する学校種（複数回答可）
（　　）小学校，　（　　）中学校，　（　　）高校
（　　）特別支援学校，（　　）中等教育学校，（　　）その他

	小学校	中学校	高校	特別支援学校	中等教育学校	その他（複数免許取得者含む）	合計
度数	235	147	74	13	2	105	576
％	40.8	25.5	12.8	2.3	0.3	18.3	100

５．大学院修了時に新たに取得予定の教員免許　※記述，選択がありますのでご注意ください。
学校種には小学校，中学校等をお書きください。
•学校種（　　　　）種別（専修・１種・２種）（選択）　教科（　　　　）
•学校種（　　　　）種別（専修・１種・２種）（選択）　教科（　　　　）
集計表省略

2 授業および実習についてお尋ねします。

1．次の教職大学院の授業における項目について，どの程度興味がありますか。

質問項目		5．非常に興味がある	4．少し興味がある	3．どちらでもない	2．あまり興味がない	1．まったく興味がない
ア．学習指導要領の理解	度数 %	205 35.6	281 48.8	57 9.9	28 4.9	4 7
イ．各教科等の指導計画の作成・改善	度数 %	346 60.1	185 32.1	32 5.6	8 1.4	2 3
ウ．教育課程の編成	度数 %	159 27.6	279 48.4	100 17.4	33 5.7	4 7
エ．学習指導案の作成及び改善	度数 %	336 58.3	177 30.7	45 7.8	13 2.3	3 5
オ．指導方法・指導技術	度数 %	482 83.7	78 13.5	11 1.9	3 5.0	0 0
カ．児童生徒の学習状況の把握	度数 %	414 71.9	139 24.1	14 2.4	8 1.4	0 0
キ．教材の作成と開発	度数 %	401 69.6	127 22.0	40 6.9	8 1.4	0 0
ク．授業力向上の組織的な取組	度数 %	348 60.4	179 31.1	40 6.9	6 1.0	2 0.3
ケ．生徒指導（道徳的実践の指導）	度数 %	383 66.5	143 24.8	45 7.8	5 0.9	0 0
コ．教育相談	度数 %	323 56.1	170 29.5	73 12.7	9 1.6	1 0.2
サ．特別活動	度数 %	247 42.9	225 39.1	85 14.8	19 3.3	0 0
シ．進路指導・キャリア教育	度数 %	253 43.9	206 35.8	83 14.4	32 5.6	2 0.3
ス．特別支援教育	度数 %	271 47.0	204 35.4	74 12.8	21 3.6	6 1.0
セ．集団の把握と学級経営	度数 %	402 69.8	132 22.9	36 6.3	2 0.3	3 0.5
ソ．保護者との連携	度数 %	303 52.6	206 35.8	51 8.9	10 1.7	5 0.9
タ．学校組織	度数 %	193 33.5	229 39.8	119 20.7	27 4.7	7 1.2
チ．学校経営	度数 %	165 28.6	224 38.9	132 22.9	42 7.3	13 2.3
ツ．教育行政	度数 %	85 14.8	222 38.5	165 28.6	80 13.9	21 3.6
テ．変化する社会と学校教育の役割	度数 %	204 35.4	247 42.9	98 17.0	22 3.8	3 0.5
ト．教員としての資質向上	度数 %	385 66.8	147 25.5	38 6.6	5 0.9	1 0.2
ナ．服務	度数 %	107 18.6	254 44.1	154 26.7	51 8.9	9 1.6

2．学校における実習で以下の項目にどの程度取り組んでみたいですか。

質問項目		5．非常に取り組みたい	4．少し取り組みたい	3．どちらでもない	2．あまり取り組みたくない	1．まったく取り組みたくない
A 教育課程の編成・実施	度数 %	102 17.7	258 44.8	167 29.0	39 6.8	9 1.6
B 教科指導	度数 %	473 82.1	88 15.3	13 2.3	0 0	2 0.3
C 総合的な学習の時間	度数 %	235 40.8	237 41.1	86 14.9	12 2.1	5 0.9
D 道徳の時間・道徳教育	度数 %	295 51.2	179 31.1	79 13.7	15 2.6	8 1.4
E 特別活動	度数 %	259 45.0	213 37.0	84 14.6	13 2.3	4 0.7
F 生徒指導（生活指導）	度数 %	338 58.7	172 29.9	54 9.4	10 1.7	2 0.3
G キャリア教育・進路指導	度数 %	200 34.7	222 38.5	111 19.3	33 5.7	9 1.6
H 特別支援教育	度数 %	217 37.7	237 41.1	92 16.0	21 3.6	7 1.2
I 部活動指導	度数 %	187 32.5	170 29.5	132 22.9	50 8.7	35 6.1
J 学級・ホームルーム経営	度数 %	375 65.1	157 27.3	34 5.9	8 1.4	1 0.2
K 健康安全指導	度数 %	137 23.8	262 45.5	146 25.3	28 4.9	3 0.5
L 校務の処理・校務分掌	度数 %	125 21.7	227 39.4	151 26.2	50 8.7	22 3.8

3 教育管理職（※）についてお伺いいします。

※教育管理職とは，学校管理職（校長・副校長・教頭）及び学校管理職候補者（指導主事など）をさします

質問項目		4．そう思う	3．少しそう思う	2．あまりそう思わない	1．そう思わない
1．将来は教育管理職を目指したい。	度数 %	120 21	173 30	196 34	67 12
2．教育管理職になる方法を知りたい。	度数 %	131 23	200 35	161 28	64 11
3．教育管理職の職務について知りたい。	度数 %	172 30	222 39	117 20	45 8
4．教育管理職に興味がある。	度数 %	140 24	188 33	169 29	55 10
5．教員として教育管理職を選択肢の一つとしている。	度数 %	151 26	165 29	167 29	68 12
6．今は教育管理職について考えていないが，今後の成り行きによって考えるかもしれない。	度数 %	142 25	247 43	115 20	51 9
7．教育管理職の職務でやりがいを感じること，つらく感じることを知りたい。	度数 %	197 34	245 43	88 15	25 4
8．人から勧められたら教育管理職を考えるかもしれない。	度数 %	122 21	237 41	141 25	54 9
9．教育管理職になり学校を経営することが夢である。	度数 %	69 12	125 22	227 39	134 23
10．授業で教育管理職の方の話を聞きたい。	度数 %	174 30	222 39	113 20	45 8
11．優れた教育管理職に出会うことで，教育管理職になろうと考えるかもしれない。	度数 %	171 30	270 47	80 14	34 6
12．教育管理職になるための情報を得る機会がカリキュラムにあるといい。	度数 %	135 23	231 40	141 25	48 8

④ 【自由記述】教育管理職等のキャリア・パス情報（なり方，職務など全般）についての授業を，現職用ではなく学部等新卒学生（ストレート・マスター）用として設置することについてご意見がありましたらお書きください。

自由記述については180人から回答があった。180に及ぶ記述をKJ法で分類した。分類作業に携わったのは早稲田大学教職大学院の学部新卒学生７名である。記述を読み取り分類する上で，立場や経験知が近いため妥当な分類が可能との理由からである。KJ法によるグルーピングは，回答者が自己回答を正当化する傾向にあることを念頭におき，教育管理職に関するストレート・マスター用の授業に対する肯定か否定に着目して行った。KJ法によるグルーピングの結果，表に 示されたように，記述はその内容により12に分類され，それぞれを内容により教育管理職教育の設置について，肯定，条件付き肯定，否定，その他と類型化された。肯定，条件付き肯定を合わせると全体の77.2%を占めた。ただし，教育管理職教育についての調査なので，好意的な意見に偏る傾向がある可能性も念頭に置く必要がある。

表　教育管理職教育の設置について肯定・否定　(N=180)

肯定・否定	代表的記述	度数	合計	度数及び百分率（%）
肯定	①学校への還元につながる	4	108	139（77.2%）
	②自分のキャリア・プラン上で重要	18		
	③情報として皆知っておくべき	26		
	④多少の知識としてもっているほうがよい	50		
	⑤理由はないがあるとよい	10		
条件付き肯定	⑥授業を担当する講師の質による	17	31	
	⑦希望者による選択制ならば	13		
	⑧管理職不足を改善する目的ならば	1		
否定	⑨現時点では必要ない	16	23	23（12.8%）
	⑩そもそも要らない	7		
その他	⑪興味なし	15	18	18（10.0%）
	⑫情報がなく考えられない	3		

以下それぞれの具体的記述を示す。

―肯定―

①　学校への還元につながる（4）

- 私は賛成です。また，教育管理職の職務（組織文化，学校運営など）についての授業を現場の先生とストレート・マスターが一緒に学べるようにすると，現場の先生から教師としての経験や知識を学ぶことができるので，良いかもしれません。
- 「なり方」ではなく，管理職の先生方の職務など全般について知りたいと思う。現場に出た時に，どんな時期に特に多忙であるか等を知っていると，よりよく協働的に学校経営に関わることができると考える。
- 実際の学校現場を現職として経験することなく，経営コースに在籍する。というわけではないので良いと思います。
- 管理職につきたいとはあまりまだ思うことはありません。しかし，実際に管理職の先生方のお話をきくことで視点を増やしたり，思いをくみとれたりすることもできると思います。なので，そのような機会があっても良いのかなと思いました。

② 自分のキャリア・プラン上で重要（18）
- 教育管理職の職務について知ることができれば，一教員としてやるべきこと，管理職に頼るべきこと等が分かるため，よいと思います。教職大学院の修了者は，現場のミドルリーダー的役割を果たすことが期待されていると聞きました。キャリア・パス情報に関する授業を受講することで，学生の意識も高まるのではないかと考えます。
- 管理職の方ならではの見方というものを知りたいです。管理職試験とはどういうものなのかというのも気になります。
- 心づもり，心構えを学ぶには，参考になると思う。
- なぜ，ストレートマスターが管理職のキャリア・パス情報を知らなくてはならないかを明確にする必要があると思います。また，どのような管理職を育成していくことが必要か，目指しているのかを知らせる必要があると思います。
- ストレートマスターの時点においては，教員採用試験の合格及び教員となってからの指導技術，指導方法，学習指導要領，子供理解に関心が向いていることが多く，管理職となることほど先のことまで意識している学生はほとんどいないのではないかと考えます。教員としてどのように動いていくかもよく分からない状況で，教職員を管理する役割までは目がいかないのではと思います。ただ，僕は学校支援プロジェクトという教職大学院のカリキュラムの中で，とても強い信念のもと学校全体のカリキュラム・マネジメントを進め，また各先生方のスキルアップなども期待して，レポートを書かせたり研修を行ったりされていた校長先生に出会いました。その先生の要請のもと，各担任の先生方と授業の省察を行い，学び合っていく中で，管理職として先生方を育て，それが子供たちの成長につながっていく様子を見聞きし，それはそれでとても楽しそうだしおもしろそうだと思うようになりました。このような校長先生に出会い，その思いや実践に触れることで，管理職としての魅力に気付くこともあるかと考えます。また，管理職の思いに近付く経験は，教員となってからも，自分の動き方や目のつけ方に良い影響を与えるとも思います。ストレートマスターの段階でも，管理職のことについて学ぶことには意義があると僕は思います。長文失礼致しました。
- 現在，管理職を考えていなくとも，今後のキャリアや出会いによっては管理職への道が見えてくるかもしれないので，院生時代に管理職のことを知っていると考えが広がって良いのではないでしょうか。なので，私は賛成です。
- 教育管理職と将来，ならなくとも，関わって仕事をすることになり，またその下で協力して取り組んでいかなくてはならないので，教育管理職がどのようにしてなり，どういった仕事をしているのか知っておくことがプラスになると思います。
- 今の学びは自分が教員になってからのことに終始していているので，なった後のキャリアの一つとして考えられるような授業だったらいいなと思います。

- 教員のキャリア・アップについて知りたい。
- ストレートマスターにとって教育管理職の仕事のイメージがつきにくいと思うので，詳しい仕事内容などを教えていただける講義は興味深いです。
- 教務主任や研修主任などについても詳しく知りません。見通しを持つためにも，職務内容を知る機会があるとよいと思います。
- 管理職のメリットデメリット，できることできないことを知りたいです。
- 具体的なキャリアのコースについて，教えて頂きたい。例えば，教職を何年経験することで管理職へのコースが開けてくるのか，また，管理職になるために身につけるべきスキル等について教えていただきたい。
- キャリアの選択肢として，教育管理職を考える人もいると思うので設置することに賛成します。
- 教員としての長いキャリアを見通すことができると思うので，意味のあることではあると思います。しかし，履習を希望する人は少ないようにも予想します。教育管理職等のキャリア・パス情報というより，教員としてのキャリアの1つとして管理職について知ることのできるような授業であれば受講したいと感じます。
- 全く興味がない。ただし，教員のキャリア・パスについては興味がある。段階ごとに果たす教員の役割を示していくことで教育管理職になりたいと意欲が向上するかもしれない。大学の教職課程において，教員のライフキャリアを示してくれれば，将来をもっと考えることにつながるため，導入してほしいと考えている。
- 教育管理職等のキャリア・パス情報は，私にとって必要な情報になりうると思います。若手のうちにどのように取り組めばよいか，具体的な行動指針につながります。
- 学部等新卒学生のうちから，教育管理職などについて学べたらもっと具体的なキャリアを考えられると思う。今は，「現場に出るために」「即戦力になるために」学んでいることが多いと思う。もっと「教師になった後」10年後，20年後まで見通して，「今」を考えられたらもっと自分の今後のキャリアについて考えられると思った。

③　情報として皆知っておくべき（26）

- 自分が将来行き着くかもしれないため一つの授業として知識を得ることは有意義だと考える。
- そのような授業を設置することはとても良いことだと思う。学校全体をいずれ見るようにしなければいけないこと言われるが，どのように見たら良いかまずわからないからだ。
- 新卒学生が教育管理職について知識を持つことは今後の見通しを持つ良い機会になると思います。
- 優れた学校経営者の養成には，教員採用段階から将来展望は必要だと思います。設置には賛成です。
- 実際に管理職として勤務している方の講演をしていただく機会を設ける。特にストレートマスターだと現状は知らないと思う。話を聞いて，イメージや創造ができやすそう。
- 強く賛成します。また，管理職経験者の自慢話だけで終わらないような授業が必要だと考える。
- 教育管理職についての知識が非常に少ないので，管理職に着くことを自分が希望するにしろしないにしろ，そういった理解が必要だと思います。
- 管理職の視点，つまり学校全体に捉える（学習指導や生徒指導だけでなく学校経営などの視点を持つこと）ということは，現職だけでなく，ストレートマスター用として授業が存在して良いと思う。チーム学校としての連携や促進にもつながると考えられ，そのような授業があればぜひ講義を受けてみたい。

- 非常に難しい内容であると思いますが，ストレートマスターにも多少なりとも学ぶ，機会があれば考えを深めることができます。ですので，設置することにはいい印象を持っていきます。
- 実際に「学級経営」といった管理職向けの授業を受けた感想としては，自分には先の話過ぎてあまり価値を感じませんでした。ただ人生設計のためには，管理職の知識はあるべきだと思います。その際，管理職のノウハウではなく，なり方や仕事内容についての授業だとありがたいです。
- 教育管理職に関する知識があれば，より組織的な視点を持つことが出来ると思うため，積極的に設置した方がよいと思う。
- 賛成です。色んな見方を持つことができるようになると思います。
- 現職になってから改めて管理職についての勉強するのは大変だと思うので，ぜひ設置するべきだと思う。
- 教育管理職等となるとストレートマスターの状態では聞きなれない言葉や動きが多くなると思うので，基礎的なことから詳しく教えてほしいと思いました。
- ストレートマスターは教員の校務すらあやふやな部分が多く管理職を中心とした講義というよりは学校経営等での講話の機会を増やすなどして具体的な内容を知る機会を増やして欲しい。
- 正直現場も知らないのでよく分からないです。でも，多様なコースを用意するのはいいと考えます。
- まだ現場に出たこともないので，管理職についての話を聞いても実感がわきそうにない。しかし，これからの教員の構成年齢の変化を考えると，管理職について知っておくことは必要であると思う。
- 知識として知ることは重要であると思います。これにあわせてより実践的に知識を活用する機会があるとよいかと思います。
- 宮崎県は，採用前の合格者指導で，「管理職になることも念頭に置いて…」と説明しているそうです。（現場の先生が仰っていました。）私自身は福岡出身で福岡に戻りますが，今後教員になって，どのように道を歩んでいくのか，どんな道があるのかは，知っておく必要があるように思います。多様なキャリアを描いておきたいです。
- 教職大学院という特質上，ミドルリーダーの育成もあるので，管理職に就く教員が多いと思うので，大学院の後期（１年）に，行っておく必要性があると考えます。院を卒業後，10年～15年程度で，生徒指導主事，研究主任となる場合が，教職大学院卒だと考えられるので，実習の終わった1年後期がタイミング的にもいい頃ではないでしょうか。
- ストレート・マスター用で設置した方が良いと思います。その中で，学級経営が生徒指導など現場を経験しないと理解出来ない部分については，現場の先生方と一緒に授業を受けたいです。
- 早い段階で知識として身につけておくことは重要だと考える。知識があることによって意識も変化すると思う。
- なりたい，なりたくないに関係なく，「知る」ということは大切だと思います。知ることで本人の考えにも変化が生じると思います。
- 現職として働く前に教育管理職等になる方法，実態を学ぶことで，興味が湧く学生が増える可能性がある。

- 様々なキャリア・パス情報がある方がよい。
- それが教員として働く中で理解できるものであれば，概要だけを説明してほしい。

④　多少の知識としてもっているほうがよい（50）

- 教育管理職に向けての具体的なキャリア形成のあり方など，より詳しく知れるような授業があると良いと思います。
- もし，教育管理職等のキャリア・パス情報についての授業を行うのであれば，法律等の硬い授業は行って欲しくないと思います。教育管理職ならではの経験を聞いて見たいです。
- 友達の中にも管理職になりたいという人たちがいたので，行ってもらったら将来に役立つと思います。長い目で見たら，学んでおいて損はないし，プラスの感じがします。また，話を聞くだけでもとても現実味があって良いと思います。
- 現場経験していないストレートに対して管理職に関する授業がどれだけ意義あるものになるか少々疑問です。知っていることで損はないですが，それを目的にして学ぶ学生は少ないように思えます。
- 賛成です。ストレートマスターの身分で何を言っているんだという声もあるかもしれませんが，管理職の仕事を知ることはこれから現場に出ていく身として意味があると思います。
- 教員生活を定年まで続けると仮定した場合の人生設計図（収入，支出）の例を提示してもらえるとわかりやすい。
- 必修ではなく選択で知りたい人が受講する。または，ある授業の中の一部として紹介程度に情報提供することが望ましいと考える。
- 教育管理職となり地域の教育をより良いものとするために必要な情報は欲しいと思います。
- 大学院で専修免許を取り，見方によっては管理職型への道がスタートしていると思います。私は野心もあり。管理職としてやりたい事，目標，目的があるので，そういった授業があり，心構えがある状態で現場に出られることはありがたいです。
- 設置に賛成です。
- そのような授業があれば学んでみたいと思います。
- 管理職のつらさ等感じ取れるような講義があると嬉しい。
- 現状では教員にとって授業をして担任を持つことを考えるだけで頭がいっぱいの状況です。教育管理職について全然知らないのでそもそも興味を持つことが困難です。ですので，授業で管理職について知ることができる機会があるのはありがたいです。
- 教頭職についている先生からお話をきいたことがありますが，大学卒業後教員になり教頭になるにあたって苦労したとおききしました。専修免許をとれば管理職に近づくとよくきくので，あればいいなと思います。
- あまり管理職に関する知識がないため，職務などについて学ぶ機会があれば嬉しいです。一般教諭との関係などがあれば知りたい。即戦力として見られる教員とは？
- どのような試験があるのか，仕事の内容など
- 私は将来校長になりたい。そのための試験，面接などの詳しい情報を知りたい（集めようと思えば集まるだろうが，現時点ではそこまで時間を使いたくないので，受動的に情報が欲しい)。授業科目としては「管理職から見た教員」とか「管理職になるまで」的なのがいい。でも，興味ない人には無意味かも。
- 管理職の良い点，大変な点など。教員になっていないことから，正直想像がつか

ないため，仕事の内容などがわかる機会があるといい。
- 現場の経験を知らないため，管理職までの流れを知りたい。
- 学校の中で担任としての知識や経験を積むことはできるが，その他の先生方（例えば養護教員事務員，主任，教頭，校長等）が実際にどのような仕事をしているのか，またどんな視点で意見や考えを持っているのかを学んでいけたら良いなと思う。(現在，そのような経験／授業がないので，現場に出て連携といわれても若手教員がどのように動いていけばよいか分からない)。担任としてではなく，若手教員であり，一人の社会人として組織の中で動いていくために必要なことや管理職の方から逆に身に付けておいてほしいと思うことを伝えて頂けるとうれしいです。
- とても必要だと思います。学校教育に対して様々な形で教育に携わっていくことができることを知るのは，教員をめざすきっかけづくりのひとつにもなり得ますし，学生のモチベーション向上にもつながると思います。しかしながら，管理職等のキャリア・パス情報について考えていくうちに学校教育や教育全般に対してマイナスなイメージを持つ人も出てきかねないとも思います。(仕事等）キャリア・パス情報について講義をするのであれば，学生の熱意を引き出し，やっとやるぞ！とういう気持ちにさせられる人材を投用すべきかと考えました。
- まだまだイメージがしにくいとは思いますが，興味はあるので話をきいてみたいと思いました。
- 興味はあるが，まずは目先の学級経営，授業力向上に力を注ぎたい。そことの両立ができるのであれば，管理職の業務内容を知ることよりも，新採教員が学級運営にどう関わっていけば良いのかを知りたい。(学校教育目標への関わり等)
- 知る機会を設けていただくに越したことはないが我々が教頭になることができるのは早くとも20年後より後，現在の体制とは大きく異なり，実用性に欠ける気がする。現状がどうなるのか，という単純な興味はある。また，教育委員会への異動についても知りたい。
- 管理職についての内容をストレートマスター用に授業として開講することは，学校のチームの一員として働く上で，知っておけるためいいと思う。私としても，管理職の移行や，学校での取り組み，経営方針を知ることで，学校での働きやすく充実した教育の中で，生徒と接したいと感じる。
- 教育管理職に関心はあまりないがそのような立場の方の話を聞くことで，学級経営等にも生かすことが出来ると考えているので肯定である。
- 現在，管理職として活躍されている先生のキャリアを知りたい。また，若手の頃に何を意識して教員生活を送られていたかを教えてもらいたい
- 簡易でいいので教育管理職について知る機会を得る時間を持てるといいと思う。モチベーションのアップや現場に出た時に何を目標にするかを明確化することが出来ると思う。
- 管理職の先生方からだけではなく，学校の管理職の組織から見ての管理職像を知るため，管理職以外の先生の考え方も聞いてみたいです。また，データなども効果的に取り入れられた内容が良いかと思います。
- 現在は学校現場での教員の在り方（子どもの関わり，授業）について勉強しているので，管理職については考えてはいません。ですが，学校を経営しておられる管理職の先生方がどのようなことを意識しつつ学校をつくられているのかは興味があります。)
- 管理職の先生が何をなさっているのか，子どもと関わりがあるのかなどについてあまり知らないので，知ってみたいと思います。

- 学部卒性の現段階で管理職になることは考えづらい。しかし，現場で共に働く上司という見方をすると，一職員と管理職について学ぶことは良い取り組みだと思う。
- 早い段階で管理職等について勉強することで，役に立つような知識を得ることができると思う。
- 様々なことを学びたい，設置に賛成する。
- 教育管理職になりたくて教職大学院に来ている学生はそんなに多くないと考える。だから，必須の授業にされるのは苦労が増えるだけ。しかし，教職大学院出身者を教育管理職向けに採用しようとする雰囲気があるので，もしなった場合にどのような負担があるかを聞く機会はあってもいいかもしれない
- チームとして，組織力をアップさせるためにも管理職の役割や考え，求めるものを知っておきたいと考える。
- これから現場に出る私たちは将来的にどんな学校を自分は作っていきたいかという目標をもって教員生活を送ることは主体的に学校組織に参画し，自分ごととして考えを形式化することにもつながると考える。私個人の意見としては大変受講したいですね。
- 管理職のことについて，少しでも把握することで，将来目指そうと考えている人にとってはビジョンを自分で持つことで，現場で活かせると思う。現時点で目指そうと考えていなくても，将来どこかのタイミングで在学中学んだ経験が結びついて，目指す方向になるかもしれない。
- まずは，学校で働くことを目指す身として上司にあたる教育管理職の方々が何を考えて働いていて，私たちには何を求めているのか知りたいです。
- 今の勉学でいっぱいいっぱいなので，特に必要性を感じていないため授業はうけたいと思わない。しかし，管理職の方から学べることはたくさんあるのでお話する機会は欲しい。
- 自分は今は考えていないが，そのような授業があることで管理職についての理解を深めて管理職の方々とのスムーズなコミュニケーションにつながるかもしれないと思う。
- 大問３に載っていた質問項目の中で「4.そう思う」に該当するものに非常に興味がありましたので，特にそれらを取り上げていただければと思います。教育管理職に関する知識を知れば知るほど，目指す方々が増えると感じます。あらゆる時代の変化に順応する子どもを育む教育の進展のために。
- 管理職の仕事は漠然に"大変だ"ということしかわからない。具体的な説明があると良い。
- あっても，なくてもいいと思います。しかし，知るという意味では特講などであればとりたいと思います。
- ぜひ，お話を聞いてみたいです。
- 女性の教育管理職等のキャリア・パス情報について授業の中で扱っていただけると嬉しいと思います。
- 色んな地方の事情を踏まえて知りたい。
- 管理職の職務の把握などを具体的に聞きたい。
- 管理職の仕事についてもっと知りたいので，設置してほしいです。

⑤　理由はないがあるとよい（10）
- 賛成である。教育管理職の力量は学校において，非常に大切な役割である。そのため学校に興味を抱かせることが必要だろう。
- 私はストレート生で，管理職に対する興味もありますので非常に魅力的に感じます。

- ぜひ設置してほしいと考える。将来的にキャリアアップを目指す教員が増えると良い。
- あると今後の見通しにいいと思います。
- 教員としての基本的な力がまだ身についていないので，想像がつきませんが授業として設置されるのは良いと思います。
- あれば嬉しいが自分で学べば良いと思う。
- 授業で自分が教員なった後のキャリアについて考える時間があっても良いともう。まず教員になること，新任として。という部分はたくさん授業で扱われていたが，その後，自分がどうしていきたいか，それにはどんな道があるかなど，軽くふれられる機会があっても良いかを考える。また，カリキュラム・マネジメントというキーワードが良く出てくるか，どのようなものか，等扱われることがなかったのでカリキュラムマネジメントについてももっと知りたいと感じた。
- 基礎的な部分をおさえる程度の内容を学べられればよいと思います。
- ぜひ設置してほしいです。
- ストレートマスターの向上心を育てるために重要だと考える。出世欲というのも大事だと思う。

―条件付き肯定―

⑥　授業を担当する講師の質による（17）

- キャリアや管理職へ就くということは，モチベーションの１つであり，特に授業でなり方を教わるものではない。と考える。まず，そもそも教員になることが先決であるし，その前にあれこれと手を出すべきではないと思う。本当になる事を希望している学生は実務家教員や現職に質問すると思う。まだ勤務経験すらないうちにそこまで考えている学生はそう多くはないと考え，授業を借りに設置しても受講する人数が集まるのかも疑問である。今は，校長や教育委員会・委員長等のキャリアを積んだ実務家教員のくらしや体験談から憧れを抱く程度がちょうどよいのではないだろうか。
- 自分の学級だけでなく，より広い視点で見ることができるため，管理職からの知見はとても大切だと思います。また，教育活動は学校全体を貫く一貫した理念のもとに展開されるべきだと個人的には考えています。そうした時に，どうやってチーム学校として子どもたちに働きかけるのか，という判断材料として管理職についての授業を行うことに意義があるのではないでしょうか。なり方やその職務よりも，むしろどういった理念や思いが管理職に求められるのか，といった内容を知ることができる授業が理想だと思います。そうした理念を知り，実行するためにはまず学生自身の目指す教師像，子ども像を明確にすることが重要なのではないでしょうか。ストレートマスターは特に教科指導の技法について学びたいと思う人がほとんどだと思います。そうした学生の意識を拾い視野に向けるには，「思い」の部分が大切だと考えます。管理職希望者の減少には，保護者対応についての問題，また超過勤務の実態などが理由として考えられます。そうした不安を軽くするような手立て，実践（学校としての取り組み）を授業で知ることができたらうれしいと思います。乱筆失礼しました。
- 管理職になりたいというのは学校をこう変えたいとかそういうビジョンが大切だと思うので管理職になる手段というよりはそういう構想ができるようになりたいと思います。
- 私自身は管理職としてのキャリアを視野に入れていないため必要とはしてないが，

学校内には管理職がいて，管理職を志望する教員がいるということは間違いないから単純な興味やともに働く立場としてキャリア・パス情報の授業があってもおもしろいと思う。あったら受講したい。
- ストレートマスターとしては，管理職というところまではあまりイメージがわかない。管理職という所に拘わらず自分のキャリアイメージとしてこれから先のステップについて考えることはしたいと思うので，いきなり，「管理職養成」ではなく自分のキャリア形成について考えられる授業や機会はあってもよいのではないかと思う。
- 分けることにとるメリットが明確にあるのであれば必要だと思う。(現時点では分けることのメリットがわからない)
- 知識が頭でっかちになりすぎないように注意し，より身近に感じられる内容がいいと思う。
- 管理職や指導主事がどのような職務を行っているのかがストレートマスターにはみえにくい。実習でも管理職の先生に話を聞くということは,ほとんどないので大学院の授業などで取り上げてもらえるとありがたい。
- まだ現場に出ていないので，管理職のイメージがわかない。ゲストティーチャーによる講話があるとイメージしやすくなる。
- 意見ではありませんが，「院で学んだ事」がどれぐらい活かす事ができるのか，どういったところに，どんな風に役立つのか，また，院卒と，そうでなければ，どのように違うのか，などが明確でない限り，「大学院」でストレート・マスターが学んでも，まるで，現実身が帯びていない気もします。後々役に立つかもしれませんが，卒業したらそれどころではないと思いますし，管理職に興味を持ったら，それこそ，主体的に「どんなものかな」と学ぶのではないだろうか。「特化したもの」でなくても，一部として，伝えていけばよいのではないでしょうか。
- まずは，教員として，働いていけることを重点的にやっていきたいので，授業というよりは，講話という形で話を聞いてみたい。
- 退職校長等の大学教員ではなく，学校経営・管理職等の研究実績のある研究者教員の授業であれば受講するかもしれない。
- まずは学校の組織について理解しなければ教育管理職への興味がわかないのではないか。学校の組織への理解をさせたうえで実施する必要があると考える。
- どこまで本当のことを言えるかが，ポイントになると思います。あまりにも理想ばかりをいっても，「本当のところは違うだろ…」ということはすぐにばれますから。(特に，実習を経験している人であれば)。教育管理職と聞くと，現場と行政(教育委員会，文部科学省）の板ばさみというイメージしかありません。なので，すすんでそのような職につきたいとは思いません。また，昨今のメディアを通して，学校を見ると，教育・学校に対する社会の目は相当厳しくなっています。さまざまな問題の後始末を，管理職がいないといけないのでしょうが，多くのカメラや多くの記者の前で深々と頭を下げ，心痛な表情をしながら，会見している姿を見ると，とてもじゃないけれど，憧れをいだくことはできません。ブラック企業や過労死という言葉が浸透しているなか，教員もそのような職業だと認識されつつあります。この状況を含まえたうえで，どれだけ教育管理職の実状を伝えることができるのか。やはり，授業のポイントはここにあると強く思います。
- ストレートマスターとして教育管理職に関する情報は少しは知っておいても良いと思う。ただし，あまり，教育管理職についてのイメージがないし，かなり遠い先の話であるという認識がある。具体的なイメージが持てる授業であれば良いと思う。

- 授業に対し，見通しをもつ意味では必要だと思いますが，全員がなりたいわけではないため，希望者が受講できる形態が望ましいのではないかと思います。
- 教育管理職等について学ぶことは，将来的には役に立つと思うが，ストレート院生にとってはイメージできないことが多く，理解することが難しい内容もあると思う。

⑦　希望者による選択制ならば（13）
- とても良いと思うが，現職経験のないストレートマスターに合った授業である必要があると思う。段階を踏まずにキャリアコースを辿るのは一般教諭の気持ちのわからない独りよがりの管理職を育てかねない。
- 必修だけでなく，選択授業としてあったら，将来教育管理職を考えている人にとって良いかもしれない。（もしくはオムニバスの授業の１コマとして扱う）
- ストレートマスターでも教育管理職等の講義もあった方が良いと思います。（15回ではなく２，３回で）管理職の立場から，ストレート生に学校組織の運営や大変な場面について話すことで，学生の意識が変わると思います。
- 将来，管理職を目指す方が少なからずおられると考えます。そのような方に向けて講義があってもおかしくないと思います。実際，私はそのような講義があると良いと思いました。
- ストレートの時学んでも結局管理職になるまでに何十年もかかってしまうため，学んでも忘れてしまう気がします。実際に友達の中で行く行くは管理職になりたいと考えている人がいたので，あっても良いと思います。
- ストマスだけの授業が他の分野でありますが，同生代だけで話す授業と言うのはある意味今となっては貴重でいい時間を過ごせています。なので，あってもいいかなって思います！けれど教育管理職等のキャリア・パス情報（なり方，職務など全般）については，現職の方と一緒に学ぶことが効果的で刺激を受けるかもしれないのでなんとも言えませんが，ストマスだけの授業はいいと思います。
- 15回分はいらない。１～２回で十分。もしくは選択科目にする。
- 授業として設置するのは少し抵抗があるが，必修授業の中などで触れてほしい。
- 私が教職大学院を目指した理由は，「授業力の向上」でしたので，管理職のカリキュラムがあれば，そこの大学・大学院に行くかはわかりません。しかし，１つの魅力だと思いますし，将来的に考えている人には助けになると思います。
- 教育管理職に将来なりたい人。なりたいかわからないが，話を聴いてみたい人。絶対になりたくない人等様々いるため，必修ではなく，選択制にすれば良いのでないかと思う。
- 講話みたいな形だとあっても良い。ただ，単位として15時間分くむのはあまりモチベーションがあがらない。
- 全ての学生が管理職に就くことに，意欲的であるとは，限らないと思います。そのため，必修などの形でカリキュラムに組みこまれるとあまり効果的な場にはならないと思います。選択必修またはコース別などの形で設置されることがのぞましいと考えます。
- 個人的にはストマスで現場経験もほとんどないため，将来自分が管理職になるかどうかを具体的に考えることが難しいと思いました。講演会やセミナー等で単発的にお話を聞ける機会があれば，十分な気がします。研究がんばってください。

⑧　管理職不足を改善する目的ならば（1）
- カリキュラムにすると義務感？のような見方や捉え方が拘束されてしまうのでは

ないかと危惧する。（半大学院に限るかもしれないが）同級生として，教育管理職者の現職教員やそれを経験してきた大学院教授がいるので，自主的な意欲のみでも充実に学べる環境だと思う。ただし，教職大学院卒の教員の管理職になる割合が低いのであれば，検討の余地があると思う。

—否定—

⑨ 現時点では必要ない（16）

- 教育管理職について学びたいという気持ちはあるが，現場も子供の実態もわからないのに教育管理職についての授業を受講しても，必要感が足りなくてあまり身にならないのではないと感じる。
- 子供を育てる立場から子供を育てる次世代の教員を育てる立場へと移っていく必要性などを入れると良さそう。まだ現場のイメージがついていないので「ふーんそうなんだ」程度にしか感じなさそう。ただし，教育管理職がどのような思い出いるのかを知り，学校組織力の向上に繋がると思う。→しかし，ストマスにはまだ早い気がする。
- 将来ほとんどの人が管理職に就くであろうから，今から知っておいても損はないと思う。考えながら現場で働く手がかりになる。反面，実際管理職になるのは何年後かの話であるため，その特に時代にあった研修を受ければ良いと思う。
- 授業はある方がいい。なぜなら，教員になってからのキャリアをイメージしやすくなるから。だが，15回もの授業がいるかは疑問。ストマスがまだ現場に出ていないのに，管理職の説明をされても遠すぎて忘れると思う。また，大学院でストマスに管理職を育成しようとしても，実際になるのは20年後なので，即効性がなさすぎる。現職の先生に対して，対策を打つべきだと思う。もし，授業として，管理職についてのトピックが取り上げられるなら，実際に管理職についている現職の先生方とグループトークなどをしたい。一斉講義では物足りない。
- 教育管理職はなるのにふさわしい人が就くものであると思うため，ストレート・マスターの時点でそれを念頭にするのは，時期が早いと考える。
- ストレートだけでどこまで学びが深まるか不安です。授業として開講されるものには積極的に参加したいと思いますが，コースとしてとなると，自分では入ろうとは思わないと思います。（私の場合）教育管理職だった先生方のお話を講義で聞いても，実感がわかない分，先生方のお話も自分の中で一般化できない（経験談や武勇伝ばかりが記憶に残る）気がしています。コースとして解説される場合，ストレートだけでも自分ごととして深く学べるかどうか体験談だけでなく，管理職へのなりかたや成長モデル，職務内容についても学べるかどうか，などが課題ではないかと思います。
- 学級経営，学習指導，生徒指導を中心に学び，即戦力として働けるようにしたい。そのため，教育管理職等の授業は，話が飛躍してしまい，実感をもてないことが多い。実践してからでなくては分からないことが多いため，必要ないと感じる。
- まず，新任教員の仕事について学びたいので，設置されても参加はしない可能性がある。教員になって働いてからの方が需要があるのではないか。
- 自身のキャリアについて考える機会が増えるのは結構だが，働くことが実感してない。無知な状態で管理職になる学習をしても，何の意味があるか疑問。キャリア形成を実感として伴う機会の拡大が急務だと考える学生気分で教員になることは危険だ。
- 教職大学院の授業の中で，触れる程度なら良いと思うが，管理職になるための新たなコースが必要かと言われると疑問です。実習やボランティアなど表面的な部分しか触れていない学部生にも深い学びにつながるとは思わないからです。
- 学部など新卒学生にニーズとして管理職に興味があるが，まずは生徒指導や特別活動などの指導をあげることが先決だと思うので，あまり必要であるとは思えない。
- 現職用ではなくストレートマスター用としてそのような授業を設置するのは反対。経験を積んでからならまだしも経験もないのに，管理職の話を聞いて勘違いする人が増えても困るから。
- 私は設置する必要はないと考える。まずは管理職よりも教員として必要な能力を養うことのできる授業を積極的に受けたいと思う。
- 教師は一般企業でインターンシップの経験をするべきという意見があるように，管理職を学び実際にその職に就くとしても，まずは一教師として現場での職務を全うすることからではないだろうか。
- 修了後，現場教員となってから短期集中講座といった形であれば嬉しいです。
- 修了後，修了生向けにキャリア・パス情報についての授業があれば行ってみたい。

⑩　そもそも要らない（7）
- 実務の世界の要請を何でも大学で引き受けて，大学のカリキュラムに取り入れることには抵抗を感じる。近視眼的に役に立つかどうかではなく，学問でどのような営みがなされてきたか，そのうえで今後どのような探究ができるかということを大学では学びたい。教職大学院では理論と実践といわれているが，結局のところHow to ばかり目立ち，これが本当のところの学問的な探究になるのか疑問に感じる。まして今回のようなストレートマスターから管理職養成のHow toを教えられるなどたまったものではない。もっと言えば，大学で管理職養成などすべきではないとすら思う。現場のOJTのなかで養成すればよいし，そんなことを大学で教えるくらいなら，子ども理解や子どもをとりまく環境への理解を深めることのほうが若い私たちにとってはよっぽど大切なことであると思う。
- 設置する意味があまりなさそうである。キャリアのある先生方を見ていると，人柄や仕事の効率など学校（大学も含めて）だけでは学ぶことができないものをもっていらっしゃる方々なので，ストレートマスターのようになれるかどうか分からない時期にする必要がなさそうである。将来なりたいという人のためには，今のように現職派遣の制度やセミナーなどで良いと思う。
- ストレートマスターは採用されることが優先だと思うので，設置せずともよいのではないか。
- 賛成しかねます。私は11年間教員をした後で，ストレートマスターを対象としたコースに参入しましたが，ストレートマスターの院生を見ていて，一緒に学んでいて管理職の資質以前に教員としての資質を育てることが第一義だと感じます。実際の現場の中で，担任をしながら身につける資質，役職や責任を与えられて身につく資質それらの経験の上で大学院での学びが具体的になると感じます。地に足の着いた学びになると思います。
- いらない，それよりもやることがある。
- 学校教育における課題を学ぶのみなら，学部や，教職大学院における学びの中でも深めることはできると考えますが，教育管理職等には，学校ごとの教育課題を見極める技量が必要であると考えます。そうした技量は，現場において教育経験を積むことで研ぎ澄まされていくものではないかと考えるため，学部等新卒学生向けの授業において深く学習することが出来るのか，わかりません。
- 教育管理職は全体を監督しなければならない上，責任をとらなければならない又教科を指導することはほとんどない。そのため教育管理職には一斉なりたくはない。自分は社会科教員として，君臨できれば良く，後は子供と楽しく，ひたむきな授業（社会科・地歴科・公民科）を行えれば良い。と感じる。

—その他—

⑪　興味なし（15）

- M1のときに，現職教員用の授業で「教員の服務と勤務」について勉強しました。現職の院生の人たちとグループワークを通して教員の服務に関する事例。
- 特にないです。
- 現在の状況として，授業内容に重なりが多く正直あきている。さらに，授業を受けていても役に立つと感じない授業や授業者によってはストレートマスターだからといって適当に授業をされているケースもある。いくらいいカリキュラムを設置しても，授業者次第だと思う。また，受講者の授業に対する意識に相当な格差があるため，授業の設置以前に受講者の意識改革をしなければならないと思う。
- 現場で学級担任や教科担当を経て，管理職になることこそ意味があることだと思うので，何とも言い難いです。学ぶことで視野は広がるかもしれませんが，どれだけ生かせられるか，見当がつかないです。（そもそも目の前の授業でいっぱいいっぱいなので）正直，現実味や直近の必要性を感じていない人にとっては無意味なものになると思います。
- 特になし
- 特にありません。
- 特になし
- 職務の内容を知ることは，学校を理解することに近づくかと思いますが，なり方については別段興味はありません。
- 現場に出て，租気宇戦力教員として役立てるよう資質能力向上に努めたい
- 特にありません。
- 研究ご苦労様です。頑張ってください。
- 特にありません。
- ストレートマスターで，大学院を経由したことで，キャリアに変化があるのか，再度SLとして他大学院で学ぶ機会はあるのか知りたいです。
- 特にありません。
- 私個人的には興味ありません。

⑫　情報がなく考えられない（３）

- まず教員として採用されること，そしてその先どういった教員になりたいかしか今は考えられていません。管理職はかなり遠い話というイメージなので効果的ではないと思います。
- 校長・教頭が話を聞く機会があったとしてもあまり仕事のイメージがわかない感じがする。
- 想像ができないというのが正直な意見です。私たちの年代で管理職のことを考えられる人は少ないと思います。

調査用紙

教育管理職についての調査：学部等新卒学生（ストレート・マスター）対象

早稲田大学教職大学院　三村隆男（研究代表者）

調査へのご協力のお願い

○本調査は教職大学院における学部等新卒学生（所謂ストレート・マスター）を対象とした教育管理職養成の教育課程の開発のためのものです。早稲田大学教職大学院では，2016（平成28）年度より，研究者教員と実務家教員で，主に首都圏における管理職希望者の激減に対応する方策として研究を重ねております。皆様のご協力をお願い申し上げげます。

なお，調査用紙につきましては，配布をお願いした方にご提出をお願いできればと思っております。本調査用紙の全体回収の締め切りは，担当の先生の指示に従ってください。なにとぞ，ご協力のほどよろしくお願いいたします。

【調査目的】

1．教職大学院学部等新卒学生の現段階における教育管理職志向の様態を明らかにする。
2．教育管理職志向と学校教育との関心対象との関連を調査し，教育管理職志向とそうでない層との学校教育への関心対象の相違を明らかにする。
3．学部等新卒学生対象の教育管理職カリキュラムの開発のための資料とする。

○調査結果は，教職大学院の今後の発展のために有効に活用させていただきますので，ぜひご協力ください。なお，結果につきましては回答者を特定することはありません。

○連絡先：早稲田大学教職大学院　三村隆男

メールアドレス：mimura@waseda.jp　電話番号03-5286-1469

回答用紙は表紙を含め４頁あります。記入欄は２頁～４頁です。記入後本用紙を担当の先生にお渡しください。

なお，本回答用紙は，早稲田大学教職大学院には７月31日までにご返送いただくことになっております。

1 ご自身についてお答えください。

1．性別をお選びください。 男性・女性（いずれかに○）
2．学年をお書きください。（　　）年（数字を入れてください）
3．入学時について（いずれかに○）
（　　）大学卒業後直接入学した　（　　）卒業後臨任を経て入学した
（　　）卒業後民間企業等を経て入学した　（　　）その他
4．就職を希望する学校種（複数回答可）
（　　）小学校，　（　　）中学校，　（　　）高校
（　　）特別支援学校，（　　）中等教育学校，（　　）その他
5．大学院修了時に新たに取得予定の教員免許　※記述，選択がありますのでご注意ください。
学校種には小学校，中学校等をお書きください。
• 学校種（　　　　）種別（専修・1種・2種）（選択）　教科（　　　　）
• 学校種（　　　　）種別（専修・1種・2種）（選択）　教科（　　　　）

2 授業および実習についてお尋ねします。（該当の数字を○で囲んでください。）

1．次の教職大学院の授業における項目について，どの程度興味がありますか。

質問項目	5．非常に興味がある	4．少し興味がある	3．どちらでもない	2．あまり興味がない	1．まったく興味がない
ア．学習指導要領の理解	5	4	3	2	1
イ．各教科等の指導計画の作成・改善	5	4	3	2	1
ウ．教育課程の編成	5	4	3	2	1
エ．学習指導案の作成及び改善	5	4	3	2	1
オ．指導方法・指導技術	5	4	3	2	1
カ．児童生徒の学習状況の把握	5	4	3	2	1
キ．教材の作成と開発	5	4	3	2	1
ク．授業力向上の組織的な取組	5	4	3	2	1
ケ．生徒指導(道徳的実践の指導)	5	4	3	2	1
コ．教育相談	5	4	3	2	1
サ．特別活動	5	4	3	2	1
シ．進路指導・キャリア教育	5	4	3	2	1
ス．特別支援教育	5	4	3	2	1
セ．集団の把握と学級経営	5	4	3	2	1
ソ．保護者との連携	5	4	3	2	1
タ．学校組織	5	4	3	2	1
チ．学校経営	5	4	3	2	1
ツ．教育行政	5	4	3	2	1
テ．変化する社会と学校教育の役割	5	4	3	2	1
ト．教員としての資質向上	5	4	3	2	1
ナ．服務	5	4	3	2	1

2．学校における実習で以下の項目にどの程度取り組んでみたいですか。（該当の数字に○で囲んでください。）

質問項目	5．非常に取り組みたい	4．少し取り組みたい	3．どちらでもない	2．あまり取り組みたくない	1．まったく取り組みたくない
A　教育課程の編成・実施	5	4	3	2	1
B　教科指導	5	4	3	2	1
C　総合的な学習の時間	5	4	3	2	1
D　道徳の時間・道徳教育	5	4	3	2	1
E　特別活動	5	4	3	2	1
F　生徒指導（生活指導）	5	4	3	2	1
G　キャリア教育・進路指導	5	4	3	2	1
H　特別支援教育	5	4	3	2	1
I　部活動指導	5	4	3	2	1
J　学級・ホームルーム経営	5	4	3	2	1
K　健康安全指導	5	4	3	2	1
L　校務の処理・校務分掌	5	4	3	2	1

3　教育管理職（※）についてお伺いいします。（該当の数字に○で囲んでください。）

※教育管理職とは，学校管理職（校長・副校長・教頭）及び学校管理職候補者（指導主事など）をさします。

質問項目	4．そう思う	3．少しそう思う	2．あまりそう思わない	1．そう思わない
1．将来は教育管理職を目指したい。	4	3	2	1
2．教育管理職になる方法を知りたい。	4	3	2	1
3．教育管理職の職務について知りたい。	4	3	2	1
4．教育管理職に興味がある。	4	3	2	1
5．教員として教育管理職を選択肢の一つとしている。	4	3	2	1
6．今は教育管理職について考えていないが，今後の成り行きによって考えるかもしれない。	4	3	2	1
7．教育管理職の職務でやりがいを感じること，つらく感じることを知りたい。	4	3	2	1
8．人から勧められたら教育管理職を考えるかもしれない。	4	3	2	1
9．教育管理職になり学校を経営することが夢である。	4	3	2	1
10．授業で教育管理職の方の話を聞きたい。	4	3	2	1
11．優れた教育管理職に出会うことで，教育管理職になろうと考えるかもしれない。	4	3	2	1
12．教育管理職になるための情報を得る機会がカリキュラムにあるといい。	4	3	2	1

⇒裏面に自由記述欄がありますので，ご協力ください。

4 【自由記述】

教育管理職等のキャリア・パス情報（なり方，職務など全般）についての授業を，現職用ではなく学部等新卒学生（ストレート・マスター）用として設置することについてご意見がありましたらお書きください。

以上です。ご協力ありがとうございました。

執筆者一覧

	遠藤　真司	早稲田大学客員教授（第１章２，第２章２，第３章２，第５章２，第６章１・２，第10章２，第13章２，資料）
	岡田　芳廣	早稲田大学教授（第４章，第６章３・４，第９章，第12章，第14章，資料）
	小山　利一	早稲田大学教授（第１章４，第２章４，第３章４，第15章，第16章，第17章，第18章，資料）
	高橋あつ子	早稲田大学教授（第８章，資料）
	羽入田眞一	早稲田大学客員教授（第５章１・３・４，第10章１・３・４，第13章１・３・４，資料）
	藤原　善美	茨城キリスト教大学助教（資料）
	細谷　美明	早稲田大学客員教授（第１章，第２章１・３・４，第３章，第11章，資料）
＊	三村　隆男	早稲田大学教授（第７章，資料）

（五十音順　＊は編著者）

新学習指導要領準拠
学校マネジメントの視点から見た学校教育研究—優れた教師を目指して—　［早稲田教育叢書37］

2019年３月30日　第１版第１刷発行

編著者　三村隆男

編纂所　早稲田大学教育総合研究所
〒169-8050　東京都新宿区西早稲田１－６－１　電話　03（5286）3838

発行者　田　中　千津子
発行所　株式会社　学　文　社
〒153-0064　東京都目黒区下目黒３－６－１
電　話　03（3715）1501（代）
ＦＡＸ　03（3715）2012
http://www.gakubunsha.com

印刷所　東光整版印刷株式会社

ISBN 978-4-7620-2893-9